中國古城墻

乙未暮春

謝辰生題

時年九十又四

中国古城墙

Ancient City Walls of China

重庆　天津　上海　北京　长城　绪论

第一卷

主编　杨国庆

江苏人民出版社

图书在版编目（CIP）数据

中国古城墙 / 杨国庆主编. –– 南京：江苏人民出版
社，2017.6
ISBN 978-7-214-19295-0

Ⅰ.①中… Ⅱ.①杨… Ⅲ.① 城墙—研究—中国—古代
Ⅳ.①K928.77

中国版本图书馆CIP数据核字（2016）第170045号

书　　　名　中国古城墙（第一卷）

主　　　编　杨国庆
责 任 编 辑　汪意云　曾　偲
特 约 编 辑　刘仁军
封 面 设 计　姜　嵩
版 式 设 计　许文菲
责 任 监 制　王列丹
出 版 发 行　江苏人民出版社
出版社地址　南京市湖南路 1 号 A 楼，邮编：210009
出版社网址　http://www.jspph.com
照　　　排　江苏凤凰印刷数字技术有限公司
印　　　刷　江苏凤凰新华印务有限公司
开　　　本　787毫米×1092毫米　1/16
总 印 张　135.75　插页24
总 字 数　2000千字（全六卷）
版　　　次　2017年8月第1版　2017年8月第1次印刷
标 准 书 号　ISBN 978-7-214-19295-0
定　　　价　1800.00元（全六卷）

《中国古城墙》编委会

名誉主任：刁仁昌

主　　任：郑孝清

副 主 任：杨国庆　夏维中

主编：杨国庆

第一卷　副主编：郭　豹　　张　俊

第二卷　副主编：马　麟　　金玉萍

第三卷　副主编：刘东华　　王柏夫

第四卷　副主编：强巴次仁　何敏翔

第五卷　副主编：肖　璨　　王　腾

第六卷　副主编：曹方卿　　张　君

编委及编务（按姓氏笔划排序）：

Cathleen Paethe　于放　马自新　马军勤　马俊　马麟　王军　王志高
王柏夫　王喜根　王腾　孔源　考薇　成大林　朱明娥　任卓　刘东华
刘建凌　刘斌　许扬　孙秀丽　严文英　李少华　李日影　李文龙　李昕桐
李朝晖　杨帆　杨庆饶　杨昊玉　杨国庆　杨新华　杨辟　肖璨　吴林
何海平　何敏翔　狄祝芳　张君　张依萌　张俊　张琪　张辉　陈启东
尚珩　金玉萍　金连玉　周源　郁慧慧　郑园　郑嘉励　赵梦薇　荆绍福
胡静　洪峰　姚远　姚媛　袁学军　徐振欧　徐骁凯　凌易　高增忠
郭世军　郭豹　萧红颜　曹方卿　盛铖　符炫　葛维成　韩丽勤　程长进
强巴次仁　蒙乃庆

　　"中国明清城墙"联合申遗办公室、南京城墙保护管理中心、南京城墙博物馆、南京城墙保护基金会、南京城墙研究会对本书编撰给予了大力支持，特此鸣谢！

凡　例

一、《中国古城墙》的修编，以历史唯物主义为指导，坚持求真存实、秉笔直书。

二、《中国古城墙》是一部以汇集中国城墙为编撰对象的专业性文献，为社会各界了解和研究中国城墙提供基本资料，力求史料性、知识性、可读性相结合，达到对中国城墙存史、资政、教化的目的。

三、《中国古城墙》涉及的是中国城墙广义的概念，以墙体具有军事防御功能为重要特征和标准。如：长城（包括附属城墙或建筑）、都城（包括宫城、皇城、京城、外郭）、府城（包括王城）、州城、县城、厅城、卫城、巡检司城、土司城、所城、镇城、营堡、村寨城堡、碉堡（或称"碉楼"）、炮台（或称"炮城"）等，借以反映中国古城墙的概貌。

四、《中国古城墙》除长城单独设为一章外，直辖市及香港、澳门、台湾也各自设为一章，其余均按中国现在的省级行政区划各为一章。各章尽量遴选具有不同特点的城池，在数量、类型、保护级别、建造年代、城池范围、篇幅等方面不求相等。

五、本书的时限，上追溯至商周以前，下止于当代。各章城墙以明清时期城墙为主，兼顾到历史沿革和现状。以全国重点文物保护单位、省级文物保护单位和市县级文物保护单位为重点，兼顾到虽然现已无存，但在历史上有一定特点的城墙。

六、本书内容包括城池图、城池简介、城池规模、历史沿革、损毁及修葺、现状及保护等。城墙性质往往与建置密切相关，因此在描述城墙之前，简述其建置沿革。

七、本书以历史手绘地图、照片、文献原文为主，以历代方志为基本材料，以考古调查及相关专著、论文等资料为参考依据，力求达到全书资料的准确无误。

八、本书的纪年，一般在朝代年号后加注公元纪年。1912年1月1日以后，采用公元纪年。

九、本书涉及的所有度量衡换算方法、专业名词等，均列入附录。

十、本书涉及的数字，凡引用的文献资料，均保持原文中所使用的数字；叙述部分数字的使用，根据实际情况，按"局部统一"原则处理。

十一、本书每座（篇）城池的撰写者，均署名在文后；照片下均署拍摄者或提供者的名字；城池地图主要来源于各个时期的地方志，均署其出处和年代。

序　一

　　城墙，是人类文明发展史上阶段性的产物，是古代统治者权力与民众参与相结合的创造性建筑，也是古代城市发展史上重要的组成部分。

　　城市城墙，是人类文明发展阶段的一座重要里程碑。马克思将人类社会划分为三个主要时代——蒙昧时代、野蛮时代和文明时代后，恩格斯将"城市"城墙的出现，定在野蛮时代和文明时代的交替时期，他在《家庭、私有制和国家的起源》中写道：在新的设防城市的周围屹立着高峻的墙壁并非无故：它们的壕沟深陷为氏族制度的墓穴，而它们的城楼已经耸入文明时代了。从这个意义上说，城墙则成为一种人类文明的标志。

　　人类为何建造城墙？怎样使用城墙？城墙给人类带来哪些影响？人类为什么最终摒弃城墙？当代再次重视城墙意义何在？都可以归纳为一个问题：即城墙与人的关系，这恰恰是中国古城墙文化内涵所蕴藏的内容。主要体现在以下四个方面：（1）城墙起源、发展与原始功能的终结；（2）城墙与武器的关系；（3）城墙与城市的关系；（4）城墙与经济民生的关系。杨国庆先生继《南京城墙志》出版并获得社会好评后，耗时六年，相约了近百位全国各地文物工作者及志愿者编撰的《中国古城墙》一书，是建立在对中国古城墙蕴涵的文化充分认识的基础上所做的一件功在当代、利在千秋的大好事。书中大量古代绘制的城墙图以及对城墙描述的文字，不仅反映了中国古城墙本身的价值，同时也是对中国古代城市历史的诠释，无论从中国古城墙角度，还是从中国传统城市文化角度，此书的出版意义深远。

中国是人类史上筑城最早的国家之一，距今至少有6000年的历史。在中国古代历史上，几乎所有地区先后在不同年代都建有性质等级不一、规模形状各异的城墙。中国古城墙从宏观上看，呈现出一种动态的、有"生命"的交错发展状态：城墙有的存世时间跨度很大，但城址变化并不太大；有的存世时间很短，城址早被尘埃湮没，或者数次迁移；有的是逐步扩大，呈现出城市"成长"的印记；还有的随着时代变迁、政权更迭，昔日等级显赫的城墙遭到毁圮，甚至沦落成鲜为人知的残垣断壁。因此，中国古城墙数量众多、类型复杂、文化丰厚、形态多样，在世界筑城史上极为罕见。

中国古城墙的这种建筑形式，在长达约6000年的历史中，为古代中国统治阶层和民众提供了生存、生活的安全保障，其最原始的基本功能是出于防御需要，其依附的文化功能则是政权的象征。据考古发掘和文献记载，中国古城墙至迟在商周时期，被赋予了强烈的政权象征。通过城墙的建筑"语言"，将其政治统治理念物化到城墙的形态。

中国历史上古城墙的总量至少有数千座，由于各地城墙建造时代的不同，地域差异的影响，地理和环境的特殊性，导致每座城池无论形态、长度、筑造技术、文化内涵和象征意义都千差万别。因此，历史上每筑造一座城池，都具有创造性，以及时代与地域的特征。在漫长的岁月中，中国古城墙伴随着社会发展，不断出现也不断消亡，不断毁圮也不断修缮，不仅承载了各个时期人们的愿望，也不经意间承载了社会多元的历史文化信息。

从城墙文化角度，思考中国古城墙物质与意识两个层面不同的内涵和外延如下：（1）人类文明活动与城墙文化的物质层面：城墙的选址、城池的规模、城门的数量及位置和形状、墙体的材质、城墙的高度和厚度、护城河的深度与宽度、筑城与修城和毁圮的年代等。（2）人类文明活动与城墙文化的意识形态层面：城墙的性质与功能、筑城和修城的起因与毁圮的原因、城墙的选址与布局、城墙营造制度、筑城技术（包括夯土、制砖、采石和灰浆配制等技术）、城墙的影响（包括对当代的影响）等。城墙文化及价值的研究，除了纵向了解城墙的"史"，还需要横向考察不同地区、不同阶段城墙的"物质"和"意识形态"两个方面，这将更有利于认识"城墙"这种建筑物的文化本质——"人"与城墙的关系。由于先期开展了这方面的基础性研究，《中国古城墙》一书的出版，必将推进学术界对这类课题的深入展开。

《中国古城墙》一书规模宏大，囊括了中国长城在内的400多座大小不一、等级各异的城墙。从书中收集的古代城市绘图中可以看出，无论城墙是什么形状，都有具体的位置和范围，形成了古代的城市。这些千姿百态的城墙平面形状，都是经过当时设计者们精心规划的城市外形：有的依据传统筑城思想；有的根据当地的地形地貌因形就势；还有的寄寓了文化的审美情趣。作者们在参考历代文献的基础上，着重采集了各地的地方志作为研究和叙述的主题，兼以实地考察为辅，填补了中国历史文化这个门类的空白，意义非凡。

杨国庆先生自2008年先后出版《南京城墙志》和《南京城墙砖文》后，立即把研究目光投向了中国古城墙，并在《中国文化遗产》杂志和《人民日报》上先后发表了对中国古城墙文化价值的文章，其观点和对中国古城墙的文化认识在学界产生了很好的影响。这本汇集众多文物工作者多年心血的《中国古城墙》，将来产生的社会影响以及在学术界的地位也是可以预见的。

本人应杨国庆先生之约请，乐为此撰序。

中国文物学会副会长、中国文物保护技术协会副理事长　付清远
2015年3月29日于北京

序　二

　　城墙，是人类农耕文明时代的典型构筑物，其主要功能是界定统治区域、巩固军事防御以及彰显统治者权利。泱泱中国历史上，城墙也同样具备了上述作用。《吴越春秋》中载"筑城以卫君，造郭以守民"；《墨子》中讲"城者，所以自守也"等等，都是很好的论证。城墙勾画了中国历史上政权控制的疆域，描摹了中国城市的基本结构空间和城乡交流方式，成为冷兵器时代城市发展的重要见证，也是城市文明乃至人类文明的典型标志物。

　　城墙，是文化遗产中比较特殊的类别，它不同于一般的文物古建筑，有着独特的时代阶段性。随着冷兵器时代和君主制度的终结，城墙再也不可能重现此前的原始作用和军事防御地位，人类筑城史也随着农耕文明的逝去而戛然中止，成为人类建筑史上的绝笔。

　　中国是筑城大国，由于基数庞大，拆城数量也十分惊人。近代大量火器的出现，使城墙的军事功能迅速蜕化，古城墙最终失去往昔的庄严和坚固。在19～20世纪近代城市化发展中，中国也同世界许多其他国家一样，随着城市人口密度增加、社会经济发展、交通工具的改进和激增，传统功能型的城墙成为城市发展的羁绊。因此，各地出现了规模不等、时间不一、影响很大的拆城现象。在这样的历史背景下，由于城墙单体的文化影响力（如万里长城），或者因官员、专家学者的干预（如南京城墙、西安城墙等），甚至因经济或地域等诸多因素影响（如平遥城墙等），也有许多城墙得以不同程度地幸存下来。

中国古城墙的全面保护，始于20世纪80年代以后。在中国政府和各地政府高度重视下，在全国各地文物工作者不断呼吁和保护下，社会各界对中国古城墙的价值从认识上出现了根本性转变，并逐渐形成了法制、全面和科学的保护体系。有些地方结合城市建设投入大量资金和人力，对古城墙（或遗址、遗迹）进行大规模抢险性维修和环境整治，还制定相应的专项保护法律、法规，设立专门保护管理机构等。从近30年所公布的各级文物保护单位来看，城墙所占的比例逐年增长，国家和各级政府的重视程度可见一斑。

虽然中国古城墙作为原始作用和军事防御地位已经丧失，但作为城墙文化它却依然存在，作为文化遗产则刚刚起步。无论在学术界还是旅游界，无论在城市历史的象征意义还是文化遗产的传承意义上，中国古城墙都具有非常广阔的发展空间。

2006年，江苏的"南京城墙"、陕西的"西安城墙"、湖北的"荆州城墙"、辽宁的"兴城城墙"进入国家文物局公布的《中国世界文化遗产预备名单》。2012年，来自全国六省八市（即南京、西安、兴城、襄阳、荆州、临海、寿县、凤阳）首次组成了"中国明清城墙"联合申遗项目，获国家文物局批准。2014年，在国家文物局支持下，南京成为"中国明清城墙"联合申遗项目的牵头城市。

在"中国明清城墙"联合申遗过程中，我们积极推进相关工作的同时，也要加强基础理论研究，加强对"中国明清城墙"联合申遗普遍价值的研究。其中列入国家"经典中国国际出版工程"出版计划的《中国古城墙》（中、英、法、德、日、韩文版），历时六年、格式和内容进行过三次较大调整和修订，如今终于面世。这部恢弘巨作，正是我们迫切需要的重大基础研究成果，对"中国明清城墙"联合申遗以及对外弘扬中国传统文化，具有重要的学术价值和普世意义。

《中国古城墙》一书，对全国包括长城在内的各地400多座古城墙（还未包含各城附录描述的古城墙）进行了系统梳理和初步研究。读完书稿后，我感觉有三个主要特点：第一，这是一部以汇集中国古城墙为编撰对象的专业性文献，为社会各界了解和研究中国古城墙提供基本资料，达到对中国城墙存史、资政、教化的目的。第二，这部书涉及的内容非常丰富，包括历代的城池图、城池营造及规模、历史沿革、损毁与修葺、现状与保护等。第三，纵向跨越了6000年城墙史，横向罗列了全国各省、市、县具有特点的城墙，为中国古城墙勾勒出一幅多姿多彩、全景式的绚丽画卷。

这部著作的主编杨国庆先生是研究城墙的资深学者，足迹遍及全国许多地方的城墙，2011年还赴德国柏林马科斯·普朗克科学史研究所进行中德城墙比较研究，出版或发表了多本（篇）关于南京城墙的著作和有关中国城墙的论文，广受业界学者的好评。这一次，由他主持编撰的《中国古城墙》，将会进一步促进今后中国古城墙整体系统的基础研究，为"中国明清城墙"联合申遗普遍价值的研究提供了一个广阔的学术平台。深以为感，是为序。

"中国明清城墙"联合申遗办公室主任 刁仁昌

2015年4月15日

目 录

【第一卷】

绪论 001

长城 081

绪 论

绪 论

——中国古城墙浅析及对若干问题的思考

杨国庆

城墙，是人类文明发展史上阶段性的产物，是古代统治者权力与民众参与相结合的创造性建筑形态，也是亚洲、欧洲、美洲、非洲等地区很多古代城市发展史上重要的组成部分。[1]

中国是人类史上筑城最早的国家之一。城墙的这种建筑形式，为古代中国统治阶层和民众提供了生存、生活的安全屏障。据考古发掘和文献记载，中国城墙至迟到了商周时期（前16世纪～前256）被赋予了强烈的政权象征意义。统治者通过城墙的建筑"语言"，将其政治统治理念物化到城墙的形态。这种权力象征意义尤其反映在中国都城的城墙，并延续到中国君主专制统治下的明清两朝的南京城与北京城。[2]

中国历史上古城墙的总量至少有数千座，从外表上看似乎非常简单：线性的墙体、高耸的城楼、数量不等的城门、锯齿般的垛口、城外环以护城河

△ 20世纪30年代，辽宁省新立屯城墙具有回民特色

△ 20世纪中叶，空中俯瞰胶州城全景 本文照片除署名外，均由南京城墙保护管理中心藏

---

[1] 参考【美】刘易斯·芒福德《城市发展史——起源、演变和前景》，中国建筑工业出版社2008年1月版。

[2] 谢敏聪：《北京的城垣与宫阙之再研究》，台湾学生书局1989年3月版。杨国庆：《明南京城墙设计思想探微》，载《东南文化》1999年第3期。

（壕）……但是，由于各地城墙建造时代的不同，建置性质及地域文化的差异，地理和环境的特殊性，导致每座城池无论形态、长度、筑造工艺与技术、文化内涵和象征意义都千差万别。因此，历史上每筑造一座城池，都具有其创造性和时代与地域相结合的文化特征，在城墙基本功能共性的前提下都有其各自的特殊个性。在漫长的岁月中，中国城墙伴随着社会发展，不断出现也不断消亡，不断毁圮也不断修缮，不仅承载了各个时期人们的愿望，也不经意间承载了社会多元的历史文化信息。有一个本不该忽略的现象：中国古城墙本身并没有形成独立的学科，却被政治学、城市学、都城学、规划学、军事学、建筑学、历史学、人口学、方志学、地理学、环境学、风水学等多门学科所重视或研究。其中以城砖的砖文为证：仅以南京、荆州及宁波等地的浩瀚城墙砖文为例，它们承载及传播的历史文化信息量巨大，有的填补了文献记载的许多阙失，有的提供了珍贵的实证。[1]

中国古城墙量大面广，时间跨度长，自古以来受到统治者的重视，不断被各级政府所收集和整理，尤其反映在明清以来各地的地方志中。近现代的实地调查、考古发掘发现了一大批早已被遗忘或被历史湮没的城址（尤其是史前的城址），在地域、数量、时间的跨度等方面，都有了前所未有的重大突

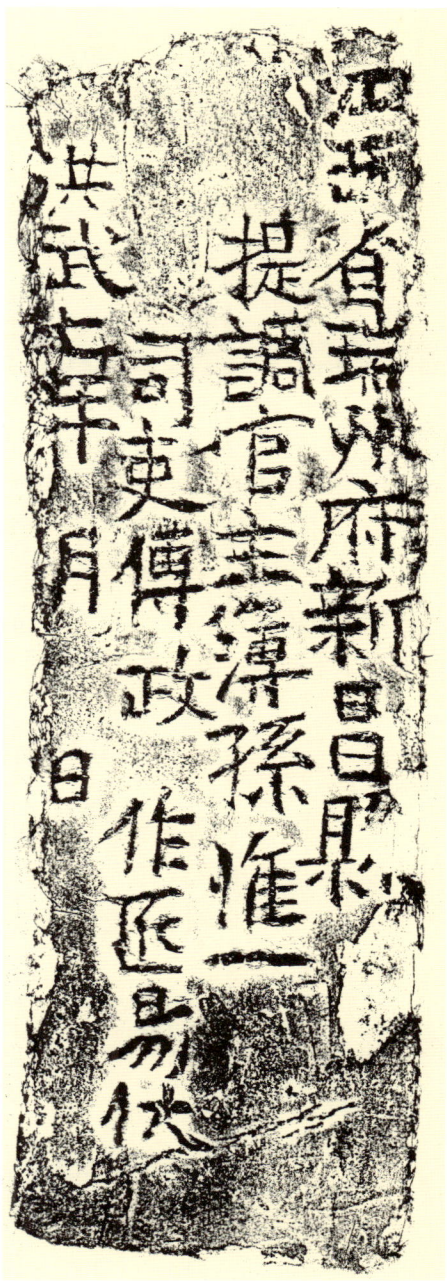

△ 洪武七年江西瑞州府新昌县为南京城墙烧制的城砖上的砖文 引自杨国庆、王志高《南京城墙志》（凤凰出版社，2008年）

[1] 马廉：《鄞古砖目》，藏于宁波天一阁。张世春编著：《荆州城文字砖》，武汉出版社1997年7月版。杨国庆主编：《南京城墙砖文》，南京师范大学出版社2008年5月版。

△ 1928 年，远望淄川（今属山东省淄博市）城墙

破（今后在这方面一定还会有新的发现）。20 世纪 80 年代以后，中国城墙从功能上实现了文化遗产的转型，更受到各级政府部门和社会的高度重视与保护，对各地城墙的历史、沿革及现状等多元文化资源，学界从各自研究领域给予了更多的关注。因此，对于中国古城墙的历代记载、修城碑记、诗词和近代的论文、考古发掘报告、专著等，可以说蔚为壮观，这是中国古城墙非物质层面的、宝贵的文化财富。

然而，中国古城墙有一些基本问题尚未得到很好解决或难以解决，学术界还存在争议。在这些问题中，有的属于认识问题，有的属于历史问题，还有的属于学术问题，需要在特定的范围和条件下进行商榷和讨论。

一 城墙的概念与性质

中国古城墙的类型极其丰富而庞杂，这是世界其他国家或地区的城墙难以比拟的，也是中国城墙的重要特点之一。

但是，对中国城墙概念上的认识，从广义和狭义两种不同的角度，就会产生不同的理解。因此，在讨论中国城墙之前，首先需要明确其概念和性质。

1. 概念问题

中国城墙广义的层面，如从政治、军事、经济、历史等学科的角度看，城墙是保护一个国家、一个地区、一个城市、一个部落、一个村寨的权力、资源、财富和生存的空间。简言之，城墙是以其军事防

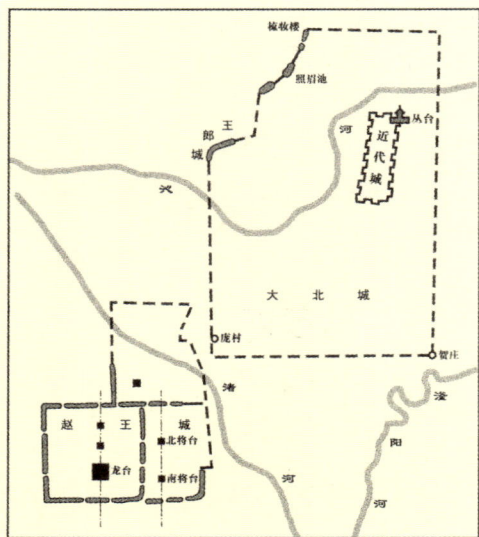

◁ 邯郸赵王城方位图 引自杨秀敏编著《筑城史话》（百花文艺出版社，2010 年）

御的功能，保护生活在某一公众区域（这个区域，与空间大小并没有直接的关联）的人们安居乐业。这就是《易经·坎卦象传》所说的"王公设险，以守其国。险之时，用大矣哉"。意思说王公高筑城墙，设置险阻，其目的是保卫国土的安全。在遇到危险时，城墙的作用是重要的。从这个意义上说，界定一堵"墙"是否属于广义层面上的"城墙"性质，其主要特征是看这堵"墙"有没有用于军事防御功能的设置。如果没有，无论这堵"墙"有多长，有多高，它也只能称为"围墙"，而非"城墙"（如单纯装饰性的形态）。中国历史上的筑城基本理念，受其影响是深远的，规模大的如长城、都城，规模小的如营堡、寨堡，当然也包括各地府、州、县的城市城墙。

中国城墙的狭义层面，则是从城市学、都城学的角度（这些学科恰恰与城墙的关系最为密切，数量也最多），凡是和城市起源与发展、古代城市规划与建设、古代城市功能与民众生活、古代城市军事防御和防洪等领域相关的，几乎都与城墙有关。狭义城墙的概念，往往专指城市的城墙，即与"城池"的概念相通。《礼记·礼

△ 20 世纪 30 年代，山城镇巨大的粮栈，建筑形式一如城堡

△ 圣母玫瑰堂，1914 年由荷兰人主持修建在一块巨石之上，位于晋城市大箕镇下河村。哥特式教堂与房舍组成一个城堡样的建筑群，极有特点，是国内鲜见的欧式古堡建筑，与长治尼格老堂、马厂堂合称晋东南三大天主教中心 邵世海摄

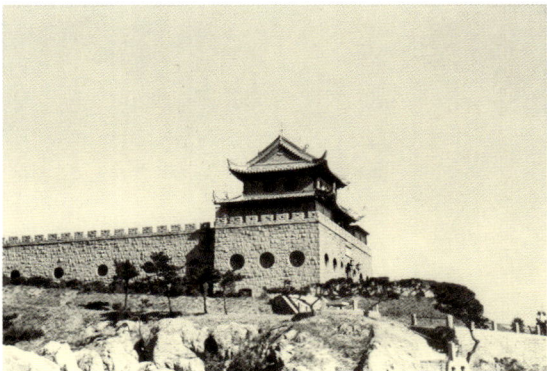

△ 1947 年，青岛水族馆仿城墙及角楼的围墙

△ 山西娘子关 殷力欣提供

△ 大沽炮台遗址 殷力欣提供

▽ 峡口古城，位于甘肃省张掖市山丹县古硖口，历代是中原通往西域的交通要道，也是古丝绸之路的重要驿站 王维迪摄

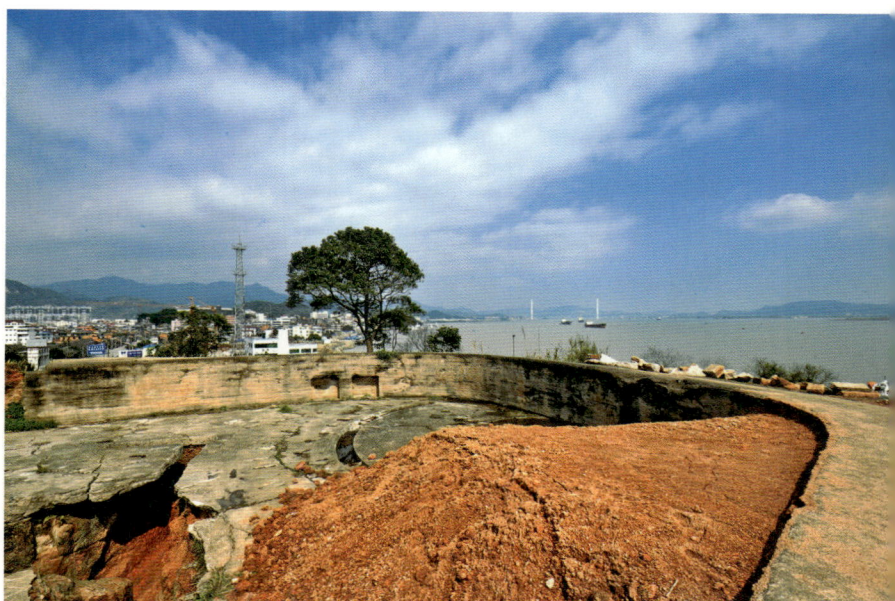

△ 福州亭江炮台城墙　殷力欣提供

▽ 福州长门炮台城墙　殷力欣提供

△ 20 世纪 30 年代，山东青州城及城外石桥

△ 20 世纪 30 年代，潍县（今潍坊市）的城墙及护城河

△ 20 世纪 30 年代，历史上通往塞外的张家口城门

运》："大人世及以为常，城郭沟池以为固。"意思说天子诸侯把财物和权位世代相传已成常事，建筑城墙、开挖护城河作为防御工事。由此派生出"培土为城，掘土为池"之说，简称"城池"，其中"城"指城墙，"池"指护城河（或"濠"），城池不仅构成了城市的主要防御体系，同时也界定了一座城市的范围。这是中国古代城市（少数除外）的一个重要标志和特征。

中国古城墙存在广义和狭义的概念之分，[1] 中国长城同样也存在两种不同的概念，即"学术概念"和"公众概念"。从学术上讲，长城是指在中国传统文化地域内，国家、政权以军事防御为目的，在边界地区与防御纵深或在民族交汇冲突地带修筑的，以连续性墙体或壕堑为主要标志，并充分利用自然地理要素及与之配套的预警、通讯、驻防、补给等设施的固定军事防御工程体系。从社会一般公众认知来看的"万里长城"，一般是指古代中国在不同时期为抵御塞北游牧部落侵袭而修筑的规模浩大的军事墙体工程的统称，尤其以明代长城为主。

---

[1] 当然，在学术层面这种"广义"与"狭义"区分，还有其他方法。如狭义，泛指各类性质城市的城墙；广义则指"陵寝、坛庙、苑囿、坞堡等"，引自刘叙杰《中国古代城墙》，载罗哲文等主编《中国城墙》，江苏教育出版社 2000 年 9 月版，第 1 页。

公众对长城的认识存在不统一性和很多错误的观点。

因此，本书涵盖的中国古城墙，是指广义上的中国城墙，而且侧重在明清时期的中国城墙。

2. 性质问题

中国古城墙的性质多样，主要有都城，包括宫城、皇城、京城（或称"内城"），有的还有外郭；长城，包括边墙、边城、长垒、关城、关隘、烽火台、烽燧；王城；省城；府城；州城；县城；厅城；卫城；巡检司城；土司城；所城；营堡；村寨城堡；碉堡（或称"碉楼"）；炮台（或称"炮城"）等。除此，还有西藏地区特殊性质的城墙，过去一般认为在西藏地区没有真正意义的城池（狭义层面），但从广义上来看，西藏地区也有城墙，除了宫殿城墙、庄园城墙、城堡城墙外，还有兼有军事功能的寺院的院墙等。

在上述城墙类型中，尤以城市城墙的性质比较复杂。中国城市城墙性质的多样性，不仅涵盖了以上所述，由于时间跨度大，历史上政权更迭、治所迁移、建置变化，同一座城墙，历史上就会有不同的属性。如元末明初建造的南京城

△ 清初修筑柳条边横贯本境，置法库边门隶属盛京将军，设防御以严出入。法库边门建有门楼1座，门上悬有"法库边门"匾额，此处为古代通往辽东的重要门户。光绪末年，东北开禁，边门也逐年塌毁。1913年，法库厅改为法库县，也是县以门名。图为20世纪30年代法库门城栅

△ 1930年，山西通往察哈尔的得胜口关塞

△ 塞垣图（长城图） 引自《宣化府志》清乾隆八年版

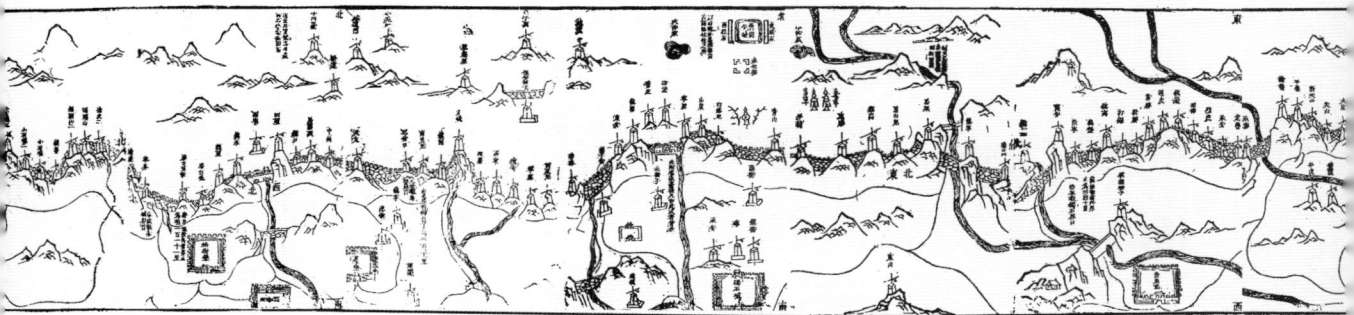

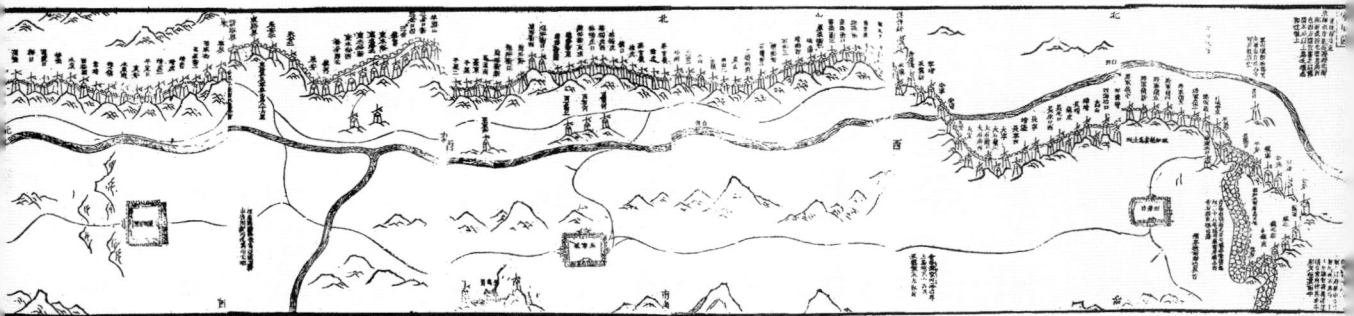

△ 20世纪中叶，昌黎城俯瞰

△ 20世纪中叶，通州城（今北京通州区）俯瞰

墙，公元1366年开始在元集庆路城墙的基础上拓建，而元集庆路城墙承袭了南唐都城城墙。洪武元年（1368）后，此城再次成为都城城墙，是京师所在地。永乐十九年（1421），迁都北京后，此城为陪都，城墙的都城性质未变。清顺治二年（1645），清军占领南京后，改为江宁府，这时城墙的性质在当时官方文献中已成为府城（后称"省城"）。但今天人们普遍称南京城墙为"都城城墙"，而不会称"府城城墙"、"省城城墙"，其主要依据是后来"江宁府"的建置基本未改变城墙的规模。

如果说南京城墙性质并不复杂的话，另一类城墙就相对复杂许多。如湖南有些城墙随着新建置的设立，性质也随之发生变化。据《靖州古城考》（光绪十一年《湖南通志》，下同）载：宋熙宁年间（1068～1077）"纳土创立城寨"，后为靖州城；又据《桑植县古城考》载：宋为安福寨城，明为安福所城，后为桑植县城；再据《永定县古城考》载：明建文（1399～1402）初为永定卫城，雍正九年（1731）"于卫地置（安福）县"。再如四川省乐山市的嘉定古城墙，历史上不仅建置多变，城址也多有变化。即便到了明正德八年（1513）再次建城（城周600余丈）后，到了清康熙四年（1665），城周达1980余丈，而且雍正十二年（1734）升嘉定州为嘉定府，并在府治驻地置乐山县（同城而治）。这样，在判定这座城池的性质时，就比较复杂。1986年和2002年，先后被列为省、市文物保护单位时，取其宋以前的古城名定为"嘉州古城墙"，而现存的城墙基本属于明清时期，在原先基础上建造。

本书在论及城墙性质时，除特指外，一般以最后定型的城址并参考当地文物部门的认定为参考依据。

二 城墙的起源

中国城墙的起源，是一个貌似简单却又非常繁杂的问题，更是城墙最基本、最本质的问题。在短短的几十年中，由于人们逐渐意识到城墙的起源，是关系到中华文明的起源、中国城市的起源等诸多重大课题，因而城墙开始被学术界高度重视，尤其在中国古代城市史、史前城址考古、文明起源等研究领域，研究成果极其丰硕。

△ 1930 年，辽东海城（今属辽宁省鞍山市）城墙下的五金店

在近、现代中国考古学出现之前，相当多的城墙起源论述仅局限于文献的记载。诸如："神农之教曰：石城十仞，汤池百步"[1]；"黄帝为五城十二楼，以候神人于执期"[2]；"黄帝始立城邑以居"[3]；"舜一年而所居成聚，二年成邑，三年成都"[4]；"鲧筑城以卫君，造郭以守民，此城郭之始也"[5]；"禹作三城，强者攻，弱者守，敌者战。城郭盖禹始也"[6]……这类流传很广的文献，基本属于汉代前后引自先秦或春秋战国时的记述，[7] 不仅被后代诸多文献引述，[8] 即便近代中国考古学出现之后，许多学者仍乐于引述。

中国古代文献中所谓的"三皇五帝"是中国在夏朝以前出现在传说中的

---

[1] 《汉书·食货志上》。

[2] 《汉书·郊祀志下》。

[3] 《淮南子·原道训》。

[4] 《史记·五帝本纪》。

[5] 《吴越春秋》。

[6] 《御览》卷一九二引《博物志》。

[7] 汉代所引前人这类记述，可参考矛盾《神话研究》中《中国神话研究初探》一文的考析，百花文艺出版社 1981 年 4 月版；李定凯编校《闻一多学术文钞·神话研究》，巴蜀书社 2002 年 12 月版。

[8] 如清代陈梦雷主编的《钦定古今图书集成·经济汇编·考工典》等。

几位帝王，时间跨度约在距今5000～4000年间。[1] 在中国考古学出现之前，有关中国最早筑城的记载就成了传说故事，甚至有学者提出："我们的古代史，至少在禹以前的，实在都是神话。"[2] 当然，传说与神话是两个不同的概念。"神话所叙述者，是神或半神的超人所行之事；传说所叙述者，则为一民族古代英雄（往往即为此一民族的祖先或最古的帝王）所行的事。"[3] 而中国古代文献中的"三皇五帝"具有两者共存的特点：既有神话部分，亦有传说的部分。在中国考古学出现之前，很难区分两者之间的差异，中国最早筑城的记载也同样存在这个问题。尽管"一切神话无非是原始的哲学、科学与历史的遗形"[4]，但文献中的中国最早筑城被认定为"传说"，而非"神话"，则缘于近、现代的考古学。[5]

近、现代中国考古学的出现，虽然史前城址（如山东章丘城子崖城址、

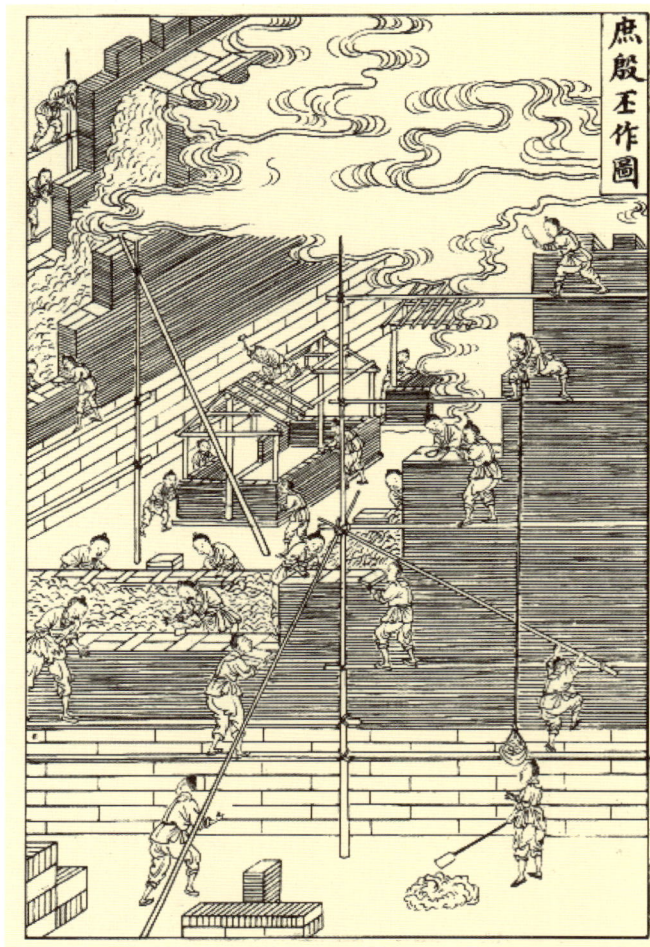

△ 《庶殷丕作图》 引自光绪三十一年《钦定书经图说》

[1] 由于是传说中的帝王，在中国不同史书记载中，对"三皇五帝"的名称和排序也各不相同。参见吕思勉《先秦史》第六、七章"三皇五帝事迹"，上海古籍出版社1982年9月版。

[2] 茅盾：《神话研究》，文物出版社1995年12月版，第223页。

[3] 同上书，第3页。

[4] 同上书，第4页。

[5] 除中国早期筑城记载外，其他文献记载的传说、神话与考古可印证，参考陆思贤《神话考古》，文物出版社1995年12月版。

河南安阳后岗城址等）相继被发现，甚至还发现了确切的城墙段落，但是这些发现在很长时间里并没有引起学术界的足够兴趣。有学者将其归纳为"当时缺少将城址作为一个专门课题来做讨论的背景或学术氛围"[1]。到了20世纪70年代以后，随着考古界陆续发现更多的龙山时代城址（如河南登封王城岗城址、河南淮阳平粮台城址、湖北天门石家河城址等），人们对中国早期的筑城活动逐渐有了较系统性的研究，并"成为探讨中国文明形成的核心问题"[2]。

△ 20世纪30年代，东宁县县城砖土构造的城墙与城门楼

由于学界各自研究领域需要的不同，研究方向的不同，各自掌握考古资料的多寡，考古发现时序

△ 20世纪30年代，海龙县县城土城门

的差异（包括今后考古新发现的未知资料），以及研究方法的差异，城墙起源便出现了分歧。有学者称："对于古代城墙起源这一问题尚无统一的意见。"[3]其实，即便在今后很长一段时间，也不可能形成学界所谓的"统一"意见。因为城墙起源至少涉及到两个方面内容，即最早筑城的时间以及最早筑城的原因。这两个基本内容，均属于"动态"的，前者需要根据考古的新发现进行不断地

[1] 赵辉、魏峻：《中国新石器时代城址的发现与研究》，载《古代文明》（第1卷），文物出版社2002年4月版，第1，2页。

[2] 同上书，第2页。另可参考严文明《中国文明起源的探索》，载《中原文物》1996年第1期；钱耀鹏《史前城址在文明起源与形成过程中的作用——兼论文明要素与文明形成的标准问题》，载《文博》1999年第6期。

[3] 孙兵：《在广阔的视野中日渐丰满的城墙面相》，载《史林》2010年第3期，第33页。

修正；后者属于学术讨论范畴，随着新观点、新方法和新思路的出现，导致"起因"也不可能一致。仅以现在行政数省为例，简述如下：

△ 20 世纪 30 年代，东北磐石村落由木条围成的栅栏。这种栅栏形式，被中国早期城墙许多地方所采用

在安徽境内考古发掘的史前文化遗址中，有的虽被冠以"城"之名，但实际筑城的年代偏晚（在不同等级文物保护单位名录中）。如：位于庐江县白湖镇顺港陆岗村丘陵台地上的慕容城遗址（1987 年被列为县级文物保护单位，年代为商周），出土的文化遗存尽管较早，但据《五代史》和《宋史·慕容延钊传》所述，该城为五代时淮南节度使慕容延钊在此建造城堡，以作江防。该城有东、北两座城门，墩周围有夯土城墙，西有护城河，东有古河道。还有的城址性质在学界仍处于认识阶段，如六安市城东九公里现属六安经开区三女墩村的东城都遗址（1998 年被列为省级文物保护单位）。1982 年后，经文物考古部门考察并参考文献记载，初步认为这个城址年代较早，当在新石器时代末至西周时代。近年来，史学界有关专家根据史籍所载和考古遗物判断，提出这个城址可能是《史记·夏本纪》记载帝禹"封皋陶之后于英，六"的始封地，即"六国"的遗址。

浙江境内最早筑城，影响最大的是属于良渚文化的莫角山城址，其认知缘于近现代的考古学。该城址位于杭州城北 18 公里处余杭区良渚镇，是新石器时代晚期人类聚居的地方，年代为公元前 3300 年至公元前 2000 年，是长江下游良渚文化的代表性遗址。2006 年，再次对浙江省北部莫角山进行考古发掘和钻探，初步查明，古城址略成圆角长方形，正南北方向，东西长 1500～1700 米，南北长约 1800～1900 米，总面积 290 万平方米。城墙底部普遍铺垫石块为基础，在石头基础上堆筑黄土，宽 40～60 米。2007 年，公布了浙江省考古研究所这一重大考古成果。莫角山城址由西城、东城和北城组成（为人工堆筑的三个土墩），"高低不一，错落有序，其间关系尚不清楚，初步推测西城是宫殿区所在，应为主城。东城与北城可能属于卫城"，这是"迄今所知长江下游的史前城址，仅发现于江浙地区的杭嘉湖亚区"[1]。对该城址的性质，学界观点尚未一致，苏秉琦称之为"首都"，有的称"台城"（严文明：《良渚随笔》），还有的称"都城"（刘斌：《良渚文化聚落研究的线索与问题》）。但是，基本可以确认的是，以莫角山城址为中心的一带，当是长江下游良渚文化的统治中心。

河南境内最早筑城始于仰韶文化（约为公元前5000～前3000年）晚期和龙山时期（距今约4350～3950年），其认知缘于近现代的考古学。目前已发现史前古城址7座，其中仰韶文化晚期城址1座（郑州西山城址）、河南龙山文化城址6座（安阳后岗城址、辉县孟庄城址、淮阳平粮台城址、登封王城岗城址、新密古城寨城址、郾城郝家台城址）。最早的郑州西山城址，距今约5500～4900年，"它的出现标志文明社会已经萌芽"。"郑州西山仰韶文化古城的发现，将中国始建城市的年代提前到距今5300年"[2]。马世之在《中国史前古城》称，河南史前古城址有八个主要特点：（1）城址位于山麓或河滨台地上，略高于周边地势；（2）城墙多建在原始村落之上；（3）先挖槽基，在槽内堆土夯筑；（4）有城、壕双重防御体系；（5）城址平面多呈现方形；（6）城址规模不等，悬殊较大；（7）布局均经过统一的规划；（8）城址使用时间不长。[3]

湖南境内最早筑城，以澧县城头山的史前城址为肇始，其认知缘于近现代的考古学，为学术界目前公认的中国最早筑造的城墙。城头山城址始建于大溪文化早期，距今约6000年，以后又经多次修筑和改筑，最后一次筑于屈家岭文化中期，距今4800年，"直到石家河文化中期才废弃，前后使用时间长达1000余年，堪称城建史上的奇迹"[4]。在城头山城址北约14公里处，还有澧县涔南乡的史前鸡叫城遗址，虽然筑造时间上稍晚于城头山城址，但规模上超过了城头山城址，成为湘西北当时两个重要的城邑。

贵州最早筑城不详。汉代之前，虽有多处地方割据政权，如牂牁国、夜郎国（学术界尚有"贵州说"与"湖南说"的争议）等，但有无筑城、在何地筑城等详细资料并不明确。贵州开始出现筑城之说，大多据传说推测至迟在汉末。如贞丰县者相镇的者相古城遗址，相传三国诸葛亮"平南"时在此筑城，

[1] 马世之：《中国史前古城》，湖北教育出版社2003年版，第100页。

[2] 杨肇清：《谈河南郑州西山发现仰韶文化古城址及其重要意义》，载《史前研究——西安半坡博物馆成立四十周年纪念文集》，三秦出版社1998年版。

[3] 马世之：《中国史前古城》，湖北教育出版社2003年版，第48页。

[4] 同上书，第80页。

以操练兵马，故取名为"宰相城"，亦称"孔明城"。而榕江县的古州古城垣，也是相传蜀汉诸葛亮"南征建营于此，旧名诸葛营"[1]，且并未言及筑城。贵州大规模筑城较之全国其他地区偏晚或不明，其原因主要有四个方面：其一，贵州境内大部分地区曾长期为地方政权统治（如唐宋时期的"羁縻政策"；明清时期的"土司政策"），形成相对封闭的地域空间，中原早期传统的"筑城以卫君、造郭以守民"思想对其影响相对不大。其二，贵州境内山多水险的特殊地理环境，自然的"天险"成就了地域易守难攻的优势。其三，自元尤其明以后，中国攻城火兵器的长足发展，促使"土官"与"流官"混杂的各地政权对城墙防御功能的重新认识和发展。其四，其境内建置治所在历史上多有迁移，或因政权更迭，或因人口增减等因，致使早期城墙毁圮荒野，后世文献也疏于记载。

正因上述原因，即便到唐宋时期，贵州仍然未形成大规模的筑城，即便有的称之唐宋时所筑之城，也为学界存疑。如：（1）唐代，虽在赤水河流域出现了淅州、顺州、能州三个羁縻州（参考谭其骧《播州杨保考》），但在何地有无营造州城，一概不知。（2）宋大观三年（1109），因设仁怀县，而可能修筑过城池（惜无可考，仅为推测）。宣和三年（1121），仁怀"废县为堡，以巡检治"[2]。（3）崇善县传说在宋皇祐五年（1053）后，因置崇善县而筑城（后为太平府治），也惜无可考。据龙文光《重修府城碑记略》载："宋平岭南，立为寨"，但未言筑造寨堡城墙。（4）海龙屯"前关"之一的养马城，2003年以"宋、明"断代并被列为市级文物保护单位。2012年，经贵州省文物考古研究所副所长李飞及当地文物专家在此考察，根据养马城六道城门中有五道属"叠涩式"拱门的筑造技术，初步推测养马城肯定早于海龙屯修建，可能为唐朝末年所建，详情仍需待考。（5）2007年初，德江县发现一处古城遗址，位于合兴乡朝阳村（古称"旋厂"）香炉山（古时名山）西麓半山坡上。据当地专家学者实地考察后称，该处遗址由上、中、下三个古寨组成，坐北向南，依山傍水而建，村寨建有防卫设施，四周有土墙和青石墙围护。有专家称，这可能是唐宋时费州治下的扶阳县遗址。对此说，学界仍有存疑。

四川境内的城墙，不仅是中国较早筑城地区之一，且其沿革与发展脉络清晰。就古城址被列为国家、省、市县不同等级保护文物单位而言，四川境内古城址的建造年代几乎涵盖了中国历史的不同时期。自20世纪80年代以后，经多次考古发现，四川境内目前最早的史前城址有七座（大约在公元前

---

[1] 1948年《贵州通志·建置志》。

[2] 马世之：《中国史前古城》，湖北教育出版社2003年版，第120页。

2500～前 1700 年间）：新津宝墩、郫县（今郫都区）梓路、都江堰芒城、温江鱼凫村、崇州双河与紫竹、三星堆城墙。其主要特点有：（1）城址建在平原地区近河的台地上，略呈方形或长方形，有规划设计，除三星堆城墙（现存最完整的东、西、南城墙和月亮湾内

△ 1947 年，陕西黄土高坡的一座土城

城墙）外，其他规模比中原史前城址较大，面积在 12～60 万平方米之间；[1]（2）墙体为夯土，"一般为平地起建，不挖基槽，采用双向堆土、斜向拍打的堆筑法"。在鱼凫村城址还发现墙体铺砌卵石的现象。

广西筑城最早年代不详。1963 年，被列为自治区级的秦城遗址，当时断代为秦汉时期，"秦始皇戌五岭时所筑"，计有四处。1990～1996 年，广西壮族自治区文物工作队及兴安县博物馆对其中的七里圩王城城址进行考古发掘。考古报告认为：该"王城始建于西汉（前 206～8）中期，在东汉（25～220）时曾进行过一次加筑，魏晋时期废弃"[2]。再如：1984 年被列为合浦县级文物保护单位的大浪古城遗址，当时断代为元明时期。2003 年，经广西文物工作队对外发布的考古结论为："这是目前发现的合浦第一个西汉中期前后与海上丝绸之路记载年代相吻合的大型聚落遗址。"

因此，中国最早筑城是由于诸多因素造成的一种"动态"现象，所以学界说法不一、比较含混就不足为奇了。如："中国的城墙起源很早，文献记载和考古发掘证实，它起源于原始社会后期，即龙山文化时期"[3]；"我国最早城墙的出现，大约在新石器时代中期，主要存在于当时的各类城市"[4]；有的学者将河南平粮台"城堡"、王成岗"城址"、东下冯"城堡"三处城址称为"中国最早的城址"[5]；"郑州西山仰韶文化晚期古城，……大约在距今

---

[1] 马世之：《中国史前古城》，湖北教育出版社 2003 年版，第 120 页。

[2] 《广西兴安县秦城遗址七里圩王城城址的勘探与发掘》，载《考古》1998 年第 11 期。

[3] 马正林：《论中国城墙的起源》，载《人文地理》第 8 卷第 1 期，1993 年 3 月。

[4] 刘叙杰：《中国古代城墙》，载罗哲文、赵所生、顾砚耕主编《中国城墙》，江苏教育出版社 2000 年 9 月版，第 1 页。

[5] 刘式今：《试论中国最早的城址》，载《河北大学学报》1981 年第 1 期。

△ 战国时代齐国的长城（山东莱芜） 引自李泽奉、毛佩琦编撰《岁月河山——图说中国历史》（上海古籍出版社，1989年）

△ 辽宁省凤凰城又称"凤城"，是安奉铁路线上重镇，自古是中国通往朝鲜半岛的要塞。图为20世纪30年代，凤凰城城门及城墙

5200年至今5300年间构筑此城，是已发现的最早古城堡"[1]；"在内蒙古包头市东郊阿善遗址，发现有石围墙。……这是迄今发现的最早的石砌防御性设施"[2]；"河南登封告成镇于1975年发掘出龙山文化晚期的一座小城堡（遗址），……这座城市遗址是迄今所发现的我国最早之城"[3]；藤花落古城"开始建城时间甚早，形状又十分完整，……这应当说是我国城池的一个开端"[4]；湖南"城头山古城应是中国目前所见最早的一座城"[5]……由此可以看出，对"中国最早的城"的确定，需要有一个时间概念上的界定，"目前"、"迄今"等一类的定语，反映了"中国最早的城"的不确定性。

但是，这并不影响我们对中国最早城墙总体上获得的基本认识：即在新石器中、晚期（前7000～前3500）出现了城墙早期的建筑形式；到了龙山文化时期（约前3000～前2100），早期城墙逐渐得到普及与发展，其中湖南城头山古城，是目前（而不是最终）得到学界较为认可的中国最早城址。

---

[1] 施元龙主编：《中国筑城史》，军事谊文出版社1999年9月版，第9页。

[2] 据《中国大百科全书·考古学卷》，中国大百科全书出版社1986年版。

[3] 沈福煦：《中国古代建筑文化》，上海古籍出版社2001年7月版，第40～41页。

[4] 张驭寰：《中国城池史》，百花文艺出版社2003年5月版，第1页。

[5] 曲英杰：《古代城市》，文物出版社2003年6月版，第29页。还有较相同的观点："中国最早的城墙出现在距今约6000年以前，代表城址是湖南澧县城头山大溪文化城址。"参见成一农《古代城市形态研究方法新探》，社会科学文献出版社2009年8月版，第163页。

三 城墙的数量

中国筑城历史悠久，分布非常宽广，确切的城墙数量，自古以来仅有几次统计，但并不完全（还有疆域变化等因素）。

公元 6 世纪，北魏地理学家郦道元所著的《水经注》中，涉及了大量的古代城邑，其中包括国（国都）、郡（郡城）、县（县城）、城、郭、邑、亭、乡、聚、里、宫（不含城内宫殿）、戍、垒、障、塞、堡、固等。据今人研究

△《水经注》影印件 引自清乾隆武英殿聚珍版《水经注》印本

并考证，古城邑有明确今天地名方位的：中国境内有 1978 座；国外（包括越南、印度、巴基斯坦、尼泊尔、孟加拉国、阿富汗、伊朗、塔吉克斯坦、朝鲜）55 座；克什米尔地区 3 座；尚未明确今地方位的 666 座，总计 2702 座。[1] 这个数据，对于公元 6 世纪之前的中国城墙并不完全和准确，有许多地区的大量城池并没有统计在内。如公元 6 世纪之前已经存在的六朝建康都城及所属的 20 多座城池、城堡等，[2] 均未收录其中；其次，这个数据以"城邑"为标准，并不能肯定所有的"城邑"一定筑造了城墙。因此，这个数据仅仅是一种参考数据。如果综合上述不确定因素加以增、减的话，中国城墙在公元 6 世纪之前大约在 2000 座以上。

△ 20 世纪初，中国东北的一座古城墙

---

[1] 曲英杰：《水经注城邑考》，中国社会科学出版社 2013 年 7 月版，第 697 页"《水经注》所载城邑表"。
[2] 杨国庆、王志高：《南京城墙志》，凤凰出版社 2008 年 1 月版，第二章。

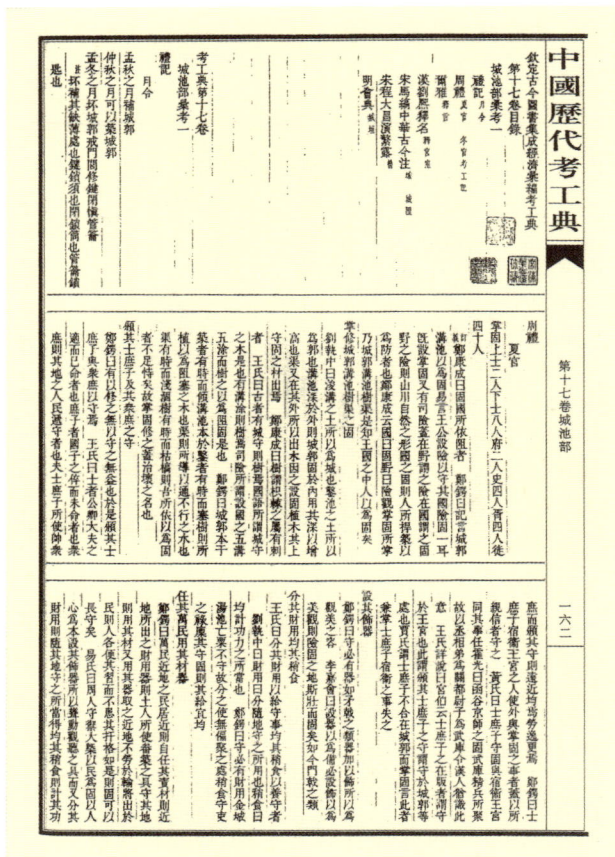

△《考工典》影印件 引自《中国历代考工典》（江苏古籍出版社，2003 年）

清康熙四十四年（1705），陈梦雷编撰的大型类书《古今图书集成·考工典·城池》（同下文《考工典》），对中国境内各地城墙有过梳理和统计，总计 1578 座。其中府城 156 座、州城 213 座、县城 1014 座、卫所城 132 座、寨堡 9 座、土司城及其他 37 座。除上述当时已筑城墙外，还有尚未建筑城墙的 17 座。

这是中国古城墙首次由朝廷命官主持编撰、又经户部尚书蒋廷锡重新编校以及定稿、最后由清世宗（年号"雍正"）皇帝钦定过并公开发表的数据，其价值及意义自然非同一般。但是，这个数据仅可做参考，仍然不够全面和准确。除了新疆和西藏未统计外，东北三省的许多古城墙也没做完全的统计，还有大量后建的城墙不可能统计在册，如清代中晚期台湾地区建造的 30 余座城墙，[1] 以及各地数量不少补建的各类性质城墙，如河北仅尉北县一县就有上百座城堡。现以中国现在行政几省的明清城墙数量为例，分述简析如下：

1. 贵州 明清两朝，是贵州大规模筑城时期，各地无论是土官或流官均对筑造城池极其重视。据《考工典》统计：贵州境内在册的城墙数量为 41 座，这个数据显然不全面和准确。除此后仍有新筑城墙、后所辖地域改变（如遵义府等后归贵州，永宁县等后归四川）等因之外，一些早年毁圮的城墙没有被统计，还有大量现存的城墙没有被统计在册。如镇远府仅被统计为两座，而明洪武

---

[1] 张志远：《台湾的古城》，三联书店 2009 年 5 月版。李乾朗的《台湾城墙概述》称台湾中国式城墙为 29 座，载罗哲文、赵所生、顾砚耕《中国城墙》，江苏教育出版社 2000 年 9 月版，第 389 页。

二十二年（1389）所筑的"卫城"、万历十九年（1591）所筑的"镇远县旧土城"等未在册。对城堡和寨堡，《考工典》统计的数量也远远不够，仅遵义府所属的五县，当时就有各类寨堡 415 座，[1] 其中近半以上筑有规模不等、材质不一的城墙，海龙囤是其中具有一定代表性的一座。另据 1948 年《贵州通志》统计：在册的城墙数量为 125 座。其中明代筑造的城墙 72 座，占总数的 57.6%；清代建造的城墙 35 座，占总数的 28%，明清两朝所筑造的城墙占总数的 85.6%。

2. 四川 据《考工典》统计，当时四川境内（含重庆府）统计的城池为 143 座，其中明代新建或改建的城池 120 座，占总数 84%；而成化年间（1465～1487）筑城 52 座，占明代筑城的 43%。另以乾隆元年（1736）《四川通志》统计，仅列入名册的城池有

△ 1937 年，四川南部发生严重饥荒，图为逃离家园的难民在一处县城城墙外求援。城门两侧"平时表率乡邻，战时……"字样依稀可辨

158 座。其中明代筑城或改土城为砖石城的计 118 座，占总数 75%。这两份数据也仅仅是一种参考数据，因为当时许多已废弃的早期城垣并未被统计（如史前及其后一段时期建造的城墙；再以泸州为例，如道光版《泸州志》所称"宋以前筑凿之功，率成往绩"；甚至万历十七年建造的马边城，也因被水冲毁后未及时修缮，而"不在城垣之例"）；其二，当时已经存在的大量关隘、寨堡、司城等，也尚未被统计；[2] 最后，直到清末，仍有新筑城墙未作统计（如清咸丰年间建造的眉山市东坡区秦家镇的寨子城等）。从这两份并不完全的统计数据中仍能看出明代是四川筑城的又一个高峰时期。

3. 广西 明清时期，随着火兵器的发展，以及筑城技术的成熟与普及，广西再次出现大规模筑城（少量仍为土城），或者以砖石改筑原先的土城。据《考工典》统计：广西境内在册的城墙数量为 80 座（其中两座未筑，实为 78 座）。

---

[1] 1936 年《续遵义府志》卷二。
[2] 参考《四川通志》卷四"关隘"。

遗憾的是，这个数据并不全面和准确。主要有以下几个方面：（1）已经废弃的旧城址未作统计。如位于石康镇顺塔村的唐代石康古城遗址等。（2）建成的城墙有遗漏的情况。如明万历六年（1578）在荔浦县所筑的中峒土司城、下峒土司城等。（3）各个时期建造的边墙、关隘、寨堡等，有大量的遗漏。仅据宣统元年《南宁府志》当时的统计，其所辖各地的关隘、寨堡、烽火台计有121座。（4）康熙（1662～1722）以后至清末，在此阶段建造的城墙固然没有被统计。如雍正八年（1730）建造的百色厅城；乾隆六年（1741）建造的龙胜营城等。（5）各级政府修编的地方志均未记载的城墙。如广西壮族自治区阳朔县葡萄镇杨梅岭村的石头城。因此，《考工典》记载的当时广西境内城池78座的数据，仅为一个参考数据。仍以这78座城池为例，明代，新建的城墙就达38座，占总数的48.7%，由此可以看出，明代广西筑城确为一个高峰时期。清代新建的城墙仅为3座。

4. **安徽** 据《考工典》统计：当时府城7座（有7个县附郭，同城而治），州城11座，县城47座，总计65座。这个数据有一定的问题，首先徐州及所属四县后划归江苏；其次所依据的《江南通志》过于简单，有许多城池并未统计在册。另据光绪七年《重修安徽通志》对其境内各府、州、县城池的统计，总数量为61座。但是，这个数据同样未能反映安徽境内城墙全部的数量。其一，已经被废弃的城墙未被统计（如六安市境内东城都遗址、六安西古城遗址；灵璧历史上筑有土城8座；蒙城境内的红城旧址；古寿州境内下蔡城、寿春城、安丰城等19座城池等）；其二，由于此后建置区划的变化，城池所在地也随之有变化（如1955年由安徽省划归江苏省的盱眙城等）；其三，大量的寨堡、卫所未被统计（如霍山县境内的六万寨堡、四望寨堡等）。因此，这个数据仅是当时被县级以上正在使用的城墙，可视为一种参考的数据。仍以这个数据为例，明以前明确建城的有33座，占总数的54%；明代以前明确"无城"而新建城池的15座，占总数的25%；清代明确新建的仅为涡阳县城1座（除同治四年寿州西南60里利用"民圩旧址"改筑的小城外，不在61座数据内）。

5. **湖南** 据《考工典》统计：当时湖南境内有城池75座。另据清光绪十一年《湖南通志》（卷四十一、四十二）对其境内历史上的73座古城考证，其中除安福县古城建于战国外，汉代及之前的古城有27座；三国至隋以前的古城有20座；隋至宋的古城有21座。而这份资料在对73座古城考证中，经统计涉及到的古城多达219座，大多在历史发展过程中先后毁圮或被废弃。如下表：

序号	城名	序号	城名	序号	城名	序号	城名
1	临湘故城	2	车灵城	3	索县故城	4	赤亭故城
5	南津城	6	营浦故城	7	泼张城	8	迁陵故城
9	北津城	10	营道故城	11	沅南故城	12	龙标故城
13	故尉城	14	泠道故城	15	张若城	16	溪州故城
17	常丰故城	18	春陵故城	19	司马错城	20	安福故城
21	湘阴故城	22	永明故城	23	南城	24	充县故城
25	罗县故城	26	洛阳城	27	鼎州故城	28	崇义城
29	夹城	30	枇杷所城	31	都尉城	32	镡成故城
33	玉山城	34	桃川所城	35	沅南故城	36	郎溪故城
37	城江城	38	江华故城	39	采菱城	40	诸葛城
41	赤竹城	42	冯乘故城	43	黄土故城	44	麻阳故城
45	浏阳故城	46	古丈坪城	47	龙阳故城	48	黄陵城
49	湘西故城	50	大历故城	51	重华故城	52	锦州故城
53	三亭故城	54	昭陵故城	55	药山故城	56	富州故城
57	湘南故城	58	长安营城	59	刘公城	60	常丰城
61	建宁故城	62	建州古城	63	子母城	64	河溪城
65	空云城	66	酉阳故城	67	孩儿城	68	凤凰厅城
69	新康故城	70	羊峰城	71	丛木城	72	土司旧城
73	益阳故城	74	新化故城	75	黔中故城	76	崇山卫城
77	连道故城	78	武阳城	79	沅陵故城	80	永绥旧城
81	攸县故城	82	高平故城	83	下隽故城	84	彭城
85	安化故城	86	武冈故城	87	会溪故城	88	耒阳故城
89	阴山故城	90	临冈故城	91	宝应明城	92	郴县故城
93	五城	94	都梁故城	95	泸溪故城	96	便县故城
97	巫阳城	98	尧王城	99	辰阳故城	100	安陵故城
101	金州城	102	新宁故城	103	刘尚城	104	义章故城
105	临丞故城	106	萧城	107	明溪城	108	汉宁城
109	承阳故城	110	巴邱故城	111	吕蒙城	112	资兴故城
113	新平故城	114	巴陵故城	115	南安故城	116	汝城故城
117	新宁故城	118	岳城	119	齐右城	120	汝城县城
121	鄮县故城	122	刘备城	123	陋城	124	义昌故城
125	钟武故城	126	君山古城	127	安南故城	128	万王城
129	衡山故城	130	陶侃城	131	金州城	132	诚州故城
133	安仁故城	134	汉昌故城	135	如山故城	136	桂阳郡城
137	衡阳故城	138	陆城	139	诚州城	140	渠阳故城
141	故渠阳城	142	杨氏城	143	楚湘城	144	澧阳故城
145	松州故城	146	马援城	147	安乡故城	148	作唐故城
149	义阳故城	150	杨城	151	天门故城	152	溧阳故城
153	添平所城	154	慈利故城	155	零阳故城	156	白公城

序号	城名	序号	城名	序号	城名	序号	城名
157	石柱城	158	蛮王城	159	白抵城	160	覃家城
161	九溪城	162	溇中故城	163	申鸣城	164	宋玉城
165	永定卫城	166	羊山故城	167	大庸所城	168	杨凤城
169	平阳故城	170	临武故城	171	南平故城	172	蓝山故城
173	仓禾旧堡	174	泉陵故城	175	潭子湾故城	176	镇溪营石城
177	强虎哨石城	178	熊义山故城	179	湾溪汛石城	180	竹城（宋时以竹为城）
181	诸葛城（一名南城）	182	赤亭城（又称赤沙亭）	183	黔安（城）	184	茶陵故（俗称茶王城）
185	霞阳旧镇城	186	锦田所（清改为江蓝厅城）	187	下溪州故城	188	潘承明（其城跨山枕谷）
189	空笼城（即古汉寿故城）	190	湘潭旧（俗称古戍城）	191	施洞城（或称沱洞城）	192	祁阳故（2座）
193	新城（异地3座）	194	马王城（异地3座）	195	麋城(有东、西2城）	196	潭阳县城（废）
197	莳竹县城（废）	198	永平县城（废）	199	鸡翁县城（废）	200	应阳县城（废）
201	渭溪县城（废）	202	绥宁县城（废）	203	新城县城（废）	204	官市县城（废）
205	渭阳县城（废）	206	黄阳县城（废）	207	三江县城（废）	208	无阳县城（废）
209	巂山县城（废）	210	上溪州城（废）	211	庐阳县城（废）	212	洛浦县城（废）
213	昭阳县城（废）	214	谢沐县城（废）	215	施溶州城（废）	216	南渭州城（废）
217	龙门县城（废）	218	义陵县城（废）	219	徽州城（废）		

尽管这份资料并不完全，如著名的史前城头山城址、鸡叫城遗址等均未被收录，但还是可以看出湖南境内历代筑城活动的纷呈与起伏不休。同样依据光绪十一年《湖南通志》的记载：清光绪（1875～1908）时，湖南的府城、州城、县城和厅城总计69座，其中明以前筑城22座仍被沿用，其他部分城池则为明清时期筑造或改筑。

6. 新疆 不在《考工典》统计的范围。新疆维吾尔自治区文物局结合全国第三次文物普查，对其境内古城址进行了梳理，其结果是"全疆共发现城址370处。除阿勒泰地区外，其他地州均发现数量不等的城址，其中乌鲁木齐市18处，伊犁哈萨克自治州33处，塔城地区6处，博尔塔拉蒙古自治州4处，昌吉回族自治州39处，吐鲁番地区20处，哈密地区16处，巴音郭楞蒙古自治州58处，阿克苏地区119处，克孜勒苏柯尔克孜自治州11处，和田地区21处，喀什地区 25 处。从年代上划分，史前城址 4 处、汉唐时期城址 255 处、宋元时期城址 30 处、明清城址（清代为主）81 处"[1]。

20 世纪 80 年代以后，由于中国古城墙受到全社会的关注，学术界也开始对于中国古城墙的数量进行了不同程度的思考和研究。但是，也基本仅限于概述，难以准确。如：中国古城墙"从都城到一般城池，近于千座，再加上明清以来各县镇建城至少有三千座，总计四～五千座城池"[2]。在"整个封建社会时期，全国的城池数目大约维持在二千个上下的规模"[3]。中国已故古建筑学家、原国家文物局古建筑专家组组长罗哲文则称"长城并非只是一道墙而是由上千

△ 喀什城旧影 杨国庆提供

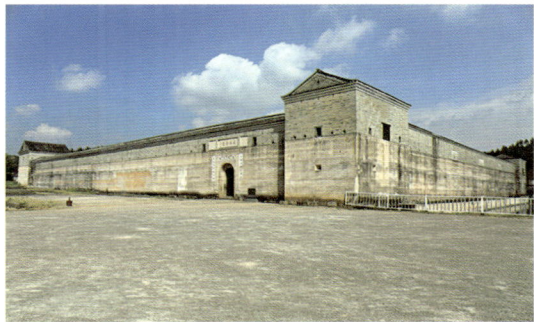

△ 江西省龙南县关西客家围屋 叶子俊摄

座关城、上万个烽火台（也称烽燧、烽台、烟墩等）和一系列不同等级大小的镇城、卫所城、营城、堡城等等构成的防御体系工程和军事防卫组织系统。若把历代长城的大小城墙一起计算，就在一万座以上"[4]。

因此，中国古城墙的总数量，是一个永远也难以精准统计的数据。但是，自汉代尤其到明清时期，中国古城墙在各个时期被使用的数量基本维持在 2000 座（其中还没包括长城）以上，应该是一种非常保守且粗略的推测数据。

四 城墙周长与行政建置的关系

目前，在中国古代城市研究领域，对城市定义主要有三种形式：城市人口，

---

[1] 新疆维吾尔自治区文物局编：《新疆古城遗址·前言》，科学出版社 2011 年版。

[2] 张驭寰：《中国城池史·序言》，百花文艺出版社 2003 年 5 月版。

[3] 杨秀敏：《筑城史话·前言》，百花文艺出版社 2010 年 10 月版。

[4] 罗哲文：《古城墙的意义及其保护》，载《中国古城墙保护研究》，文物出版社 2001 年 12 月版，第 23 页。

占地面积和城墙周长。[1] 利用城墙周长考量一座城市规模与行政建置存在的内在关系，尽管有一定的局限性，但也可看作是研究中国古代城市的一种方法。由于人们对中国城墙多样性、复杂性的认识不足，且掌握的资料各异，其结论往往出现绝对化的现象。

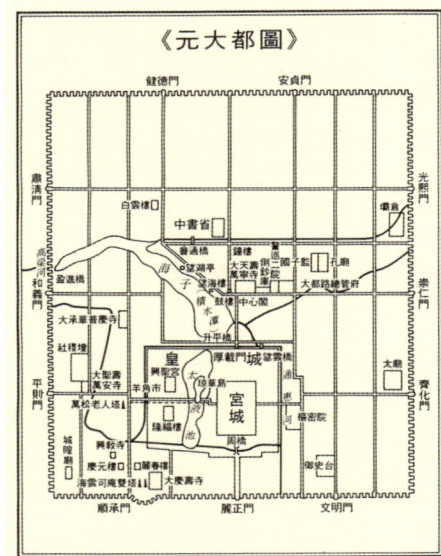

△ 元大都图 引自李泽奉、毛佩琦编撰《岁月河山——图说中国历史》（上海古籍出版社，1989年）

△ 统万城遗留的城西南角墩台 引自杨秀敏编著《筑城史话》（百花文艺出版社，2010年）

一种观点认为，城墙周长与行政级别有关。如马正林认为：汉以后"中国城市的规模和分级已经趋于定型，即首都最大，省、府州、县依次减少，下一级城市超越上一级城市规模的状况几乎是没有的，除非城市的地位升格，城市的规模才会随之升格"[2]。这个结论其实并不确切，如同在明代建造的江西南康府城"周长千丈，高二丈，广三丈，建门五"，而所属的都昌县城则"周一千丈，高二丈五尺，城楼七座"，县城周长不仅与府城相同，而且县城城墙还高于府城。再如：同在明代建造的贵州平乐府城"周五百四十一丈"，所属的富川县城则"周围六百三十四丈"。元至正十七年（1357），湖州修城时将原先周长24里，缩小成13里138步，缩小的原因并非建置降低，而是出于防御兵力的不足。这方面的例证还有许多，恕不一一赘述。

另一种观点认为，城墙周长与行政级别无关。如成一农在《古代城市形态研究方法新探》中对清代1390座城市规模（城墙）

---

[1] 成一农：《古代城市形态研究方法新探》，社会科学文献出版社2009年8月版，第57页。
[2] 马正林：《中国城市历史地理》，山东教育出版社1998年版，第154页。

进行了比较，其结论为："可以认为城市行政等级并不决定城市规模，在中国古代既不存在这样的制度，也不存在这样的现象。"[1]这个结论同样不确切，特别在中国君主统治的早期城墙中，由于受礼制的影响，城墙的周长与行政建置存在一定的关系。诚如《王氏详说·多士传》

△ 20 世纪 30 年代，辽阳城外的市集

对《考工记》"匠人营国，方九里"的注释称："营国（即'城'，笔者注）九里，则是天子之城。……古者百里之国，三十里之遂，二十里之郊，九里之城，三里之宫；五十里之国，九里之遂，三里之郊，一里之城，以城为宫。"《说者》称"百里之国，外城九里，中城七里，内城五里；七十里之国，外城七里，中城五里，内城三里；五十里之国，外城五里，中城三里，内城一里"。这里的"国"换句话说，就是统辖的地域范围大小。在商周时期，各诸侯的都城规模与所辖封地的范围大小直接有关，并形成了一种制度列入"礼制"[2]。即便到了明清时期，作为都城的南京与北京城墙规模在当时也是最大的。

对于中国各地城墙的周长与行政建置的级别关系，还是利用清康熙《考工典》所统计的数据进行比较，以便对这个问题有一个较清醒的认识。在《考工典》所列 1578 座的"城"中，府城 156 座，州城 213 座，县城 1014 座。行政建置下一级高于上级的案例近 30 个（其中还包括 1 座"卫城"规模超过"府城"的个案），涉及了 68 座城墙。其中"州城"超过"府城"有 11 座，占州城总数的 5.2%；"县城"超过"府城"和"州城"有 27 座，占县城总数的 2.7%；"县城"及"州城"与"府城"同等规模有 4 座，所占总数比例更小。详见下表：

---

[1] 成一农：《古代城市形态研究方法新探》，社会科学文献出版社 2009 年 8 月版，第 131 页。

[2] 杨宽：《中国古代都城制度史研究》，上海古籍出版社 1993 年 12 月版，第 134 页。

城池长度超越建置级别数据统计表

（注：换算以 120 丈约 1 里；360 步为 1 里）

案号	城数	名称	年代	长度
1	1	**真定府**	洪武三年	二十四里
	2	定州	万历七十四年重修	二十六里一十三步
2	3	**顺德府**	万历十年	十三里一百步
	4	南和县	崇祯十二年	四十里
3	5	**奉天府**	洪武二十一年	九里三十步
	6	辽阳州	永乐十四年	一十一里三百九十五丈 [1]
	7	开原县	洪武二十五年	十二里二十步
4	8	**兖州府**	洪武十八年	一十四里
	9	东平州	宋咸平三年后迁建	二十四里
5	10	**东昌府**	洪武五年	七里有奇
	11	临清州	嘉靖二十一年	二十里
	12	丘县	至元二十七年	八里
	13	高唐州	正德六年	九里
6	14	**登州府**	崇祯年间	九里
	15	宁海州	洪武十年	九里
7	16	**归德府**	嘉靖二十五年	七里三百一十步
	17	鹿邑县	洪武二年	九里十三步
	18	夏邑县	正统十四年	八里
	19	睢州	洪武元年	十里三百步
	20	柘城县	成化十三年	一十三里
8	21	**卫辉府**	万历十三年	六里一百三十步
	22	新乡县	景泰二年	九里一百二十四步
	23	淇县	正统十二年	八里三百步
9	24	**河南府**	洪武元年	八里三百四十五步
	25	陕州	洪武二年	九里一百三十步
10	26	**南阳府**	洪武三年	六里二十七步
	27	内乡县	洪武二年	八里
	28	裕州	洪武三年	七里三十步
	29	舞阳县	成化十九年	六里三十步
11	30	**汝宁府**	洪武八年	九里三十步
	31	遂平县	正统年间	九里三十步
12	32	**汝州**	洪武初年	九里有奇
	33	郏县	成化二年	十三里

---

[1] 此数据取自《考工典》。

案号	城数	名称	年代	长度
13	34	**延安府**	弘治初期	九里三分
	35	保安县	洪武二年	九里三分
14	36	**平凉府**	洪武六年	九里三十步
	37	固原州	弘治十五年	十三里七分
	38	隆德县	至元元年	九里三分
15	39	**常州府**	洪武年间	十里二百八十四步
	40	无锡县	宋乾兴初年	十一里二十八步
16	41	**扬州府**	嘉靖三十五年	十里
	42	高邮州	宋开宝四年	一十里三百一十六步
17	43	**南康府**	正德七年	周千丈
	44	都昌县	崇祯十一年	一千丈
18	45	**赣州府**	正德六年	二千五百一十二丈
	46	兴国县	至正十二年	四千四百四十五丈
19	47	**南安府**	至正十二年	八百五十丈
	48	南康县	绍定年间	五千八百四十七丈
20	49	**汉阳府**	明初	七百五十六丈
	50	汉川县	崇祯九年	八百八十丈
21	51	**德安府**	洪武二年	一千一百八十六丈五尺
	52	孝感县	正德七年	一千二百丈
22	53	**岳州府**	洪武二十五年	一千四百九十八丈
	54	永定卫	洪武二年	二千一十丈有奇
23	55	**夔州府**	正德年间	九百七十五丈
	56	云阳县	正德年间	一千五百丈
24	57	**潼川州**	成化年间	九里
	58	遂宁县	嘉靖年间	十里
25	59	**高州府**	洪武初年	六百十四丈
	60	电白县	大德八年	一千一百丈
	61	化州	正统十三年	八百七十丈
26	62	**平乐府**	洪武十三年	五百四十一丈
	63	富川县	洪武二十九年	六百三十四丈
	64	贺县	洪武二十九年	七里
27	65	**思恩府**	明代	三百一十二丈五尺
	66	武缘县	康熙三年	五百九十丈
28	67	**姚安府**	洪武初年	二里三分
	68	大姚县	万历四十五年	三里三分

由此可见，中国各地城墙至少在明清时期存在行政建置级别越高、城池规模（周长）越大的现象。但是不能绝对化，这种现象同样也反映了中国古城墙的多样性与复杂性。

△ 桃渚所城遗址 引自杨秀敏编著《筑城史话》（百花文艺出版社，2010 年）

根据上表所列的 68 座城墙，仅明初洪武年间建造的城墙就有 26 座，占总数 38.2%，而且不单纯局限于"卫城"和所城，也并不局限于中国沿海地区。这项统计（并非专项统计）虽不完全，但从这个不算少的比例数中可看出一个概貌。这让我们联想到学界的一种说法："明初城墙的不修筑，应该主要归结于长期的安定局面，使得城市对付防御职能的减弱，因此费工费力费钱的城墙修筑也就被地方各级官吏抛到脑后。"[1] 显然，这个说法与史实有很大的差距。

按中国城墙的古制："三里为垣，十雉作堵。"[2] 云南姚安府的城墙，周长仅"二里三分"；贵州道真真安州的城墙，周长仅"二里九分"，均不足以称"垣"；而且，性质为府城、州城的如此长度，在全国古城墙中也实属罕见。这应该与当时的筑城条件，如地形、地貌，尤其与"平播之役"的战后萧条直接有关。同时，也与筑城后不久由于建置的迁移，旧城发展及城内人口增加相对缓慢有关。

五 对未建城墙"城"的思考

这个问题主要存在于中国古城墙的狭义范围，即所谓"城市"的范围。

在中国历史上，各地设立各级行政建置后一段时间内，均有数量不等的未筑城现象，但并不是普遍现象。而且往往不久，就因各种原因进行了补筑。真正设立建置而直到建置迁移他处（或撤销），终未筑城的现象并不多。仍以清康熙《考工典》所列 1578 座"城"来看，其中未筑城 17 座，仅占总数不足

---

[1] （日）中村圭尔、辛德勇：《中日古代城市研究》，中国社会科学出版社 2004 年 3 月版，第 179 页。

[2] 光绪十八年《遵义府志》卷六，转引汪猷"修正安州城碑文"。

1.1%。其中云南 4 座（永宁府、丽江府、镇沅府、孟定府），台湾 3 座（台湾府、凤山县、诸罗县），湖北 3 座（武昌府大冶县、通山县、黄州府广济县），浙江处州府（缙云县、松阳县、遂昌县、云和县、龙泉县、景宁县、宣平县）7 座。在康熙（1662～1722）之前，这 17 座未建城墙的"城"，有的已建有城门（如处州的 7 座城；武昌府通山县在万历十一年建门），还有的不久也补建了城墙（如台湾的 3 座城）。

全国各地有建置而不筑城墙，虽然并不普遍，但情况比较复杂。其中有政治、军事因素，也有环境、经济和技术等因素。但是，最后这些有行政建置的地方大部分还是修造了城墙，只是建造时间先后不一。在政治、军事因素方面，学界对不筑城现象均有较深入的研究，[1] 其中尤以元代不筑城研究为重点。

△ 辽阳东京城旧城 引自王佩环编著《关外三都》（沈阳出版社，2004 年）

对于元代城市城墙，陈正祥在《中国文化地理》第三篇《中国的城》中提出："蒙古人是粗野的游牧部族，对妨碍他们横冲直撞的城，当然没有好感。在《元史》和《元一统志》等书中，绝难看见造城的记载。有一个时期，曾禁止汉人筑城或补城。所以到元朝被推翻时，许多城已破损不堪。"在元代法律《元典章》中，还出现以"奉圣旨'修城子里，无体例'"[2] 为由，在很长一段时间全国禁止修城和筑城。但是，同样不能绝对化。如：元代时，邵宗愚占据广州起兵反元，马丑寒占据博罗相呼应，乃设置木栅及土墙环绕县城，"引溪为隍"[3]。元至正年间（1341～1368），德庆州城"重修峻之"[4]。再以其他数省为例，简述如下：

---

[1] 徐泓：《明代福建的筑城运动》，载《暨大学报》第 3 卷第 1 期，1999 年 3 月，第 25 页；党宝海：《元代城墙的拆毁与重建——马可·波罗来华的一个新证据》，载《元史论丛》第 8 辑，江西教育出版社 2001 年版，第 46～53 页；成一农：《宋、元以及明代前中期城市城墙政策的演变及其原因》，载《中日古代城市研究》，中国社会科学出版社 2004 年版，第 145 页。

[2] 《元典章》卷五十九"工部二·造作二·桥道"条，《大元圣政国朝典章》下册，中国广播电视出版社 1998 年版，第 2140 页。

[3] 1958 年《博罗县志》卷三。

[4] 道光二年《广东通志》卷一百二十七。

安徽 在元代不仅有修城（如巢县），还有新建城墙。如元元贞年间（1295～1297），旌德县建城门。元顺帝至元年间（1335～1340），英山县筑土城（后毁），其他还有庐江县、舒城县、霍山县等。再如元代的修城，元至正十三年（1353）庐州因城圮，合肥佥事马世德请"发公私钱十万贯"[1]，在原木栅和土城基础上主持大规模修城，共动用人力77.8万，用砖448万块，修城4706丈，建城门6座，并均建城楼。

浙江 在元代筑城修城受到一定的影响，但并不严重。除少量城墙被拆毁外（如杭州府城"内外城日为居民所平"；金华府城"罗城尽坠"；宁波府城"居民侵蚀，渐为坦途"；嘉兴府城"罗城平"等），大部分城墙还是被利用，甚至在至正年间（1341～1368）出于各自的城防需要，还修筑了一批城池，如杭州城[2]、昌化县城、海宁县城、余姚县城、金华府城、永康县城、富阳县城、上虞县城、余杭县城、平阳县城、於潜县城、庆元（即宁波）城等。元至正十七年，湖州府因防御兵力不足，修城时将原先周长24里，缩小成13里138步。

河南 在元代筑城数量不多，但有林县城、延津县城（因迁县治而新筑）、怀庆县城、唐县城、息县城等，先后筑造了城墙。城墙毁圮的原因，有的并非出于人为拆城，而是大水毁城，如：鹿邑县城"鹿地卑下，旧城每困于水。自元东迁六十里，而筑城于此"[3]；元至大二年（1309），"河决，（夏邑县）城郭潆毁"[4]；元至正年间封邱县城也"沦于水"[5]。至元二十七年（1290），在朝廷下令全国不得筑城的情况下，还"修汴梁城"，足见此城当时的重要地位。

湖南 在元代建造了数座夯土城墙。如常德府旧城因毁圮，于元至顺三年（1332）再筑土城。耒阳县城、龙阳县城和溆浦县的"邑人筑土（城）为之"；华容县则在元至正年间（1341～1368）"甃以石"，后毁。这几座土城和少量城墙的甃石多数建造于元末，反映了当时社会动荡不宁、当地筑城自保的一种应急状态。

贵州 在元代有少数地方建城，或设栅为城，或垒土为城。如元至元十四年（1277），始筑普安司城（即明代普安府城前身），初为土城。元至元二十九年，因设八番顺元宣慰司都元帅府于顺元城（今贵阳市南部），有归顺元朝蒙古族统治者之意，遂筑土城并取名"顺元"。据明郭子章在《黔记》载：

---

[1] 引自元代余阙《修城记》，载乾隆元年《江南通志》卷二十。

[2] 参见元至正十九年贡师泰《杭州新城碑》。

[3] 康熙十八年《鹿邑县志》卷三。

[4] 1920年《夏邑县志》卷二。

[5] 同治二年《开封府志》卷九。

"国初，建贵州省城，率因元旧城址狭隘，城垣卑薄。"《贵阳府志》亦称："贵阳府城，即元顺元城也。顺元旧设土城，东、西、南三面与今城同，北面仅至今钟鼓楼"[1]，还据《钟鼓楼记》考证，钟鼓楼即"为顺元北门城楼是也"。元天历三年（1330），创筑阿达卜寨（即明代普定卫城、普定府城前身），设栅筑城。其他元代的城址，还有德江县龙泉乡的水特姜司古城址等。

广西 在元代有极少地方建城，如元至正七年（1347），建阳朔城墙等。有少量地方修城或改筑城垣，如元至元十七年（1280），浔洲土城"撤而新之"；至顺三年（1332），重砌滕县土城；至正六年，横州城以砖包砌原土城；至正十六年，桂林府城以石包砌旧城。

到了元末明初，由于全国各地大范围爆发战争，导致各地出现修城和筑城，这种现象在许多地方志中均有记载。尤其在元至正十二年（1352）以后，随着政局的不稳，朝廷松动了筑城的禁令，其中元大都还在城门外加筑了瓮城，[2]以增强城门的防御能力；另一方面农民义军也在各根据地纷纷筑城，其中最著名的是徽州休宁（今属安徽省）人朱升向朱元璋提出的九字三策"高筑墙、广积粮、缓称王"中的"高筑墙"。在"高筑墙"的思想指导下，公元1360年朱元璋下令对太平城池的修筑，1362年对洪都（今江西南昌）城池的改筑，以及对浙东藩屏诸全的城池迁移到旧城50余里外的五指山筑新城等，均体现了"高筑墙"思想在朱元璋所部的贯彻、落实，并在实战中取得显著效果。1366年，朱元璋调派应天府驻军近10万人，开始营造应天府城（即后来的大明都城——南京城），四重城池，最大占地面积约230平方公里，外郭长度约60公里，此规模超过中国历史上所有的城池。这座旷世城池的诞生，影响并带动了许多地方政权修城和造城。所以，明中期全国性筑城高潮的出现，其实发轫于元末明初。

因环境因素也有不筑城的，有的是因为"水"：婺源县（今属江西省），唐开元二十八年（740）始立县治，中和二年（882）移治弦高镇。婺源县"向恃险不城，环县皆深溪围抱"[3]；有的是因为"山"：贵阳地区多山，相对中原发达地区，历史上被称为"蛮夷之地"，"大都无城壁，散为部落而居"，或者依靠天然山川河流为屏障，直到明清时期才大规模筑城。如遵义府城，旧因"罗山带水，险峻天城。旧时设官为守，便为城郭。自周、秦、汉、晋以迄明初，皆一苍莽也"[4]。直到明万历二十八年（1600），才开始营造城墙。浙

[1] 咸丰二年《贵阳府志》卷三十四。
[2] 杨宽：《中国古代都城制度史研究》，上海古籍出版社1993年版，第458～472页。
[3] 光绪七年《重修安徽通志》卷三十五。
[4] 光绪十八年《遵义府志》卷六。

江於潜县元末筑城后毁圮，明初时由于"县非控要之地，且冈陵重复，遂不置城"[1]。明宣德五年（1430），平湖设县初无城，直到嘉靖三十二年（1553）因倭乱，才开始筑城。

香港维多利亚城也是一座没有城墙却有城界之"城"，由英国人于1841年占领香港的香港岛后建立。1903年，香港政府为使大众更清楚维多利亚城的范围，在城市界线上设立界碑，又称"四环九约界碑"。这种设"界碑"为城的现象，颇似中国古代一些城市仅建城门没有筑城的情况。只是前者更加强调城"界"的功能，而后者还兼顾了城市的道路、管理等因素。当然，20世纪初在英殖民地的维多利亚城仅设"界碑"不筑城现象，也与当时西方工业革命下的"城市化"运动密切相关，西方许多国家已经出现大规模拆城，如拆除德国柏林城墙和法国巴黎城墙等。在这样特殊背景下，英殖民统治者当然不会在维多利亚修筑城墙。

因此，中国历代县级以上建置没有建造城墙的现象，仅仅是相对的；而县级以上建置的城墙至迟在明清时期已先后建造，则成为一种普遍现象。

六 中国明清城墙的几个特点

明清时期，中国古城墙从筑城思想、城防体系、建材、筑造技术以及规模等方面来看，均已发展到成熟的巅峰阶段。随着中国古代兵器（尤其火兵器）的发展、筑城技术的提高，以及城防的需要和城市逐渐的扩大，明清时期中国古城墙出现了一些新的变化。同时，受制于政治局势、财力、地理环境、传统风水文化的影响，这种变化有的具有普遍性，也有的具有特殊性，甚至有的还在使用早期原始筑城的方法和理念，呈现出非常繁杂的面貌。

明清时期，尤其在明代，出于防御倭寇及海盗的需要，朝廷在沿海增设了一些卫、所，增筑或改建了一大批城池、寨堡和烽火台（如浙江平湖县梁庄寨城及烽堠台等）。洪武十九年（1386），"倭寇上海，帝患之"。明太祖朱元璋遂派汤和前往设防筑城"五十有九"，由于所筑城池要求很高，数量不少，故当地百姓多有怨言。汤和则称："成远算者，不恤近怨；任大事者，不顾细谨。复有谤者，齿吾剑。"[2]结果，在"嘉靖间，东南苦倭患，（汤）和所筑沿海城戍，皆坚致，久且不圮，浙人赖以自保，多歌思之"[3]。明洪武年间（1368～1398），浙江境内新筑或修筑的城池至少在37座以上。如：嘉兴府城、嘉善县城、平

---

[1] 乾隆四十九年《杭州府城》卷四。

[2] 《国榷》卷八。

[3] 《明史》卷一百二十六。

湖县城、观海卫城、昌国卫城、温州卫城、金乡卫城、盘石卫城、乍浦城、龙山所城、穿山所城、石浦所城、钱仓所城、大嵩所城等。这种重视城墙修筑的经验，沿袭至清代。诚如光绪二十五年《敕修浙江通志》所云："两浙为东南大藩，名城数十。因山堑谷，屹然称金汤焉。"在洪武年间，朱元璋还派江夏侯周德兴前往福建，"经略海基，置卫所以备防御"。周德兴根据福建泉州沿海地区海岸线曲折、地形险要的特点，"一郡者设所，连郡者设卫"，于泉州设永宁卫，管辖五所，即福全、中左、金门、高浦、崇武。其中地处惠安的崇武，不仅修建了崇武城，还另建了獭窟城、小岞城、黄崎城、峰尾城。

　　如果说上述筑城是因为疆界受到倭寇侵扰，朝廷或地方官吏、驻军营造城墙的话，那么内地因有民反而修筑城池的例证就更多了。如清代，四川境内新建城墙数量虽然不多，但修固城池的工役几乎从未间断。成化五年（1469），将庆符县土城改建石城后，由于年久失修，城墙毁圮。咸丰九年（1859）

△ 广东省饶平县大埡所城东门 引自杨秀敏编著《筑城史话》（百花文艺出版社，2010 年）

△ 辽宁绥中县前所城 杨国庆摄

△ 20 世纪初，中国北方的一座夯土城墙及砖构城门

秋，因庆符县"无城，故仓猝失守"[1]，被太平军攻占。次年清军收复此城后，立即大规模修城。这方面的例证还有很多，详见本书相关章节。

明清时期的中国古城墙，从筑城史的角度来看，还有至少以下几个特点：

1. 砖石城墙的大规模改筑　在明清时期，中国古城墙墙体的建材、筑造技术和方法，有了大规模带有普遍性的改变。据傅熹年、卢嘉锡主编的《中国科学技术史·建筑卷》称："两宋史籍有大量城墙包砖的记载，……城墙普遍包砖是出于防止火药爆破的要求"[2]，并列举了南宋数学家秦九韶在《数学九章》记载砌筑砖城的算例。[3] 其实，两宋文献记载城墙用砖的情况，主要集中在南方部分地区，而北方大部分仍为夯土墙。因此，从全国范围来看，明清时期城墙的墙体广泛采用以城砖和石料砌筑，替代原先单一的夯土形制，并非是两宋时期。仅以河南、湖南、广西三省为例（尤以中原地区的河南省为主），浅析如下：

河南　从光绪二十八年《河南通志》等所列境内 111 座城池来看，除 7 座

---

[1] 光绪二十一年《叙州府志》卷八。

[2] 傅熹年、卢嘉锡主编：《中国科学技术史·建筑卷》，科学出版社 2008 年版，第 472 页。

[3] 【宋】秦九韶《数学九章》卷七下："计定城筑。问：郡筑一城，围长一千五百一十丈，外筑羊马墙，开壕长与城同。城身高三丈，而阔三丈，下阔七丈五尺。羊马墙高一丈，而阔五尺，下阔一丈。开壕而阔三十丈，下阔二十五丈。女头鹊台共高五尺五寸，共阔三尺六寸，共长一丈。鹊台长一丈，高五尺，阔五尺四寸。座子长一丈，高二尺二寸五分，阔三尺六寸。肩子高一尺二寸五分，阔三尺六寸，长八尺四寸，帽子高一尺五寸，阔三尺六寸，长六尺六寸。箭窗三眼，各阔六寸，长七寸五分，外眼比内眼斜低三寸。取土用穿四坚三为率。周回石版铺城脚三层，每片长五尺，阔二尺，厚五寸。通身用砖包砌，下一丈九幅，中一丈七幅，上一丈五幅。砖每片长一尺二寸，阔六寸，厚二寸五分。按：九幅即九层。护险墙高三丈，阔一尺二寸，下脚高一尺五寸，铺砖三幅，上一尺五寸铺砖二幅。每长一丈用木物料永定柱二十条，长三丈五尺。一尺，每条栽埋工七分，串凿工三分。爬头拽后木共八十条，长二丈，径七寸。每条做工三分，串凿工二分。搏子木二百条，长一丈，径三寸。每条做工二分，搬扛工二分。纤橛二千个，每个长一尺，方一寸，每个工七毫。纤索二千条，长一丈，径五分，每条工九毫。石版一十片，匠一工，搬一工。每片灰一十斤，搬灰千斤用一工。砖匠每工砌七百片，石灰每砖一斤。芦席一百五十领，青茅五百束，丝竿筀竹五十条，筎子水竹一十把，每把二尺。围镬手、锹手、担土杵手每工各六十尺。火头一名，受六十工。部押壕寨一名，管一百二十工。每工日支新会一百文，米二升五合。欲知城墙坚积、壕积、壕深、共用木竹橛索砖石灰芦茅人工钱米数各几何？……

答曰：城积二千三百七十八万二千五百尺，坚积墙积一百一十三万二千五百尺，坚积壕积三千三百二十二万尺，穿积壕深八丈。永定柱三万二百条，每条长三丈五尺，径一尺。爬头拽后木一十二万八百条，每条长二丈，径七寸。子木三十万二千条，每条长一丈，径三寸。纤橛子三百二万个，每个长一尺，方一寸。纤索三百二万条，每条长一丈，径五分。芦席二十二万六千五百领。青茅七十五万五千束，每束六尺围。筀竹七万五千五百竿，水竹一万五千一百把，每把二寸围。石版一万五千一百片，城砖一千二百八十三万三千四百九十片，石灰一千二百九十八万四千四百九十斤，用工二百万三千七百七十工。新会二十三万三千七十七贯文，支米五万九十四石二斗五升。"据电子版文渊阁《四库全书》本。

▷ 河北省怀来县土木堡城门 引自李泽奉、毛佩琦编撰《岁月河山——图说中国历史》（上海古籍出版社，1989 年）

△ 明·宋应星《天工开物》中绘制的制砖及烧砖工艺示意图

△ 1947 年，豫东一处城市城墙

△ 1947 年，豫东一处城镇城墙

△ 九江城旧影　杨国庆提供

△ 在官窑遗址群旁发现的 "洪
武通宝" 古钱币（拓片）

▷ 2009年，南京市栖霞区官窑新村的民宅。如今已全部拆迁，拟建"明南京城墙砖官窑遗址博物馆" 本页照片均由杨国庆摄

◁ 南京市栖霞区官窑新村附近的残窑

▽ 以下系列图为江西省黎川县明南京城墙砖官窑遗址群

△ 窑址群的分布具有一定的规律

△ 砖窑附近发现的"新城县"砖文，与南京城墙该县砖文完全一致

△ 窑址群分布在当年的黎滩河两岸，延绵10公里

△ 残窑后部的三条烟道迄今保存完整

△ 砖窑遗址附近的砖坯集中堆放处

△ 安徽省繁昌县董家村（已拆）发现的明南京城墙砖官窑遗址，窑内城砖排放如故

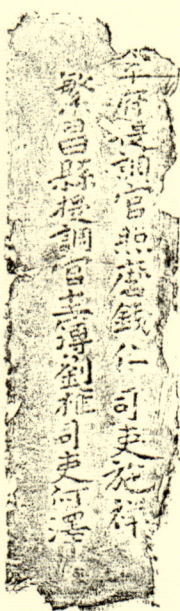

△ 窑内残砖砖文拓片

◁ 南京城墙砖文拓片

△ 湖北省武汉市新洲区辛冲镇明南京城墙砖官窑遗址，在残窑发现的砖文及规格，与南京城墙砖完全一致 2009年摄

▷ 2010年南京城墙博物馆组队前往考察，图为考察残窑群现场

△ 在窑址附近村庄发现的明南京城墙砖，无论规格和砖文与南京明城墙砖完全一致。值得注意的是当地村民建房所用砖的尺寸，仍然沿袭了明南京城砖的旧制，在其它地区并不多见

◁ 杨国庆在江西省宜春市彬江镇收集明南京城墙砖官窑遗址资料 张琪摄

◁ 分宜县袁江边两岸分布数量众多的残窑遗址 本页照片除署名外，均由杨国庆摄

N

湖 北

湖 南

安 徽

江 苏

江

江 西

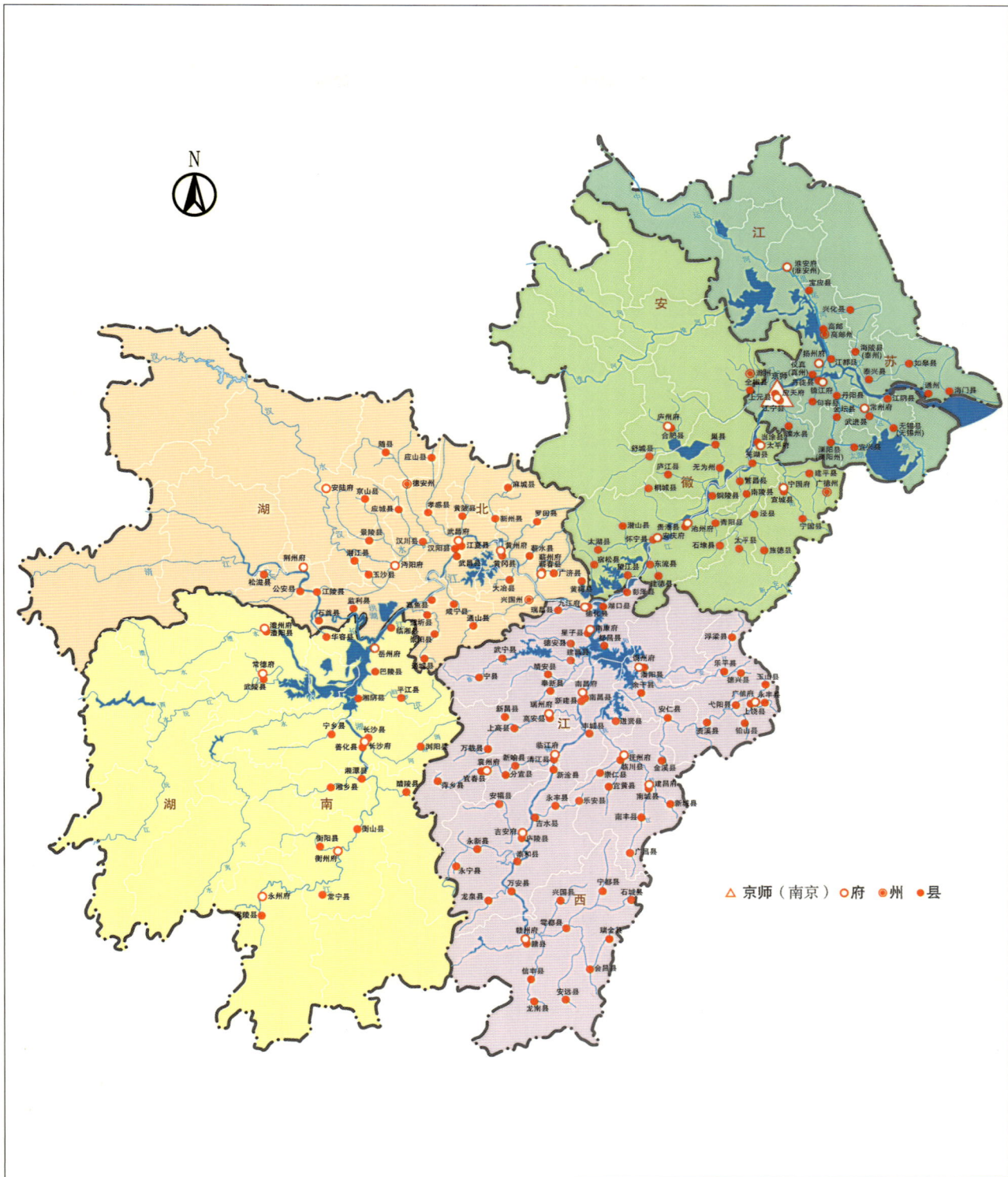

△ 南京明城墙城砖产地分布示意图　杨国庆、周源提供数据，张君绘制

城池清代砌筑砖城或不详外，明代改用砖石构造的城池达 104 座（参考各地府志或县志）。详见下表：

序号	城名	年代	建材	资料来源
1	开封府城	洪武元年	内外甃以砖石	光绪二十八年《河南通志》卷九
2	河南府城	洪武元年 洪武六年	始筑砖城 砌以砖石	光绪二十八年《河南通志》卷九 嘉庆十八年《洛阳县志》卷四十
3	彰德府城	洪武二年	城砖甃城	嘉庆二十四年《安阳县志》卷八转引《明史·食货志》
4	嵩县城	洪武三年	结砖为城	乾隆三十二年《嵩县志》
5	鲁山县城	洪武三年	雉堞 1115 座，皆甃甓	嘉庆元年《鲁山县志》卷八
6	南阳府城	洪武三年	重修旧城甃砖	康熙三十三年《南阳府志》卷二
7	邓州城	洪武六年 嘉靖元年	内城始甃以砖 外城议筑砖城	嘉靖四十三年《邓州志》卷九
8	卫辉府城	正统年间	始易以砖	乾隆五十三年《卫辉府志》卷十
9	罗山县城	景泰元年	内外悉甃以砖	康熙元年《汝宁府志》卷三
10	内乡县城	正德元年	甃以砖石	康熙三十三年《南阳府志》卷二
11	沈丘县城	正德二年	用砖包土	同治年间据乾隆十一年《沈丘县志》增刻本卷三
12	禹州城	正德三年	甃以砖石	同治九年《禹州志》卷十一
13	孟县城	正德四年	易堞以砖	光绪二十八年《河南通志》卷九
14	舞阳县城	正德五年	甃以砖石	康熙三十三年《南阳府志》卷二
15	泌阳县城	正德六年 正德十二年	甃砖于外 甃砖于内	康熙三十三年《南阳府志》卷二
16	桐柏县城	正德六年	甃以砖	康熙三十三年《南阳府志》卷二
17	新野县城	正德六年 嘉靖十四年	外甃以砖 内甃砖	康熙三十三年《南阳府志》卷二 另据嘉靖四十三年《邓州志》卷九邓州城内甃砖为"嘉靖四年"
18	项城县城	正德六年	始甃以砖	乾隆十一年《项城县志》卷二
19	商城县城	正德六年	甃以砖石	康熙元年《汝宁府志》卷三
20	息县城	正德七年	始甃以砖石	康熙元年《汝宁府志》卷三

序号	城名	年代	建材	资料来源
21	永城县城	正德七年	伐石为基，增筑砖城	康熙三十六年《永城县志》卷二
22	宜阳县城	正德七年	始筑以砖	同治六年《河南府志》卷五
23	光州城	正德七年	甃以砖石	康熙元年《汝宁府志》卷三
24	河阴县城	正德七年	改土为砖	康熙三十年《河阴县志》卷一
25	叶县城	正德八年	始甃以砖	康熙三十三年《南阳府志》卷二
26	确山县城	正德八年	甃以砖石	康熙元年《汝宁府志》卷三
27	真阳县城	正德八年	始建砖城	康熙元年《汝宁府志》卷三
28	西平县城	正德八年	始甃砖石	康熙元年《汝宁府志》卷三
29	遂平县城	正德八年	包以砖石	康熙元年《汝宁府志》卷三
30	信阳州城	正德八年	始甃以砖石	康熙元年《汝宁府志》卷三
31	固始县城	正德九年	增高甃砖环固	1963年据嘉靖二十一年刻本影印《固始县志》卷三
32	汝宁府城	正德九年	甃以砖石	康熙元年《汝宁府志》卷三
33	新蔡县城	正德十一年	始甃以砖	康熙元年《汝宁府志》卷三
34	淅川县城	正德十二年	增甃砖石	康熙三十三年《南阳府志》卷二 另据嘉靖四十三年《邓州志》卷九邓州城内甃砖为"正德六年"
35	光山县城	正德十二年	始甃以石	康熙元年《汝宁府志》卷三
36	裕州城	正德十二年	始为砖城	康熙三十三年《南阳府志》卷二
37	上蔡县城	嘉靖二年	始甃砖石	康熙元年《汝宁府志》卷三
38	涉县城	嘉靖二十一年	始筑砖城	光绪二十八年《河南通志》卷九
39	武安县城	嘉靖二十三年	易以砖城	乾隆四年《武安县志》卷五
40	濬县城	嘉靖二十九年	悉砌以砖	嘉庆六年《濬县志》卷六
41	仪封县城	嘉靖三十四年	始修砖城	光绪二十八年《河南通志》卷九
42	归德府城	嘉靖三十七年	始为砖城	康熙四十四年《商丘县志》卷一
43	睢州城	嘉靖三十七年	外砖内土	光绪十八年《续修睢州志》卷二
44	宝丰县城	嘉靖三十九年	详筑砖城	道光十七年《宝丰县志》卷四
45	伊阳县城	嘉靖四十年	易以砖表	道光十八年《重修伊阳县志》卷二
46	洧川县城	隆庆二年	悉砌以砖	嘉庆二十三年《洧川县志》卷二

序号	城名	年代	建材	资料来源
47	西华县城	隆庆二年	始筑以砖石	光绪二十八年《河南通志》卷九
48	郏县城	隆庆三年	始创为砖城	同治四年《郏县志》卷四
49	南召县城	隆庆四年	甃以砖石	康熙三十三年《南阳府志》卷二
50	新郑县城	隆庆四年	始易以砖	光绪二十八年《河南通志》卷九
51	永宁县城	隆庆五年	甃以甓	乾隆五十五年《永宁县志》卷一
52	鹿邑县城	隆庆六年	始砌以砖	康熙十八年《鹿邑县志》卷三
53	扶沟县城	隆庆六年	作砖城	道光十三年《扶沟县志》卷四
54	封丘县城	隆庆六年	始用砖石包修	同治二年《开封府志》卷九
55	林县城	万历元年	城始砌石	乾隆五十二年《彰德府志》卷三
56	阌乡县城	万历十年 光绪十七年	垛口以砖砌之。俱砖垛。	光绪二十年《阌乡县志》卷二
57	巩县城	万历十三年	加砖石	乾隆五十四年《巩县志》卷三
58	荥阳县城	万历二十二年	覆以砖	乾隆十二年《荥阳县志》卷三
59	磁州城	万历二十四年	外用砖甃，内实以土	康熙年间《磁州志》卷五
60	内黄县城	万历二十五年	通用砖石包城	光绪二十八年《河南通志》卷九
61	延津县城	万历二十六年	始包砖城	光绪二十八年《河南通志》卷九
62	许州城	万历二十五年	甃砖	光绪二十八年《河南通志》卷九
63	密县城	万历三十七年	易以砖	光绪二十八年《河南通志》卷九
64	登封县城	万历三十九年	易以坚甓	同治六年《河南府志》卷五
65	临颍县城	万历四十八年	始创砖城	光绪二十八年《河南通志》卷九
66	新安县城	万历年间	创建以砖石	同治六年《河南府志》卷五
67	襄城县城	万历年间	始砌以砖石	光绪二十八年《河南通志》卷九
68	宁陵县城	万历年间	全用砖包	1941年《宁陵县志》卷二
69	辉县城	崇祯五年	改建砖城，下石上砖	光绪二十一年《辉县志》卷五
70	新乡县城	崇祯五年	创包砖城	光绪二十八年《河南通志》卷九
71	鄢陵县城	崇祯六年	始甃砖城	光绪二十八年《河南通志》卷九
72	尉氏县城	崇祯七年	始甃砖城	光绪二十八年《河南通志》卷九

序号	城名	年代	建材	资料来源
73	中牟县城	崇祯七年	始甃砖城	同治九年《中牟县志》卷二
74	陈留县城	崇祯八年	始甃砖城	光绪二十八年《河南通志》卷九
75	杞县城	崇祯八年	始甃砖城	光绪二十八年《河南通志》卷九
76	通许县城	崇祯八年	始甃砖城	光绪二十八年《河南通志》卷九
77	太康县城	崇祯八年	始甃砖城	光绪二十八年《河南通志》卷九
78	兰阳县城	崇祯八年	始包砖城	光绪二十八年《河南通志》卷九
79	汜水县城	崇祯八年	修为砖城	光绪二十八年《河南通志》卷九
80	汤阴县城	崇祯八年	始甃以砖	乾隆五十二年《彰德府志》卷三
81	商水县城	崇祯九年	始易以砖石	光绪二十八年《河南通志》卷九
82	柘城县城	崇祯九年	创修砖城	光绪二十八年《河南通志》卷九
83	孟津县城	崇祯九年	始易以砖	同治六年《河南府志》卷五
84	荥泽县城	崇祯十年	内城女墙易土以砖	乾隆十三年《荥泽县志》卷三
85	考城县城	崇祯十年	始筑砖城	光绪二十八年《河南通志》卷九
86	淇县城	崇祯十年	改建砖堞	乾隆五十三年《卫辉府志》卷十
87	长垣县城	崇祯十年	修砌砖城	康熙三十九年《长垣县志》卷二
88	虞城县城	崇祯十一年	始易为砖城	光绪二十八年《河南通志》卷九
89	滑县城	崇祯十一年	易土以砖	乾隆二十五年《滑县志》卷二
90	夏邑县城	崇祯十一年	增修砖城	1920年《夏邑县志》卷二
91	武陟县城	崇祯十一年	易陴为砖	光绪二十八年《河南通志》卷九
92	济源县城	崇祯十一年	改筑砖城	光绪二十八年《河南通志》卷九
93	郾城县城	崇祯十一年	始造为砖城	光绪二十八年《河南通志》卷九
94	阳武县城	崇祯十二年	包砖城	光绪二十八年《河南通志》卷九
95	温县城	崇祯十二年	东南易以砖	光绪二十八年《河南通志》卷九

序号	城名	年代	建材	资料来源
96	渑池县城	崇祯十二年	砖包	嘉庆十五年《渑池县志》卷二
97	郑州城	崇祯十二年	创砌砖城	光绪二十八年《河南通志》卷九
98	临漳县城	崇祯十三年	外城用砖包砌	乾隆五十二年《彰德府志》卷三
99	原武县城	崇祯十三年 雍正八年	局部改用砖包 外改砖城内为土	乾隆十二年《原武县志》卷二
100	长葛县城	崇祯十三年	始建以砖	光绪二十八年《河南通志》卷九
101	怀庆府城	崇祯十四年	易四门楼以砖	乾隆五十四年《新修怀庆府志》卷五
102	唐县城	崇祯十六年	议修砖城，物料具备工未就。	光绪四年《唐县志》卷一
103	灵宝县城	崇祯年间	部分用砖修城	乾隆十二年《重修灵宝县志》卷二
104	偃师县城	崇祯年间	加砌砖石	乾隆五十四年《偃师县志》卷二
105	获嘉县城	康熙二十三年	改筑砖城	光绪二十八年《河南通志》卷九
106	胙城县城	康熙二十四年	始建砖城	光绪二十八年《河南通志》卷九
107	卢氏县城	同治元年	创修砖城	光绪十八年《卢氏县志》卷二
108	镇平县城	不详	光绪二年已成砖城	光绪二年《镇平县志》卷二
109	汝州城	不详		
110	陈州城	不详		
111	陕州城	不详		

上列表中，自洪武元年至正德元年（1368～1506）之前，改建或改筑砖石构造的城墙仅9座，占总数8.7%；正德年间（1506～1521）增添27座，占总数26%；嘉靖年间（1522～1566）增有9座，占总数8.7%；隆庆年间（1567～1572）增加9座，占总数8.7%；万历年间（1573～1620）增14座，占总数14%；崇祯年间（1628～1644）猛增了36座，占总数的35%。由此可以看出，河南境内土城改建砖石构造城墙，主要在明晚期的万历和崇祯年间，近乎占了一半。从人为的"兵患"与自然界的"水患"两个因素来看，则主要是"兵患"因素下的攻城器械发展，反作用于筑城的结果。如崇祯八年（1635），商丘城遭遇"流寇"之乱时，民众由于旧城"逼狭不得容，遂环堤

而守之，树以门栅，编以篱木，及贼破堤而杀者万人"[1]。汝宁府城在正德九年（1514）因有"流寇薄城"，才匆忙将全城"甃以砖石"[2]。光州城于正德六年"流寇陷城"的次年，即将南北两座土城改建为砖城。新蔡县城在正德七年两次遭遇"流寇所陷"，也于正德十一年"始甃以砖"。河南境内土城改筑砖石

△ 1941 年，四川北部一个小城镇的城门

城墙之风，一直沿至清代。除剩余几座州、县城墙全部改筑外，一些堡寨的夯土墙体，也有改为砖墙的例证。如：隶属濬县的李家道口寨，创筑于咸丰十一年（1861），到光绪元年（1875）时，也改为砖墙。

至于河南改筑砖城的用工、耗资、设窑烧砖等详情，河南宝丰县当时《修城详稿》[3] 提供了一份记载。嘉靖三十九年（1560），河南宝丰县因正德年间（1506～1521）曾遭遇"流寇之变，城郭残破无余"，百姓无安居之所，在知县袁亮主持下大规模改筑砖城。据《修城详稿》载："查得本县城西五里许有石，整者可以砌脚至中，碎者可以烧灰。城南有土近河，可以立窑烧砖。计城垣周围共七百一十丈，分为七十一工。每工长十丈，连根至顶高二丈，石根脚至中一丈，砖顶一丈。每砖十层用插石一路，长短不一，共插石四路，铺灰盖顶。共用石一百六十车，每车给石匠工钱二十文，该钱三千二百文。外上用砖包一丈计四十层，内二十五层。五路每层用砖八百个。十层四路，每层用砖六百个；五层三路，每层用砖四百个，共该砖二万七千二百个。每万给窑匠工食钱一千文，该钱二千七百二十文。立窑烧砖每万用煤炭十石，共炭二十七石二斗，每石该价钱二十文，共该钱五百四十四文。石灰一万二千斤，打石处有碎石，就彼立窑，令灰匠运烧，用煤炭六石，该价钱一百二十文，再给灰匠工钱一百二十文。每工费用麻绳五十斤，该价钱五百文。每丈用泥水匠四名，石

[1] 康熙四十四年《商丘县志》卷一。
[2] 康熙元年《汝宁府志》卷三。
[3] 道光十七年《宝丰县志》卷四。

匠四名。每名每日给工钱十文，该钱八十文一工，十日该钱八百文。通融计算每工用银八两四厘。"这份《修城详稿》提供的信息弥足珍贵，它不仅涉及到宝丰县城墙的筑造方法，涉及到建材的采办和运输，还涉及了当时各项的用工情况和经费等，为我们进一步了解明中晚期中原地带的筑城，提供了一份有益的参考资料。

湖南 境内大规模改筑砖石构造城垣，主要在明代，与河南省大规模改用砖石筑城总趋势大致相同。湖南境内在明代改筑的砖石构造城垣，据不完全统计：洪武年间（1368～1398）计有辰州府、常德府、岳州府、靖州、兴宁县；永乐年间（1403～1424）计有澧州；正统年间（1436～1449），乾州厅（清代建置）"土人筑石城"；天顺年间（1457～1464）计有江华县、永明县、常宁县；成化年间（1465～1487）计有衡州府、桂阳州、宜章县、通道县、桂阳县、会同县、桃源县、龙阳县、华容县、绥宁县、新宁县、黔阳县、龙阳县；正德年间（1506～1521）计有耒阳县、安仁县、邵阳县、桂东县；嘉靖年间（1522～1566）计有衡山县、城步县；隆庆年间（1567～1572）武冈州；万历年间（1573～1620）计有临湘县、宁远县、辰溪县；崇祯（1628～1644）及明末或具体年代不详的计有攸县、湘潭县、泸溪县、新田县等总计37座。清代改筑的砖石构造城垣，

△ 广东省虎门威远炮台遗址 引自李泽奉、毛佩琦编撰《岁月河山——图说中国历史》（上海古籍出版社，1989年）

△ 仇英绘《南都繁绘景物图卷》（局部） 中国国家博物馆藏，张俊提供

据不完全统计有：雍正年间（1723～1735）计有永顺府、龙山县、桑植县、安福县；乾隆年间（1736～1795）计有茶陵州、益阳县、晃州堡城；嘉庆年间（1796～1820）计有酃县和永绥厅城；咸丰八年（1858）还有蓝山县等总计10座。清代

△ 贵州省安顺市云山屯正门 杨国庆摄

光绪年间（1875～1908）湖南69座的府、州、县城池中，明清改筑砖石构造的城墙达47座以上，占总数的68%。土城逐渐被砖石城替代，表明攻城器械（火兵器技术）的提高和广泛运用，在此背景下又促进了筑城技术和用材（烧制城砖和采石）的提高与改良。

广西 明清时期，广西境内的城墙不仅数量剧增，而且在砌造技术和建材方面，较之以往也有了提高和改进。比如，初期的城墙大多为土城（少量以木栅为城），不久基本改为砖石构造的城墙。城墙砖石材料的广泛运用，一方面是兵器发展防御的需要，以及防止水患毁城，减少修城次数的需要；另一方面是明清两朝政府为加强对"苗蛮"统治、防御外敌侵犯的需要。如中法战争（1883～1885）后，广西提督苏元春不仅修筑加固了龙州城，还建了两个提督行署，即小连城（今属龙州县）和大连城（今属凭祥市），使之成为广西全边军事指挥中心。同时，在千里边境线上修建165座炮台和碉台、109处关隘、66个关卡，构成庞大宏伟的军事防御体系，大多为砖石构造，故有"北有长城，南有连城"之说。

　　明清时期，全国各地新建城墙时，大多直接采用了砖石构造，或初建采用夯土，后再改筑砖石，极少采用木栅为城。如贵州毕节卫城，洪武十六年（1383）新建的时候，是以排栅为城，但四年后就改筑为石城。浙江境内城墙在明代虽大部分已经使用了砖石构造的筑城技术，但仍有少量城墙采用的是夯土筑城（如分水县城），甚至还有的采用"各树木栅"为城门（如临安县城、定海县城等）。贵州则充分利用地形的自然山河筑城是其特点之一，如云山屯，不仅城门、城墙采用当地石头砌筑，城墙沿山势建造，即便民宅、碉楼也是石块砌墙、石板盖顶，且留有枪眼。

　　台湾地区的城墙具有特殊性，主要受政治的影响，不仅筑城较晚，且在短时间内经历了竹木城、土城、砖石城三个不同阶段。康熙二十二年（1683），清朝攻取台湾后，由于受清政府"不许台湾兴建城垣，只以种竹为墙，以避免成为乱党的堡垒"等对台政策的影响，许多地方并未建造城墙。由于不断受到原住民起事围攻，直到雍正十一年，福建总督郝玉麟等上奏请修筑城并得到雍正帝的《谕告书》后，台湾各地才始建竹、木城。如彰化的竹城、新竹（淡水厅）的竹城、台南的木栅城、嘉义的木栅城等。直到嘉庆年间之后，由于竹城、木栅城过于单薄，于城防无益且需时常修补，遂在地方官吏默许下，纷纷改建土城和砖石城。清晚期时，台湾新筑城墙时就直接采用砖石构造了，如恒春城墙等。

　　值得注意的是，1912年后贵州还有较大规模新筑城墙活动，且并非砖石城。如思南府属的沿河司及婺川县的后坪，两地均无城池。1915年，"修筑土城，周围五里许"。虽然存世时间不长，到1948年时"已多倾圮"[1]，但在1915年还在筑城的情况，全国并不多见。因此，对于明清中国古城墙大规模改筑砖

△ 19 世纪末，南京城南远眺，明代聚宝门及城楼依稀可辨

[1] 1948 年《贵州通志·建置志》。

石城，同样不能一概而论，表明了中国古城墙的多样性和复杂性。

2. 筹集资金方式的多样性

明清时期，修城、筑城的资金主要还是依靠国库和地方财政负责或调拨，也有从军费和地方财政共同支出、分段修缮的情况。同时，各级官吏为修城带头捐款，乡绅商贾甚至百姓捐资修城的现象，在清代也比较普遍。

城池等级高的（如都城），修缮资金由朝廷负责。如明代南都（即应天府，今南京）城池，在嘉靖以前南京城墙遇有损坏，需要开出清单，写明地段、用料、用工，上报都府，由南京留守五卫的军士修缮，即留守中、左、右、前、后五卫。《大明会典》载："凡京师城垣，洪武二十六年定：皇城、京城墙垣，遇有损坏，即便丈量明白，见数计料，所有砖、灰，行下聚宝山黑窑等处关支，其合用人工，咨呈都府，行移留守五卫差拨军士修理。"[1] "凡门禁城垣损坏，留守等五卫把守官军，预于本卫立窑烧造砖瓦，及砍收江北新生烂泥官州芦柴，兵部拨给马船运至瓦屑坝窑堆垛，预备烧灰。自行修理。"[2] 又载："凡南京刑部、都察院送到做工囚人，拨各窑做工，满日，仍送回原问衙门完卷。"由此可知，明代早期维修城墙所需城砖的烧造，至少来自工部各窑和留守五卫两个性质不同的砖窑。到了嘉靖以后，南京城墙主要由南京工部进行修理。据《大明会典》载："凡南京里城正阳等一十三门、外城江东等一十八门关……每年春、秋二季，内守备会同本部及工部，将里、外城垣遍阅一次。如有损坏，工部即行修理。"[3] 南京城墙在维修中，对一些重要的局部修缮地段或城门及附属建筑，还需要钦天监参与选定开工日期，方能动工。嘉靖十四年（1535）四月壬寅初，南京工部奏："南京宫阙端门、承天门倾圮，宜修。"有旨："令钦天监择日兴工。"南京"皇城门铺等处损坏，合该修理工程大者，本科官与南京工部等官，会勘具奏修理"[4]。

但是，到了清代，南京城墙的都城地位丧失，降为"府城"性质后，修城资金基本上由地方财政支出。江宁府城墙的日常维修，由上元及江宁两县共同承办。上元县分管：聚宝、通济、正阳、朝阳、太平门等地段城墙；江宁县分管：神策、三山、得胜、石城、仪凤、定淮门等地段城墙。[5] 到了光绪年间，修城资金出现严重不足，于是采取了多种筹措资金的解决办法。如重建南京的

[1]《大明会典》卷一八七。

[2] 同上书，卷二八。

[3] 同上书，卷二五八。

[4] 同上书，卷二一三。

[5]《宫中档案·硃批奏折》（工程类），乾隆三十七年（1772）十二月二十日，大学士两江总督兼江苏巡抚高晋奏折。中国第一历史档案馆藏。

城楼，则采取"仿照淮安府城楼式样，上下两层，均用砖墙，以期经久，并各城门及兵房栅栏等项暨续行坍塌之工，分别勘估，共需银四万余两，商经漕臣松椿以荆山河工可以缓解，将筹备挑河之款，移缓就急，提回应用，以济工需"[1]。此后，江宁府城垣进行较大规模修缮的经费，取自江南工赈捐输款。

光绪三十一年（1905）十二月二十日，端方等开办江南工赈捐输，自第一次起至第二十四次（光绪三十三年十二月）的收支银清单如下：

江南工赈捐输收支银清单

收款项下	收江南工赈捐输自第一次起至二十四次，咨部核奖止，共库平银一百四十八万六百八十六两一钱。
支款项下	支修砌金陵城垣由南门向东，围绕至水西门坍塌要处四十三段，合长九百八十九丈六尺，高厚不等，共折成二万七千八百九十八方。又修理南门、太平、洪武等门城楼，购买砖、石、木、瓦各料，雇用工匠等项银二十七万五千九百七十四两二钱八厘。
	支翻筑金陵城内至下关江边马路并于城内外添造支干各路，接算长一万二千六百丈，扯宽一丈五尺，计一万八千九百方，共用砂石、工匠等项银十三万六千八十两。
	支挑浚金陵省城外赛虹桥河，计土八万八千二百方，并修桥工料杂支等项银二万八千九百四十七两七钱五分三厘。
	支挑浚江宁县境军功所河工，计土二万九千二百五十三方，连杂支等项银九千四百九十两八钱六厘。
	支挑浚江宁县境万寿桥河工，计土二万三千五百六十九方九分，连杂支等项银七千七百四十九两一钱二分六厘。
	支修造金陵城内文德、利涉两桥工料银五千四百七十三两四钱七分六厘。
	……
	以上共支库平银六十七万二千九十九两一钱七分一厘。
实存项下	应存库平银八十万八千五百八十六两九钱二分九厘。

地方城池修缮资金的来源相对比较复杂。浙江在筑城、修城的资金方面，明代大部分采用的是库银或军费等项，也有利用城、河之间的空地收取岁银，"为缮城之费"（如嘉兴城）。到了清代，其资金除沿袭明代旧制外，还出现了不少地方官吏"捐俸"修城的情况；也有地方采用平时积累修城之材、以备急时所用的办法。如：清同治三年（1864），因安徽新设涡阳县建置，朝廷"拨银三万两建城"，城周长716.5丈、高1.7丈，设城门4座，有城楼和月城。用三万两纹银，就筑造了如此规模之城。为了解清代一般筑城的耗资提供了一个有益的参考数据。福建惠安城在道光七年（1827）修缮时，采用的是官民捐

---

[1]《宫中档案·硃批奏折》（工程类），光绪十八年（1892）九月二十四日，两江总督刘坤一奏折。中国第一历史档案馆藏。

资的方式，获修城资金23000多两白银，召集有经验的工匠，按"照旧式修筑"[1]。而浙江嘉兴府则采取"每年各里输城砖五十块，石灰一百勐（斤），贮修城"[2]。

从筑城方式看，除一次性建城竣工外，还有因财力不足、时间不够等因，采取了先筑城门、稍后再补筑城墙的做法。如元元贞年间（1295～1297），安徽旌德县先仅建城门（后废），明弘治十年（1497）再次重建南、北的城门，均未建城墙，直到嘉靖四十五年（1566）才补筑城墙。其他还有全椒县、泾县、南陵县、繁昌县（明崇祯年间）、太平县（明弘治、正德年间）等，均属于此类。除安徽外，在其他一些省份也有类似的情况。

河南各地修城，尤其改筑砖城，还是给百姓生活带来了沉重负担。如：邓州在洪武六年（1373）内城改建为砖城后，由于城池狭小又于弘治十二年（1499）筑造外城，仍为土城。正德七年（1512），虽曾大规模修城，但"屡修屡毁，劳费何极"，嘉靖元年（1522）开始考虑外城改用砖修，但又因官员调离和经费过巨，难以实施。嘉靖三十五年，邓州外城周长"一十三里零三百二十九步，其有二千五百九丈五尺。照前军三民七，划界分修。本州该分城一千七百五十六丈六尺；前所该分城七百五十二丈八尺"。邓州"原额夏秋税粮六千三百五十九石八斗七升，每石该分城二尺七斗七分"[3]。如此，仅邓州分城的加砖修城费用，就占了该州夏秋税粮的1/10。崇祯十一年（1638），滑县改筑砖城时，采用了每亩田需捐城砖8块、灰3斤的办法。[4]崇祯十六年，新郑县修补城墙时，有生员捐粮100石、捐粟30石；捐银40两协助修城之举，其他还有"或输砖、输灰、输夫，各不等，而工始竣"[5]。清顺治二年（1645），因明末清初战火，河南宝丰县砖城遭遇严重毁坏，"苦无工料，乃取城内官民砖石尽，以供工作。结甃遍四堆，而规制如旧"[6]。为缓解百姓参与修城的负担，各地采取了许多办法，其中崇祯十二年（1639）阳武县修筑砖城时，就采用了明初朱元璋建造南京城的"计亩出夫"政策："贫富均役，计亩以输砖灰；赚钱以犒工匠，夫役编之里甲，兼令诸生监收，以杜奸弊。"[7]乾隆九年（1744），沈丘县修城时采用"捐俸倡修"的办法，得到76人的积极相应。[8]乾隆九年，

[1] 道光《惠安县志》卷二。
[2] 嘉庆五年《嘉兴府志》卷四。
[3] 嘉靖四十三年《邓州志》卷九转引"修外城记"。
[4] 魏照乘《修城碑记》，转引同治六年《滑县志》卷二。
[5] 乾隆四十一年《新郑县志》卷六。
[6] 道光十七年《宝丰县志》卷四。
[7] 同治二年《开封府志》卷九转引堵天颜《修阳武县城记》。
[8] 乾隆十一年《沈丘县志》卷三。

巩县修城时采用了"以工代赈"[1]的办法。清代，河南境内各地官员和乡绅出资捐修城池，也是一种常态现象。仅以镇平县为例：康熙七年至二十九年（1668～1690）、同治元年（1862），均有本地官员捐修之举。嘉庆二年（1797），由陕州知州原卢氏县知县捐银2000两用于修城。咸丰年间（1851～1861），增筑扶沟县城四角炮台及周边营房的款项，则出自乡绅之助。当然，河南也有朝廷调拨修城资金的情况。如道光六年（1826），河南滑县修城的资金朝廷一次下拨19万库银，"不派闾里一钱，不捐民间一物"[2]。

嘉庆十四年（1809），制宪方巡查台湾抵达彰化后，当地绅士王松、林文浚等请准许地方民众捐资以兴建土城。次年，制宪方关于彰化建城的上奏得到朝廷的认可。知县杨桂森等16位官民率先捐银15000两后，得到全县官民积极响应。根据"军机处月折包"（道光六年十一月十四日）记载的清单，共得捐银170375两银。另据《彰化县城碑记》载："计费圆银一十九万有奇。"[3]其中差额部分，疑为小额捐款。

四川地区虽然在明代已经大规模先后采用了砖石筑城，但也有部分地方仍采用木栅为城。如灌县在洪武年间"树木为墙"、剑州在洪武年间"列栅为障"、通江县在洪武初年"垒石立栅"、广安州在明初"竖木为栅"、蓬州在天顺年间"始筑墙树栅"、南部县在成化年间"以木栅垒石为门"、龙安府城在洪武年间"周以木栅"、嘉定州城在正德年间"编柏为栅"等，这些初为木栅的城墙，不久全部以砖石材料所替代。出现这种情况的主要原因，虽

△ 20世纪30年代，义县（今辽宁省锦州市的下辖县）城墙的角台

---

[1] 乾隆五十四年《巩县志》第1册卷三。

[2] 胡天培：《修城碑记》，转引1932年《重修滑县志》卷五。

[3] 道光十年《彰化县志》卷十二，还有称经费为"212245两银"。

有特殊的地理环境因素，如遵义府"周围罗山带水，险峻天成，设关为守，便为城郭"。但是，深层的原因还是地方政府财力不济，难以筹集充足的筑城资金，在许多地方典籍中均有记载。同时，以木栅为城，不仅省钱省时，且功效快。

明清时期（尤其在清代），除了都城之外，从朝廷到地方的各级官吏捐资、捐廉银或号召民众（其中主要是乡绅、商贾）集资修城现象还是比较普遍的一种办法。晚清以后，各地修城筹集资金的办法更多，还出现了一些新式的办法。如广东惠州府在道光二十八年（1848）修城时，全县官民及乡绅积极响应知府江国霖的倡议，募捐修城。竣工后尚有余款竟多达2000余两。这笔费用被用于经商生息，"为随时修葺之用"[1]。1911年，河南郑县城墙筹集的500两银用于修城和增添防御设备，就采用了发行"昭信股票"[2]的形式。1922年，信阳县修城的资金，则采用增加地丁银的办法，"每两附收制钱一串文"[3]。修城之役，无疑加重了百姓的负担。1936年，濮阳县修城时，采用农闲时节，"招集城乡农民逐日修治"[4]。

3. 建筑形制的变化

明清时期，中国古城墙在多种因素制约下出现了一些新的变化，有些属于地区性的，具有一定的范围；有些具有一定的时代特征，但尚未被学界所关注（包括一些中国筑城史的专著）。因此，择其部分，分述如下：

（1）垛口 明末清初，中国许多地方的城墙垛口出现了"二并一"现象，即约将两座垛口改建为一座，垛口变得更加宽大和坚厚。垛口"二并一"制式又被称为"关东式"（或称"辽左规制"）："每垛长七尺，厚三尺，宽一丈五尺；垛口宽一尺八寸。"[5]清初，福建兴泉道叶灼棠在其《修城纪略》中也称"改仿辽左规制，

△ 宁夏回族自治区固原市城墙垛口　张辉摄

[1] 光绪七年《惠州府志》卷六。

[2] 1931年《郑县志》卷三。

[3] 1936年《重修信阳县志》卷五。

[4] 1936年《河北省濮阳县地方实际情况调查报告书》。

[5] "清顺治十五年（1658），总督李率泰檄文各府依关东式改造各地城墙。"引自同治九年《泉州府志》卷十一。

△ 20 世纪 30 年代，山东省牟平县城墙及城墙下的集市

堞下增坐台三尺，厚倍之，登降坐立皆便"[1]。垛口数量减少的同时，增加了垛的高度和宽度，不仅为守城士兵提供了方便和安全保障，也适应了当时火兵器的发展。

以浙江一境为例：各地城墙在修缮的同时，对其垛口进行了"并堵"或"并二为一"。如明初杭州城垛口 9833 座，到顺治十五年（1658）时，"并女墙二垛为一"。同年，绍兴结合修城，将原垛口二合一，原垛 3614 座，并垛后为 1650 座。增高垛 6.4 尺，宽约 1 丈，垛口中间设孔洞，可射箭或火铳，每 10 座垛口设置炮台 1 座，整座城池蔚为壮观。其他城出现这种改垛的情况，据文献记载的还有嘉兴府城、湖州府城、宁波府城、台州府城、嘉善县城、海盐县城、石门县城、平湖县城、桐乡县城、慈溪县城、镇海县城、大嵩城等。

全国各地对于清初城墙垛口"二并一"改筑，一般县志都有记载。但是，我们也发现有部分地区城墙在地方志中没有记载，仅凭现在的推测。同时，所谓的垛口"二并一"改筑，实际上也并非绝对化，仅仅是个约数。如贵州安顺城，据《安陆侯建水西城碑》《普定卫建城碑记》《大定志》等记载：洪武十四年（1381），设垛口 2700 座。清宣统三年（1911），当时的垛口数为 1913 座，比之明初安顺城墙垛口数少了 787 座。因此，安顺垛口初步推测在清初也曾有过"并垛"之举。

（2）串楼 又称"游廊"、"廊屋"等，主要集中于我国的南方，北方较少见这种城墙附属建筑，其目的是防止雨水侵城（尤其是土城），同时守城将士也可临时避风雨。从时间上看，主要在明代和清代早中期。如：明洪武元年（1368），广东德庆新筑城墙，城上置串楼 720 间。建文三年（1401），贵州福泉改筑为石城，建串楼 1540 间。成化元年（1465），修葺肇庆城时，于城上增置串楼 810 间。成化十六年，广东韶州府（仁化县同城而治）修城时，建串楼 286 间。即便到了咸丰六年（1856）韶州府修城时，仍设有串

---

[1] 转引于同治九年《泉州府志》卷十一。

楼 280 间。

在各地的地方文献中，有些虽未称"串楼"、"游廊"等，却记载了城墙上"覆以瓦"，或者称"城屋"。这主要出现在安徽和福建一些地方志中，这种情况相对比较复杂，有的属于说法不一，但其建筑形制和功能大体一样；有的属于"窝铺"或"警铺"相对独立的建筑。如：安徽广德州建的土城，到正德七年（1512）在城上"覆以瓦"；庐江县旧有土城，明弘治（1488～1505）重筑时"覆以瓦"；霍邱县旧为土城，弘治年间（1488～1505）始"覆瓦"。这些均属于"串楼"类型的城墙附属建筑，在北方城墙上则少见。而另一种"城屋"，则可能属于窝铺一类的建筑（详情待考），如嘉靖四十二年（1563），福建宁德县重造城墙时，建城屋699 间。到了清康熙二年（1663）时，该县修城时城屋数量为 640

△ 2011 年，笔者考察德国建造于公元 14 世纪至今保存完好的诺德林根城墙，发现城墙顶部也建有"串楼"式建筑 杨国庆摄

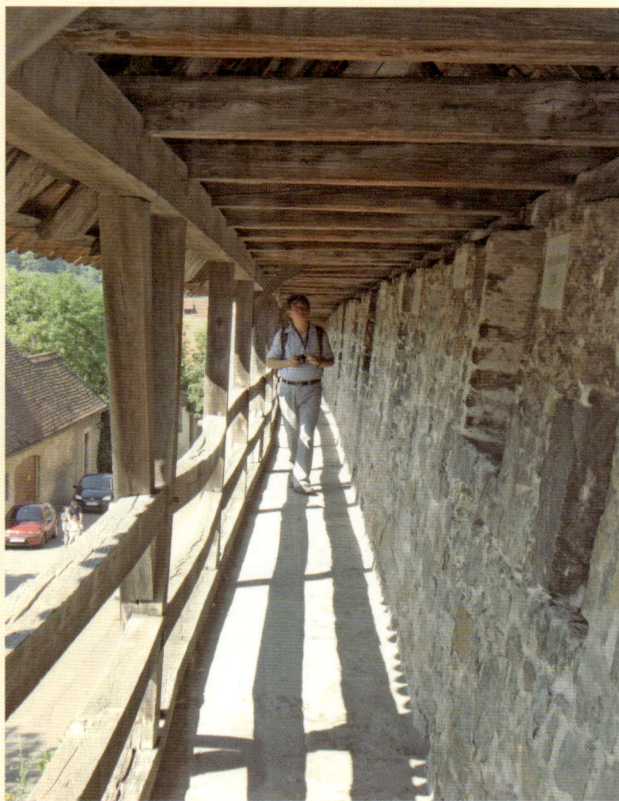

△ 2011 年，杨国庆考察德国罗腾堡城墙，城墙顶部设有类似"串楼"的建筑 Cathleen Paethe 摄

处。晚清时，该城已经改为阳城（即城顶无遮挡物，露天的形制）了。

随着砖石城墙的普遍推广，砖石构造的墙体上建造相对使用长久的"窝铺"等建筑，遂代替了原先的串楼。到了清代，由于串楼易损，时常需要维修，故被普遍废弃，改为阳城。如湖南麻阳县在康熙二十六年修城时，"用石板平盖，筑以垛口，不用串楼，以图永固"[1]。有趣的是，晚清时，我国城墙上以各种理由被拆除的城屋、串楼一类附属建筑，在德国同时期建造的城墙上却仍建造了这种形制，且覆盖全部的城墙之顶。如：巴伐利亚的罗腾堡城、诺德林根城、纽伦堡城等，至今城顶上部仍保留"串楼"、"游廊"似的建筑。

（3）城门拱券技术的普遍推广与运用　中国城门早期木构梯形城门的传统形制，至迟在战国、秦汉时期已经定型，并沿用至元代。城门采用拱券式结构较晚，其中见诸文字记载的为宋代李诫的《营造法式》卷十九"城门道功限"中，有较详实的构造和构件尺寸；拱券式城门最早的形象，[2] 见之于南宋末年桂林城市平面图《静江府修筑城池图》，被镌刻在桂林市鹦鹉山崖壁上；现存最早拱券式城门实物的是明初南京城的聚宝门（今称"中华门"）、石城门（今称"汉西门"）、清凉门和神策门（今称"和平门"）以及东郊灵谷寺的无梁殿。

△ 20 世纪 30 年代，辽西锦县（后更名"凌海市"）县城残破的城门。从城门剖面可清楚地看出拱券有多重构造

---

[1] 康熙三十三年《麻阳县志》卷三。

[2] 傅熹年：《傅熹年建筑史论文集》，百花文艺出版社 2009 年版，第 318 页。

◁ 20 世纪 30 年代，金州城（今大连市金州区）外的泥泞道路

▷ 20 世纪 30 年，金州城墙外的乡野

◁ 20 世纪 30 年，金州城门及街景

▷ 20 世纪 30 年，金州城墙外的乡野

中国古城墙拱券式城门虽然创筑于南宋时期，并没有得到广泛推广和运用，仅局限于南方的部分地区。如宋代台州城东南的靖越门，曾被称为"宋代创筑拱券式城门"，实际是明代曾改筑过的。[1] 北京城墙的拱券式城门创筑于元代晚期；南京城墙的拱券式城门创筑于洪武年间……从全国（尤其北方）大

△ 1928 年，淄川（今属山东省淄博市）城墙上。该城明代时用城砖砌筑其外，城墙内侧仍为土坡，自古有"龟城"之说，隐喻祥瑞之兆

多数城墙的城门规制来看，改筑成拱券式城门当在明代才被大规模推广和运用。

（4）**传统文化影响** 中国城墙深受中国传统文化的影响，即便在明清时期这种影响仍然体现在许多方面。从大的方面来看，影响到城市的整体规划[2]；从小的方面看，影响到城墙局部建筑的形制，其中包括城门的位置、朝向等。

元至正二十六年（1366）八月，朱元璋批准了刘基的都城设计规划，下令在应天（即南京，下同）建造宫阙、城池。从规划城墙 50 余里的规模上，这座城池建造伊始就具有明显的政治倾向，而非单纯以军事防御为目的的筑城。美国学者牟复礼在《元末明初时期南京的变迁》一文中指出："在十四世纪六十年代中期，朱元璋称帝的野心开始形迹毕露了。他已经抛掉了对他先前的主子的忠顺，并开始按自己的方式日益加紧建立帝国政府。……1366 年他

---

[1] 2012 年，笔者前往临海实地调研时，在该门拱券内侧 1.5 米处墙体上发现了"后所"字样的砖文。结合整体城台基座砌筑工艺、砖文及灰浆，可以肯定该城门拱券在明初曾被改筑。

[2] 杨国庆：《明南京城墙设计思想探微》，载《东南文化》1999 年第 3 期。

着手大规模扩大外城，修建一座新的内宫城。"[1] 刘基等人为了体现朱元璋"皇权神授"的统治地位（人），在规划南京城垣时，设计思想主要是仿效宇宙天象（天）和南京的丘陵、河湖等特殊的地理条件（地），利用南京旧有城垣等综合因素，使南京城呈现出中国传统风水学的"天、地、人"合一效果。南京城墙的平面显示出城市三个功能区域：城东为皇宫及中央政权机构所在地；城北为驻京守城部队、大型粮仓及耕田；城南为城市商贸、集市、官宦人家及民居聚集地。城内的钟鼓楼为城市方位的中心。南京明代的钟、鼓楼，距朝阳门（今中山门）、仪凤门与钟阜门（对于鼓楼而言，两门基本等距）之间、聚宝门（今中华门）基本为几何状的等距离。以鼓楼为原点，分别与朝阳门、聚宝门两条延线的夹角为60度（±5

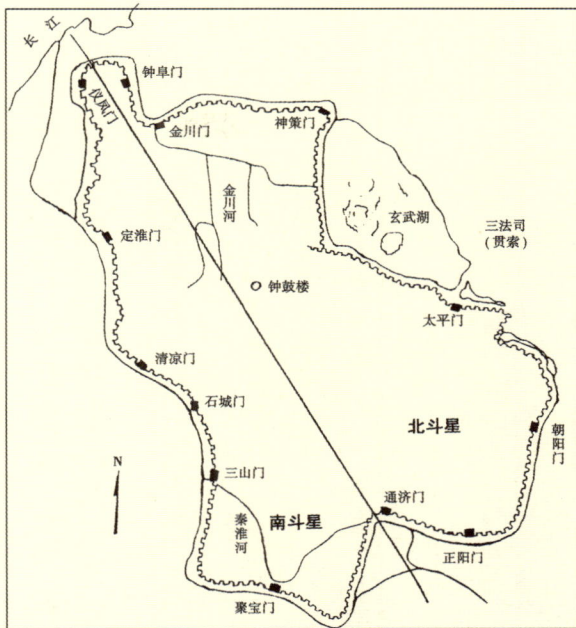

△ 明代南京城墙"南斗"与"北斗"聚合示意图
本页两图由杨国庆提供

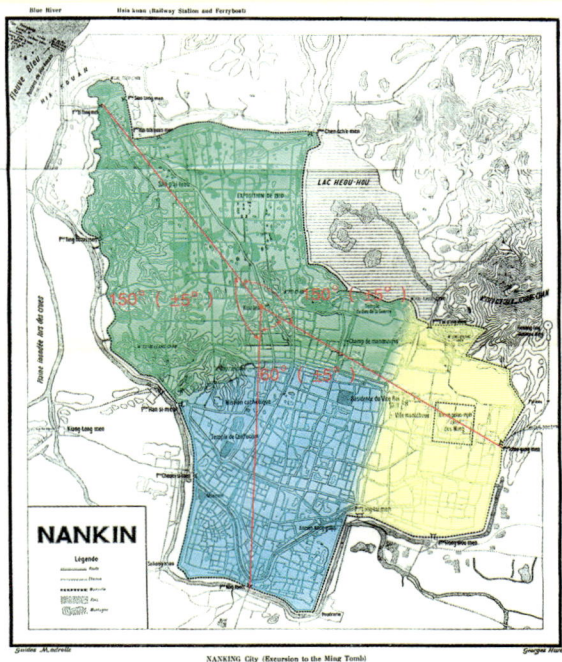

△ 明代南京城墙传统设计思想下的规划

---

[1] 牟复礼：《元末明初时期南京的变迁》，载《中华帝国晚期的城市》，中华书局2000年12月版。

度），这两条延线与狮子山中心点分别形成的夹角各为150度（±5度），在平面设计上体现出明代南京城"不规整"中的规整布局，体现出中国古代城市传统规划中的规整与严谨。[1]

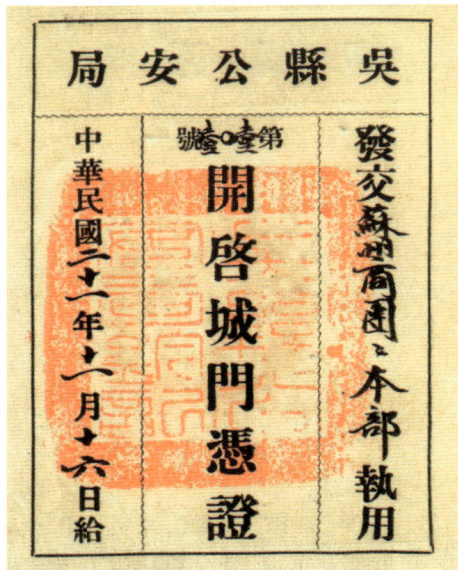

△ 1932年11月16日吴县公安局颁发给苏州商团团本部开启城门凭证 江苏省档案馆藏

再如万历元年（1573），广东德庆州修城时，认为位于东北的忠顺门偏僻，难以防御，风水先生称此门为艮位，[2]称之"鬼门"，遂将其堵塞不开。万历二十年，知州陈荣祖复开忠顺门，"果不利"。万历二十七年，再次封闭忠顺门。崇祯六年（1633），知州商朝仕主持重修城墙，并于忠顺门楼右侧建造文昌阁（后供奉商公神像），以改善风水的不利。崇祯十二年，河南商丘城"遂因堤筑城，以砖砌之。外圆内方，堪舆家所谓钱形、金戈之象也"[3]。

入清后，此风俗在各地仍然盛行。如福建闽清城在康熙元年（1662）建成，全城砖"砌垛三百六十有五（每垛长约一丈四尺），以应周天之象"[4]。康熙十年，广东清远县知县冯皇疆重修，乡绅呈请南门瓮城小楼不利风水，请拆改两边炮台各1座，前立照墙，外为熏风亭。[5]乾隆十八年，湖南宝庆府修城时，采纳风水先生的建议，重开临津门，目的是有利于地方的科举。[6]诸如此类文化影响，在明清时期各地均有不同程度的反映，有的虽不被传播，但文献中尚有记载。

（5）城池用水及防排水技术

中国古城墙除军事防御的原始功能外，另一项功能是抵御水患，同时城市城墙还要解决城内用水和排出污水的问题。

仍以明清时期河南为例，其境内城池除日常性修缮外，拓城、筑城、修

---

[1] 杨国庆、王志高：《南京城墙志》第四章，凤凰出版社2008年1月版。

[2] 《周易》六十四卦中第五十二卦，代表"山"。

[3] 康熙四十四年《商丘县志》卷一。

[4] 1921年《闽清县志》卷二。

[5] 光绪五年《广州府志》卷六十四。

[6] 光绪二年《邵阳县志》卷二。

城的主要原因是兵患和水患。如河阴县城"旧在山阴。洪武间以河决"，而迁县治广武山"筑土为城"[1]。又如扶沟县"中州僻小邑，介在浊河、溱洧之间，每遇秋潦，境内即成巨浸"，因此城墙"随筑随圮，徒劳民伤财"，而遇盗匪之扰时，又因城池不固而"寒心飞魄"[2]，为彻底解决

△ 20 世纪 30 年代，海城（今属辽宁省鞍山市）城墙外的护城河，但已经逐渐淤塞

兵患和水患之扰，自隆庆六年至万历二年（1572～1574），始建砖城。再如康熙四年（1665），夏邑县因"黄河决，水冲城陷"[3]。长垣县城墙，在咸丰十一年（1861）和同治四年（1865）时，"兵燹之后，尽倾圮无存"[4]，加之黄河多次毁城，当地官民不得不屡次修城或移置建新城。[5]再如浙江临海（台州府城）城，历史上水灾也非常严重，甚至南宋著名城防军士理论家陈规（著有《守城录》而留名）也在《筑城议》中，提出台州府应迁址重建。此后，地方官吏主持重修城墙时，创造性地改变了一些常规附属建筑的形制，如台州增筑的捍城，用于护城。还有敌台（即马面）出于防洪的需要，在沿江一带筑成半方或半弧半方关。至于中国城墙抵御水患的工程技术及措施，吴庆洲先生在专著《中国古城防洪研究》[6]中，用中国历史上大量的例证进行过深入研究，故不赘述。

城市城墙中用水和排水的问题，是古代城市规划者必须考虑的问题。如元末明初的南京城，全城设有水关（可通船通水并可控制水量）、涵闸（不通船但可通水且可控制水量）、涵洞（不通船不可控制水量仅通水）大小几十座，以城东为补给城市的净水（皇宫也设置在城东）；以城西为排放城市的污水。这种古代城市用水、排水设计非常科学的例证有许多，但是，中国古城选址、设计和筑造中也有出了问题的，最典型的一类是黄河流域沿岸的城市。由于黄

---

[1] 康熙三十年《河阴县志》卷一。
[2] 刘自强：《修城碑》，引自光绪十九年《扶沟县志》卷四。
[3] 1920 年《夏邑县志》卷二。
[4] 同治十二年《增续长垣县志》卷上。
[5] 康熙三十九年《长垣县志》卷二。
[6] 吴庆洲：《中国古城防洪研究》，中国建筑工业出版社 2009 年版。

河决堤、泛滥、改道等因，造成这些城市城墙被毁，甚至连城墙也多次被泥沙所埋没。这些城市往往灾后会进行抢修重建。但还有一类也属于当初考虑不周出了很大问题，再进行不断补救的。如贵州的福泉，此城的规划与营造，出现最大的问题是：城内用水问题没能考虑周全。因此，在正统（1436～1449）末年，苗族农民起义军围城时，导致城内"人马渴死"。成化二年（1466），在指挥张能的主持下，于城的西隅营造水城，并开城门曰"小西门"。万历三十一年（1603），知府杨可陶、指挥奚国柱于水城外增建外城55丈，使活水流经城内并将污水排除，彻底解决了城内用水和排水的问题。笔者现场考察发现：该城的外城城垣跨河而建，在水中建起了石拱桥。石拱桥一共有三个孔，长25米。为了防止敌人偷袭，在桥孔都安置了铁栅和闸门。外城的城墙上开有小门，以通向城外。在外城中还建起了一道水坝，横跨在河上，这道水坝长43米、宽6米、高2.6米，不仅方便人们行走，并且在坝下设计了五个泄水孔，水量小的时候，河水从孔道中流过，洪水期间，河水就从坝上翻过。这条小坝的另一个重要功能是：上水（净水）入水城后，一部分被引入城内，一部分被排出水城；而水城坝的出水，来自两部分，一部分是多余的上水（净水），一部分是从城内排放的出水（污水）。这种利用天然河道构成，并利于城防的独特水城构造十分精妙，在中国城池营造史上并不多见，具有极高的城墙史研究价值。而这样优秀的城市用、排水设计，恰恰是以血的代价进行补救的。

（6）**城门包铁** 古代木质对开城门改用铁皮包裹，以增强防御能力，延长木门的使用寿命。从目前掌握的文献少量记载来看，全国各地采用这种办法先后不一，有些地方始于明末清初。过去很少有相关的论述，本书在编撰中对此类现象给予了一定的关注，但也仅搜罗到几例。如：顺治十一年（1654）夏，由于久雨导致河阴县城墙多处坍塌、城门"皆用木为之，不堪防御。……补门加铁衣自此始"[1]。清军收复河南南阳城后，知府王燕翼主持修城，设东、南各四门，"俱铁叶包裹"[2]。咸丰五年（1855），广东乐昌县知县方监源又进行重修，并改建了原四座门，四门皆钉以铁叶。[3]

（7）**瓮城** 古称"闉"，又称"月城"（亦称"越城"）、"曲城"，是古代城池依附于城门的附属建筑。明代以前，瓮城普遍设置于城门之外，大多数形状为半圆形，少数呈矩形、方形或不规则形等。瓮城的城门取向不一，形成相对独立的护卫城门的设施。由于从形状上看似古代生活器皿中的"瓮"，

[1] 康熙三十年《河阴县志》卷一。
[2] 康熙三十二年《南阳县志》卷二。
[3] 1931年《乐昌县志》卷七。

称之"瓮城"[1]；也有从功能上认为敌人即便攻入瓮城，守城者可将瓮城城门和主城城门关闭，造成"瓮中捉鳖"之势，故称"瓮城"。明清时期，瓮城无论在规模和规制上都有了显著的发展。如甘肃平凉府所有城门不仅均设外瓮城，还在东门外设东关城、紫荆城及庙墙；再如洪武十九年（1386）才开始增建南京城的内瓮城，其中三座最大的内瓮城分别为：通济门、聚宝门、三山门的瓮城。[2] 由于内瓮城设置在主城门的里边，就有条件设置藏兵洞，将城门守御这一明显的受攻部位，变成防御作战

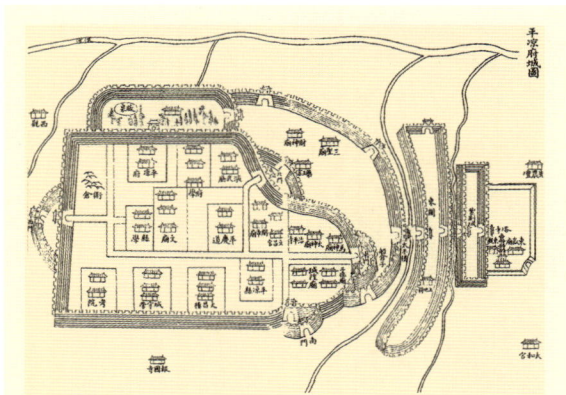

△ 平凉府城图 据乾隆年间《甘肃通志》第50卷，张君重绘

△ 南京通济门"船形"的内瓮城 杨国庆提供

中的强点，这是外瓮城所无法做到的。

（8）**西方筑城术的影响** 明末清初，欧洲火炮发展迅猛并普及，新式的城墙防御筑造技术随之得以提高，针对火炮攻城的棱堡、要塞、防御工事等新型城墙防御体系也渐趋成熟。在朝廷一批信奉天主教士大夫（如徐光启、李之藻、孙元化、韩云与韩霖兄弟、马维城等）的极力推荐下，西方这些新型筑城技术被介绍到中国，其中影响最大的以韩霖《守圉全书》（十四卷，崇祯九年刊本）为代表。该书详尽介绍了西洋筑城术，并附有西洋筑城样式图。"然而，

[1] 乔均主编：《中国古建筑大系》（10）《城池防御建筑》，中国建筑工业出版社1993年版。
[2] 《明太祖实录》卷一七九。

△ 20 世纪中叶，山东省青岛附近几种不同样式的堡垒（航拍），其中有的形制已具有西方城堡的雏形

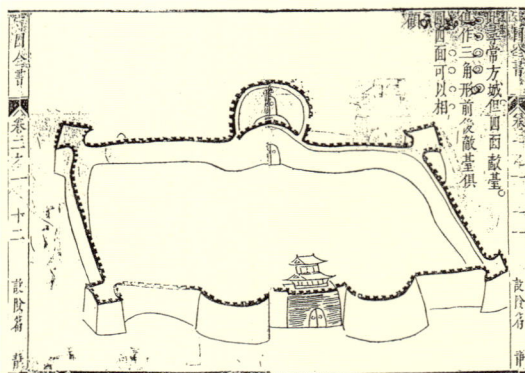

△ 《守圉全书》 插图选自《四库禁毁书丛刊补编》第 32 册，第 488 页

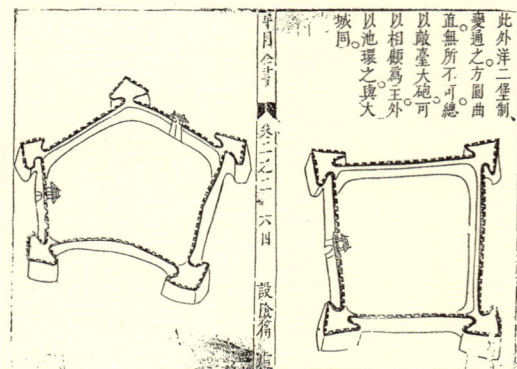

△ 《守圉全书》 插图选自《四库禁毁书丛刊补编》第 32 册，第 553 页

明朝的迅速败亡，终结了推广新型防御工事的可能"[1]，仅有极少量的城池引用或借鉴了西洋筑城术（如绛州、雄县等）。至清代，虽有一些依据《守圉全书》演绎的著作问世，甚至在第一次鸦片战争后西洋筑城术也受到一定的关注，然而毕竟因朝廷的衰落等多种原因，未能被中国各地城墙所借鉴和采用。

[1] 郑诚：《守圉增壮——明末西洋筑城术之引进》，载《自然科学史研究》第 30 卷第 2 期，2011 年。

七 古城墙损毁的主要原因

中国古城墙的损坏，甚至毁圮，有三个主要因素造成：自然、战火和人为拆除。其中自然因素具有一定的普遍性，历代各地城墙由于年久失修（尤其因建置迁移遭废弃的城墙更为突显）、风雨侵蚀、洪水灾害、地震等因，导致城墙局部损毁，甚至坍塌。历代各地城墙由于战争的原因，在激烈的攻城与守城背景下，局部城墙及附属建筑（其中城门、城楼尤为突出）受到损毁。这两种情况，在中国君主统治时期（公元前221年秦始皇称帝到公元1911年清宣统帝退位），由于中国尚处在冷兵器为主的时期，损毁的城墙在建置未

△ 1928年，在"济南事变"中，侵华日军在潍县城墙外进行攻城演习

△ 1944年11月3日，中国军队冲上龙陵城的城墙，经过激战终于收复了龙陵，但城墙遭到很大的破坏

迁徙的情况下基本可以得到修缮。甚至还在被洪水冲塌城墙的基础上重建，以致一些城市城墙出现了不同时期的"城叠城"、"城压城"现象（如黄河流域涉及到的开封、徐州、沛县等古城）。

在自然毁城的例证中，山洪暴发、强烈地震等灾害不容忽视。如嘉庆二十四年（1819），因地震导致河南灵宝县城墙坍塌。[1]再如万历十七年（1589），四川建成的马边城，周长350丈，由于不断被山洪冲塌，至乾隆二十九年（1764）时，仅存120丈，被视为"不在城垣之列"而被放弃。再如明洪武十一年（1378）四川境内重建的叠溪所城，周长390丈。1933年8月25日，此地发生7.5级强烈陷落地震，地震引起山体滑坡，山崩地裂，台地下沉，古城也因此而遭受

---

[1] 光绪十八年《陕州直隶州续志》卷二。

△ 1937 年 10 月 15 日，侵华日军板西部队攻入顺德城，城墙受到严重破坏

△ 1938 年 3 月 17 日，侵华日军赤柴部队攻占滕县城，城墙、城门及附属建筑损毁严重

△ 1938 年 5 月 9 日，侵华日军添田部队攻击蒙城西南段城墙，导致城墙大面积坍塌

▷ 1939 年 1 月，侵华日机岛田部队轰炸傅作义部队据点的五原兵站

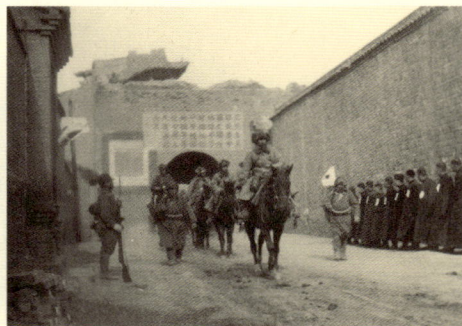

△ 1938 年，侵华日军攻占汾阳城，城门及城楼损毁严重

毁灭，城中军民 3000 余人全部遇难。震后古城仅残存东门瓮门一角，南墙已整体移位。该城遗址被保留迄今，是世界上唯一保留完好的地震毁灭的古城遗址，成为国际地震界研究地震的重要现场。

人为拆除城墙，是中国古城墙损坏的最主要、最彻底、范围最大的直接原因。造成人为拆城的原因，也比较复杂。受政治因素影响拆城，在中国古代这种现象虽然不是很多，但例证也有不少。如祯明三年（589）元月，隋朝大将韩擒虎、贺若弼各率大军分两路攻占了建康城，陈亡。隋文帝杨坚为了彻底消除建康城在人们心中的政治地位和影响，防止被人占据称帝，遂下"诏并平荡耕垦"，繁华的建康城池遂被拆除。受近代城市化发展影响而拆城，是中国古城墙毁圮数量最多、最彻底的原因。18 世纪末，西

△ 辽沈战役，东北野战军进攻锦州城。 引自李泽奉、毛佩琦编撰《岁月河山——图说中国历史》（上海古籍出版社，1989 年）

△ 德国柏林城墙被大规模拆除后，现存残余的城墙 杨国庆摄

△ 20 世纪 50 年代，由于人们认识误区导致南京 1/3 城墙被拆除 杨国庆提供

方工业文明大发展的背景下，一大批著名的城市城墙先后被拆除，如法国巴黎、德国柏林等城墙。19世纪晚期，中国开始受其影响，天津、汉口等古城墙相继因城市发展需要被拆除。20世纪早、中期，是中国古城墙大规模拆除时期。表面上看，是城墙成为城市发展的"障碍"，为了城市的商贸、交通、环境等，而"不得已"拆城。深层原因是在城墙防御功能逐渐丧失的情况下，由于人们认识上的局限，视城墙为城市的废弃物，没有意识到城墙的历史遗产功能（仅有少数知识分子反对拆城，但其社会力量毕竟有限），因此，各地先后出现大规模拆城。如上海、广州、长沙、北京、南京（拆除1/3）等数以千百计的城墙相继被拆除，但至今没有公布全国拆城详实可靠的统计数据。

除了上述城市发展需要拆城外，1937年12月侵华日军攻占南京并继续向中国后方军事推进时期，因鉴于日军进攻南京时城内大批军民受困于南京城墙而未能及时疏散惨遭涂炭（即举世震惊的"南京大屠杀"惨案）的教训，各地政府纷纷组织军民主动拆除城墙（或拆若干豁口）。如浙江省严州、慈溪、乐清、衢州、长兴、定海、金华等城墙；河南省邓州、固始、商丘、洛阳、南阳、淅川、襄城、安阳、郑州、中牟、开封等10余座城墙；广西省荔浦、廉州、百色等城墙；贵州省贵阳、镇宁等城墙；湖南常德、宝庆、道州、澧州、麻阳、永州、湘潭等城墙；江苏省徐州、溧阳等城墙；安徽省广德、六安、无为、宣城、池州、泾县、建平、蒙城、南陵、宁国、潜山、桐城、萧县等城墙；四川省成都和原眉州城墙等，就单座城墙的拆城规模并不大，主要是战时为疏散人口考虑，将城墙拆成若干豁口的情况比较多。当时，安徽南陵县政府动员民工拆除城墙，时有士绅孙奎所作《挖路歌》："挖路、挖路，莫知其故；传令来，派佚去，昼夜拆城挖路，千锄万锄不停住……"从一个侧面反映了当时拆城的场面，各地拆城由此成规模地开始，当毋庸置疑。中国古城墙在这个时期究竟被拆除了多少，学界也尚无深入研究和统计。但是，从目前掌握的情况来看，绝非个别现象，而是成一定的地域规模。

侵华日军对中国城池直接或间接破坏的同时，对中原地带的城池也高度关注。由侵华日军陆军少佐石割平造收集、汇编成集，并于1940年在南京印刷的《支那城郭概要》一书，[1] 对中国长城以及各地部分城市城墙的位置、建材、样式、结构、功能、城门和护城河进行了介绍，还对河南省、山西省、河北省、山东省、江苏省、浙江省以及江西省和湖北省部分城墙（总计103座城

---

[1] 该书于1979年经缩编修订后，在香港中文大学出版社正式出版。详见 Benjamin E. Wallacker [et al.] (eds.). *Chinese Walled Cities: A Collection of Maps from Shine Jokaku No Gaiyo.* Hong Kong: Chinese University Press, 1979.

市城墙）提供了较详尽的测绘图，尤其是城墙的高度、护城河的宽度和深度、城河之间的距离，以及统计的城内居民户数和人数。因此，这本书其实是出于侵华战争需要、以军事为目的而编撰的中国城墙情报汇编。从学术研究的角度来看，是非常粗糙的，有的甚至是错误的。如对南京明城墙的测绘，仅仅测绘了四重城墙的第三重外形，第四重的外郭当时不仅还保留大段的土垣，甚至还有城门，该书均没有介绍。另外，在介绍各地城池的文字中，也仅对其地理位置、交通线和城内居民、人口作了介绍，至于城池的历史沿革、损毁与修缮等信息基本上一概未予收录。

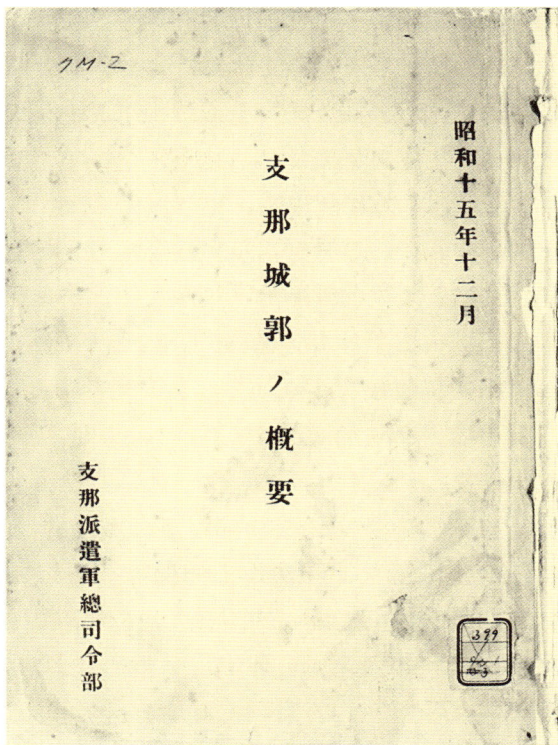

△ 1940 年，在南京印刷的《支那城郭ノ概要》一书的封面 杨国庆提供

　　对于中国古城墙学术层面的研究，以往注重城墙的营建，而对拆除城墙的研究相对较弱。王军先生的《城记》[1]是第一部涉及北京城墙拆除的研究专著，本人和王志高先生合著的《南京城墙志》[2]有专门章节论述南京拆除部分城墙的记载。相对于中国古城墙建造研究，学界对于中国古城墙的拆除研究显得尤为不足。

八 古城墙功能的"转型"与现状

　　中国古城墙的现状，可以说令人欣喜，也令人堪忧，但总趋势是向科学保护方向发展。

　　由于中国近代火兵器尤其攻城器械的发展，中国古城墙这种建筑形式，在 20 世纪出于各种缘由逐步被人们所摒弃。目前，中国残存下来的古城墙（有

---

[1] 王军：《城记》，"生活·读书·新知"三联书店 2003 年 10 月版。
[2] 杨国庆、王志高：《南京城墙志》，凤凰出版社 2008 年 1 月版。

的仅剩遗址残段），尤显珍稀和濒危。城墙，作为中国建筑历史最悠久的建筑形式之一，在未来人类的社会活动中将不会再度大规模、大范围地兴建。因此，现存的中国古城墙无论完整或残损，无论是地面的残墙还是地下的城址，都将成为未来中国古城墙的"活化石"。

20 世纪 80 年代以来，中国城墙实现了从"实用型"到"文化遗产型"的重大历史转型，全社会再度关注各地遗存的古城墙。根据国家文物局在第三次全国文物普查之前编制的《中国文物保护单位名录》（内部刊物）：全国城墙等级保护单位总计有 4976 处（座），[1] 而在 1982 年（不含）之前的全国城墙等级保护单位仅有 539 处（座）。由此可知，自 1982 年新增的全国城墙等级文保单位占总数的 89.17%，同时也说明了"转型"后的中国城墙大范围保护起步仅 30 余年。

中国政府及文化文物部门对古城墙的保护给予了高度重视和多方面的支持，也提供了法律和法规上的保障。短短 30 年时间，全国各地的城墙属地结合当地的城市建设，兴起了修城"热潮"，许多残存城墙（或遗迹甚至城址）得到维修和加固，周边环境得到整治，形成市民休闲散步的公共场所。总体上看，"转型"后的中国古城墙，已经步入了一个全新的历史时期，并赋予了城墙文化遗产的时代功能，成为当地社会文化生活的一个重要载体和组成部分。

从人们的认识上，将"城墙"从"文物"的概念提升到了"文化遗产"的概念，这是时代的进步和人们对城墙价值认识提高的反映。单纯的"文物"保护，强调的是对"物化城墙"的保护，而"文化遗产"保护，则强调了"人"在"物"中的作用，强调了"人"对"物"的传承功能和价值。这个概念上的重大变化和提升，为今后中国古城墙的保护提供了一个更加科学和坚实的基础。

在城市快速发展的 20 余年间，人们对城市城墙现存价值的认识在急剧提升，许多城市在对各自古城墙保护修缮的同时，开始着重利用城墙作为当代城市建设者敬畏历史、城市文物保护与建设发展和谐双赢的展示平台。这种认识上的升华和做法，反映出人们对城墙文化遗产普世性、共享性的一种追求，也是各地城市文化建设上的一项重要举措。

自 1981 年秋至 1985 年，中国进行了第二次文物普查。现仅以数省在这段时期前后的城墙保护状况为例，浅析如下：

1982 年之前，安徽境内不同时期受保护的城墙、城址仅为 7 座。20 世纪

---

[1] 但是，这个数据仍存在一定的问题，有同一座城墙和该城的城门等附属建筑重复统计的现象。因此，仅仅是一种参考数据。

80年代以后，安徽城墙受到各级地方政府的重视和保护。据国家文物局第三次文物普查之前的"全国文物保护单位目录"（内部资料）统计，安徽境内不同时期受不同等级保护的城墙、城址计124座。其中冠以"城"的遗址自新石器时代至秦以前时期，计49座，占总数的40%；汉代，计35座，占总数的28%；唐宋至明清时期，计35座，占总数约28%。

1982年之前，浙江境内城墙被列入不同等级文物保护单位的仅为4座。而据国家文物局1982年以后至全国第三次文物普查之前的"全国文物保护单位目录"（内部资料）统计，境内不同时期受不同等级保护的城墙、城址计83座，其中被列为全国重点文物保护单位的就有蒲壮所城、镇海口海防遗址、台州府城墙、桃渚城、永昌堡、下菰城遗址、临安城遗址。当时，被列入文保单位的不同等级城墙，明以前有26座，占总数的31%，明代有43座，占总数的51.2%，清代有14座（含1座年代不详），占总数的16.8%。

1982年之前，河南境内城墙被列入不同等级文物保护单位为75座。而据国家文物局1982年以后至全国第三次文物普查之前的"全国文物保护单位目录"（内部资料）统计，境内不同时期受不同等级保护的城墙、城址计354座，其中被列为全国重点文物保护单位的

△ 山西灵石县静升镇静升村王家大院修缮后的古城墙
王喜根摄

就有归德府城墙、开封城墙、郑韩故城、二里头遗址、尸乡沟商城遗址、仰韶村遗址、隋唐洛阳城遗址、北宋东京城遗址、王城岗及阳城遗址、蔡国故城、羑里城遗址、戚城遗址、古城寨城址、府城遗址、番国故城遗址、城阳城址。当时，被列入文保单位的不同等级城墙，汉及汉代以前的城址有287座，占总数的81%，而等级文物保护单位定性为明清时期的城墙或城址，仅为31座。这个并不完整的统计数据，不仅反映了河南境内早期城墙量大面广的基本特征，也反映了河南近年来在古代城址考古工作方面所做出的斐然业绩。

1982年之前，湖南境内城墙被列入文物保护单位的仅有数座。1983年至2007年全国第三次文物普查前猛增到96座，其中既有列为国家重点文物保护

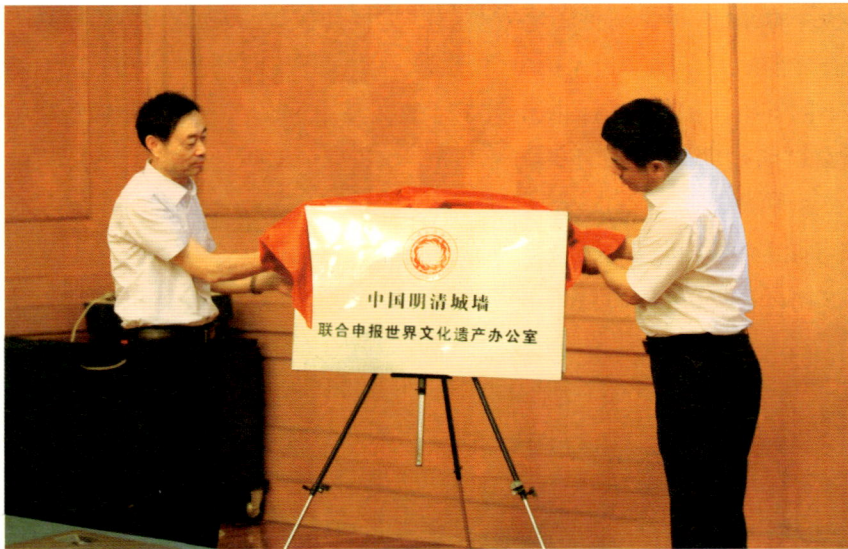

△ 2014 年至 2015 年，分别在南京、临海、荆州召开了"中国明清城墙"联合申遗工作会议，"中国明清城墙"联合申报世界文化遗产办公室设在南京，南京被确认为"中国明清城墙"申遗牵头城市 "中国明清城墙"联合申报世界文化遗产办公室提供

单位（如茶陵古城墙、天心阁古城墙、澧州古城、岳阳楼及其附属的城墙），也有被列为省、市、县级的。

1982 年以前，贵州境内被列为不同等级（国家级、自治区级、市县级）文物保护单位 9 座。到了 2003 年，不同等级文物保护单位数量已增至 99 座，总计 108 座。

1982 年之前，四川境内不同时期受保护的城墙、城址仅为 4 座。20 世纪 80 年代以后，不同时期受保护的城墙、城址计 123 座。其中汉代至蜀汉时期，计 17 座，占总数约 14%；唐宋时期，计 34 座，占总数约 28%；明清时期，计 30 座，占总数约 24%。

1982 年以前，广西境内被列为遗存的城墙（或城址）不同等级文物保护单位 15 座。到了 2001 年，不同等级文物保护单位数量已增至 129 座。

综上所述，中国古城墙在 20 世纪 80 年代以后，无论保护的数量或者保护的级别均有了非常大的变化，表明中国各级政府、文物部门以及社会各界对中国古城墙的关注和重视。

据不完全统计，全国城墙被列入各级文物保护单位的数以千计，但绝大多数仅仅是城墙地下遗址。目前，全国城市城墙地面保存长度约 1 公里不足以千计；地面保存长度 1 ~ 10 公里不足百计；地面保存长度 10 ~ 15 公里不足十计，地面保存长度超过 20 公里的城墙，惟有南京城墙 1 座。

但是，中国古城墙在各地保护中，当前面临的问题还有不少。难能可贵的是，新疆维吾尔自治区文物局在全国第三次文物普查期间敢于正视现状，"在对

△ 《中国文物报》2015 年 8 月 21 日头版发表了题为《甘肃景泰明长城遭严重破坏　国家文物局迅速赴现场督察》的文章，对破坏明长城遗址行为给予报道和批评

城址本体进行调查的同时，也对城址保存状况做了分析记录。总体来看，地处干旱、沙漠环境的城址保存相对较好，位于绿洲平原区的城址人为破坏严重。有的城址已在城市建设中被毁，夷为平地；有的在农田开发中遭到破坏，

△ 山东省青州市修复后的西门段城墙 闫玉新摄

△ 甘肃嘉峪关城门及城楼 杨国庆摄

或辟为农田，或存残垣断壁；有些被找宝者肆意盗掘，坑穴遍布。城址的总体保存状况令人堪忧"[1]。当然，除极少地方敢于冒犯国家法律法令、擅自拆除古城墙外，[2] 其他则属于城墙"保护"中的误区或认识上的不足，同样也造成一种"保护性"的破坏，实属遗憾。如对各地物质层面的城墙保护比较重视，但是对城墙文化层面的保护相对比较薄弱；借"保护"城墙之名，行商

[1] 新疆维吾尔自治区文物局编：《新疆古城遗址·前言》，科学出版社2011年版。
[2] 前国家文物局局长单霁翔：《南京城墙志·序》，引自杨国庆、王志高：《南京城墙志》，凤凰出版社2008年1月版。

业旅游开发之实，随意添加附属建筑，甚至破坏古城址而另外新筑"城墙"或"城门"……这些问题尚不被认识，也就谈不上纠正和有效的防范。相反，在有的城市，对这些新建的城墙或城门，某些官员私下还出现"过一百年后，就是文物"荒唐的谬论。如果城墙"活化石"被随意仿造或者"打磨、抛光、上蜡"，作为历史文化遗产的"原真性"就会在人们"保护"的愿望下，遭到人为的践踏和破坏。[1] 这是中国古城墙在新世纪之初如何被保护和利用所面临的一个带有普遍性的现象，这无疑会削弱中国古城墙"原真性"的文化遗产价值。

△ 抱犊寨，位于河北省石家庄鹿泉市西郊。金末元初建寨，后毁圮。近年因旅游需要，利用原残垣断壁新建了 2000 余米的城墙，在当地旅游词中被冠名"长城"　金玉萍摄

　　耗费六年编撰这部囊括尚未完全的中国城墙专业书籍，正是出于以下两个方面的考虑：其一，是针对中国古城墙基础研究的需要；其二，是中国古城墙保护现状的需要。中国古城墙在历经数千年之后，虽然遗存的数量已经不多，但是残存的这批古城墙无论是基本完整，或是残垣断壁，甚至仅为城址，都是中国古城墙遗存下来的"活标本"，必将伴随中华文明走向长远的未来。

2014 年 1 月 30 日初稿

2015 年 5 月 22 日修订

2016 年 5 月 3 日订稿

于南京读壁斋

---

[1] 杨国庆：《今天，我们如何学会与古城墙为邻》，载《人民日报》2011 年 8 月 4 日。

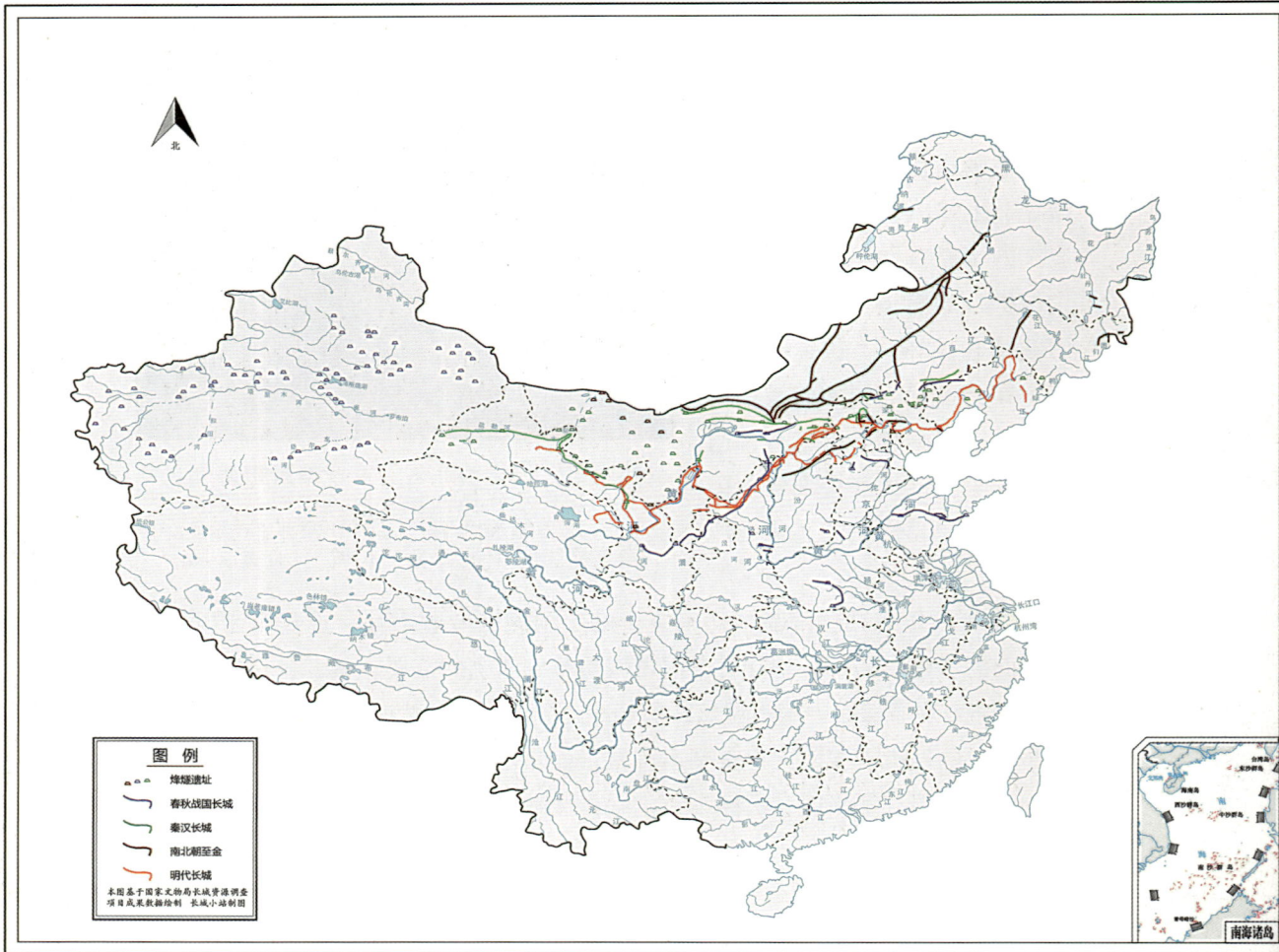

△ 中国历代长城分布示意图 长城小站、张君绘制

长城

一　长城综述

1. 概述

　　长城，是中国古代由城墙和城堡、烽火台、壕堑、道路、后勤保障等军事建筑要素构成的军事工程体系。这些要素在"长城"这一概念出现之前就出现了，各有其源，在没有组合为一个工程体系之前还不能认为任何一种独立的要素是"长城"。长城是全世界体量最大、修筑历史最长，由多个民族、政治实体相互承继认同的军事工程。长城的修建从雏型、发展、完善、顶峰、衰退直至失去其军事价值，转型为文化遗产价值，经历了2000多年。由于修筑时代不同、地域不同，设置随时间推移逐渐完善，形式因地域变迁而多种多样，长城烙上了时代、民族及地域的印记。

　　国家文物局、国家测绘地理信息局于2006～2010年组织了对新疆、甘

◁ 河北省涞源县明代长城
　严欣强摄

△ 山西省大同市得胜堡明万历"保障"门匾 郑严摄

肃、宁夏、青海、陕西、内蒙古、山西、河北、北京、天津、辽宁、吉林、黑龙江、河南、山东、湖北16个省、市、自治区的长城资源调查，现除湖北省境内长城资源遗迹争议较大整体未予认定外，历代长城总长度为21196.18公里，包括长城墙体、壕堑、单体建筑、关堡和相关设施等长城遗产43721处。1987年被联合国教科文组织世界遗产委员会列入世界文化遗产名录。

"长城"在古代文献中有多种不同的称谓，如：塞、塞垣、方城、堑、界壕、边墙、边垣等等。但这些名称没有唯一性，如塞：《吕氏春秋》曾记载"何为天下九塞，大汾、冥厄、荆阮、方城、崤、井陉、令疵、句注、居庸"，除方城、井陉、句注、居庸当时或后来成为长城的组成部分，其他并非都和长城有关。目前只有"长城"一词在学界及大众（包括国际）得到共识，即是指中国历代所修筑的军事防御工程体系。

2012年，我国出版了《清华大学藏战国竹简（贰）》。简中记载：晋敬公十一年（前441），晋、越联合伐齐后，"齐人焉始为长城于济，自南山属之北海"。这是目前所见"长城"一词出现时间最早、最早有明确记年的长城修筑工程。

《史记·蒙恬列传》记载：蒙恬修筑长城"因地形，用险制塞，起临洮，至辽东，延袤万余里"。后世就将"万里长城"作为中国历代长城的代名词。

据文献记载，春秋与战国时期的北方诸国，如齐、燕、韩、魏、秦、

△ 20世纪30年代，远望万里长城 南京城墙保护管理中心藏

赵、中山等国都修过长城。自秦以后，西汉、东汉、北魏、东魏、北齐、北周、隋、唐、宋、辽、西夏、金、明、清各代和政权都规模不等地修筑或增建过长城，其中秦、汉、金、明四个王朝修筑长城长度超过0.5万公里。

春秋末至战国初期中原诸侯分立，诸侯国之间兼并战争的规模越来越大，齐、楚、中山、魏等诸侯国纷纷修筑长城相互防御，直到战国中后期，赵、秦、燕在各自的北方修筑长城以防止北方游牧民族南下，长城才与民族防御发生关系。

2. 长城的历史作用

《左传·成公三年》有一句名言："国之大事，在祀与戎。"长城是"戎"的重要内容，长城修筑与防御成败会对社会政治、军事、经济、文化、民族等等产生重大影响，甚至关系到国家和民族的兴亡。

长城，在不同历史时期，起过不同的历史作用。它的历史功过，自古以来就是争论不休的话题。孙中山先生在《建国方略》中指出："而长城之有功于后世，实与大禹之治水等。"鲁迅先生在《华盖集》中说："这伟大而可诅咒的长城！"

长城之所以伟大，在于其不可磨灭的历史贡献。

它保卫了长城以内地区的经济、文化和人民生命财产的安全。贾谊《过

▷ 河北省怀来县
大营盘明长城
雪景 张骅摄

秦论》载：自秦始皇"北筑长城而守藩篱，却匈奴七百余里，胡人不敢南下而牧马"。明朝收复河套、修筑长城之后，已是"高城杰拆千岩应，绝徼观风四境安"（《嘉靖宁夏新志·艺文志》）。长城的修筑和守卫，促进了中国北方边疆的开发和长城内外的经济文化交流。

在春秋战国时期，中国北方广大地域都是未开发的处女地。长城修筑后，长城内外的人群开始向这一带迁徙，以修筑和守卫长城服务的生产开发活动大规模展开，历时2000年之久。大片的"不毛寒苦之地"变成了绿洲，汉代出现了"谷稼殷积，牛马衔尾，群羊塞道"的繁荣景象。在明朝，宁夏已变成了"塞上江南"。

长城沿线的生产建设，在历史上产生了深远、广泛的影响，它沟通了长城内外经济、文化、种族的交流，加速了北方各族社会形态的发展；改变了北方的生产结构，从单一的牧业生产，发展成为农牧业并举的生产结构；促进了北方手工业、商业等经济活动的繁荣，带动了城镇建设和交通的发展；在各族人民的共同生产活动中，加深了民族间的感情，为中华民族的发展和繁荣增添了动力。

▽ 甘肃敦煌西北小方盘城，汉玉门关故址　严欣强摄

长城对中西交通开拓和文化交流有着不可磨灭的历史功绩。文献记载，中国和西方文化很早就有了交流，但由于没有一条通畅的大道，交流的规模很小。公元前3世纪前后，中国北方的匈奴族强大起来，占据了河西走廊，切断了汉朝通向西方的道路。到汉武帝时期，对匈奴发动了大规模的反击战，收复了河西走廊，开通了通向西方的大道，后人称之为"丝绸之路"。

这条大道开通之后，为了保证汉朝在西域势力的巩固和这条商路的安全，在河西走廊相继设立了河西四郡，并设置了阳关和玉门关，并派重兵保卫。中国的丝绸、漆器、竹器、纸张以及造纸术、印刷术、火药制造术沿着这条道路传到了西方；西方的佛教、景教、伊斯兰教等宗教和音乐、舞蹈等文化艺术，顺着这条路线流入了中国的中原地区；现在中国人民日常生活常见的许多蔬菜瓜果，像葡萄、核桃、石榴、黄瓜、大蒜、胡萝卜等也都传入中国，丰富了中国人民的精神生活和物质生活，给中国文化和经济的发展注入了新的血液。

长城是中国精神文明的丰碑，是一部永远读不完的书，有着永远讲不完的故事和永远唱不完的歌。孟姜女哭倒长城的故事是中国四大古代传说之一。以汉朝王嫱出塞和亲、宋朝杨业父子戍守边关为题材的戏曲，在舞台上也经久不衰。边塞诗歌作品很早就有了，秦汉之交，以反映修筑长城为题材的民歌就已广为流传，据《汉书·贾捐之传》中记载"长城之歌，至今不绝"。南北朝时的民歌《木兰辞》是中国少数民族民歌中最杰出的边塞叙事诗，在中国文学史上有着重要的地位。唐朝的开元天宝时期，是中国文学发展史上极繁荣的时期，出现了以"边塞诗"为代表的边塞文学。

长城在民族和国家分裂的春秋战国及南北朝和宋、辽、西夏、金、元时期，是国家统一、民族融合、经济文化交流的障碍；为了修筑长城，长城内外的各族人民付出了极大代价。秦代流传民谣"生男慎莫举，生女哺用脯，不见长城下，尸骸相支柱"的民歌，明人李梦阳诗曰"今年下令修筑边，丁夫半死长城前"，描述的也正是这一悲壮情景。

中国修筑长城所投入的财力和物力是难以计算的。嘉靖三十年（1551）诸边费600余万两白银，至嘉靖三十一年正月，修边、赈济诸役又费800余万两，而当时户部每年岁入仅200万两白银。隆庆（1567～1572）至万历（1573～1620）初年，戚继光修筑长城时，一座空心敌楼要花100两白银，一丈石墙就要20两白银，当时全国的年度总收入才400万两左右白银。军费开支已成为明王朝的沉重负担。为了筹集修筑长城的资金，各王朝都想尽了办法，如汉武帝执政期间，大规模反击匈奴的战争和修筑长城，造成了巨大的财政困难，采取了把货币铸造权收归国有，实行了盐、铁和酒的专卖制度和向商人、平民增加税收以增加财源等措施，才渡过难关。

现代长城内外已化干戈为玉帛，长城是一座标志性的历史文化遗产，成为中国和中华民族的精神象征。它告诉我们，现在民族团结、社会和谐稳定、经济繁荣、国力强大的局面来之不易，我们务必十分珍惜。

3. 长城研究

在明代以前有关长城的记载和考证大多集中在历代兵志及地理志的注释中，具有很高的史料价值，但并不是专题研究著作。

明代中后期，北部边防发生了严重的危机，官方大力提倡编撰边关、边镇志。任职北边边防的官员和兵部的官员纷纷撰写有关长城防务的著作和边防图、关塞志和边镇志。1931，王庸撰成的《明代北方边防图籍录》中就著录了"九边总图说"30种，"边镇合志"30种，"各边镇别志"64种，"各路关卫区分记"91种。这些著作主要记载了明代长城的军事建置、修筑、后勤保障、经济、兵

▽ 由戚继光创修的骑墙空心敌楼，河北滦平金山岭　钟永君摄

志和战事，兼及防区的沿革、民族、风俗、人物等内容，并讨论了明代的边防和民族政策，体现了明代的边防思想，是研究明代长城的基本参考资料。

清代也利用、修缮长城，并在部分地区新修长城。其史实多记载在《清史稿》《奏疏》《大清会典》《清实录》《则例》《方略》及地方志等文献中。

清朝光绪末年（1900～1908），英国人斯坦因在中国新疆罗布泊及敦煌丝绸古道，发现了汉代长城及许多附属于长城的烽火台、亭障等遗址。在这些遗址中出土了汉简、文书等大量文物。这些汉简及文书不仅记述了汉代长城西段修筑设防的情况，也揭示了这一地区在汉代的经济、民族、文化、风俗等社会面貌，更重要的是记述了汉代长城的修筑对中西交通发展、文化交流和西域的开发以及对这一地区社会面貌变化产生的重大影响。斯坦因发表了《沙漠契丹废址记》（1912）和《西域考古记》（1921）。中国学者罗振玉和王国维先生对沙畹先生提供的《斯坦因东土耳其斯坦沙漠发现的汉文文书》手校本作了释文和考证，于1914年在日本京都出版了《流沙坠简》，并绘制了敦煌鄣燧分布图。书中对遗址性质、汉长城走向及鄣燧布局、屯戍组织、西域史地、中外

▽ 山西省天镇县李二口明长城　俞雷摄

交通等内容进行了研究。

此后，许多国内学者到汉代长城西北段进行考察和研究。写出了《两汉通西域路线之变迁》《汉通西域后对西域之影响》《论匈奴之起源》《佛教传入鄯善与西方文化的输入问题》《唐代长安与西域文明》等论文和文集。1946年，翦伯赞先生在他所著的《秦汉史》中说："综上所述，我们因知在汉武帝开河西四郡、筑长城、列亭障的这一历史标题之下，是包含着丰富的历史内容。这种内容由于汉代遗址、遗物与汉简之发现，已经呈现了光明。"

继斯坦因在西部汉代长城探险考察以后，1908年，美国著名旅行家、英国皇家地理学会会员——威廉·埃德加·盖洛（William Edgar Geil），完成了对中国明代长城的考察（没有去辽东镇，但考察了现青海省境内的长城），1909年出版了世界上第一部明代长城考察研究的专著《中国长城》。他在书中称："我们的研究要完善到让未来的长城史学家，除非抄袭我们的记录便无从下笔。"

1910年，《泰晤士报》驻华特派记者英国人乔治·厄内斯特·莫理循（George Ernest Morrison）对中国西部进行了考察，在此次考察中，他拍摄了大量与长城相关的图片，2008年，中国出版了《1910，莫理循中国西北行》，仅嘉峪关的照片就有20幅之多，为我们留下有关长城的珍贵

△ 20世纪初，中国人与万里长城　南京城墙保护管理中心藏

资料。

九一八事变后，东北四省（当时有热河省）相继沦陷，为挽救民族危亡、唤起民众，许多报刊大量发表有关长城介绍和研究的文章和论文。其中以禹贡学会办的《禹贡》半月刊和中国地学会办的《地学杂志》影响最大，张维华先生撰写的《明代辽东卫所建置考略》《赵长城考》《明万全都司考略》《魏长城考》《齐长城考》《齐长城考源》都发表在《禹贡》上，这些文章多收入1979年出版的《中国长城建置考（上编）》。《地学杂志》刊载了《长城关堡录》《明边墙证古》和张相文先生1914年写的《长城考》。

1941年，寿鹏飞著《历代长城考》，对历代长城的修筑年代、位置、沿革进行了考证，书后附历代长城路线图。

这个时期的长城研究著作的作者，大多没有对长城做实地考察，而是根据文献考据和推断，有一定局限性。但作者对文献史籍旁征博引、详加考订，仍具有较高的学术参考价值。

1949年后，史念海、罗哲文、佟柱臣、陈梦家、侯仁之等众多文史专家和各地文史工作者致力于长城研究，他们对长城进行了野外考察，发表了许多专著或论文。

中国于1956、1981年进行过两次全国性的文物普查，长城是调查的重要内容之一。为了做好长城的保护和研究，1976年后，部分省、市、自治区和文史考古人员开始了长城专题调查。1981年文物出版社出版了《中国长城调查报告集》。1984、1991年分别对北京及宁夏境内的长城进行了遥感调查，并发表了调查报告。

1979年7月，国家文物事业管理局在内蒙古自治区呼和浩特市召开了"长城保护研究工作座谈会"。会议期间，罗哲文先生提议成立"中国长城研究会"。回京后"长城学会筹委会"成立，并开始组织群众性长城研究工作。

1984年7月5日，《北京晚报》联合八达岭特区办事处等单位，发起了"爱我中华，修我长城"社会赞助活动。9月1日，邓小平同志为此次活动题词："爱我中华　修我长城"。邓小平同志的题词发表后，人们对于了解和研究长城和要求也越来越迫切。许多退休干部、青年工人、学生自费徒步对长城进行考察。

此后，"山海关长城研究会"、"嘉峪关长城研究会"先后成立；1986年6月成立了全国性的"中国长城学会"；2001年成立了"中国文物学会长城研究委员会"、"内蒙古长城学会"；近年又成立了"山西省长城保护研究会"、"大同市长城学会"等长城研究群众社团。1994年中国长城学会举办了"国际长

△ 民国初年，山海关城外一景　本页照片均由南京城墙保护管理中心藏

△ 民国初年，山海关城外市街

△ 民国初年，山海关城墙上成了牧场

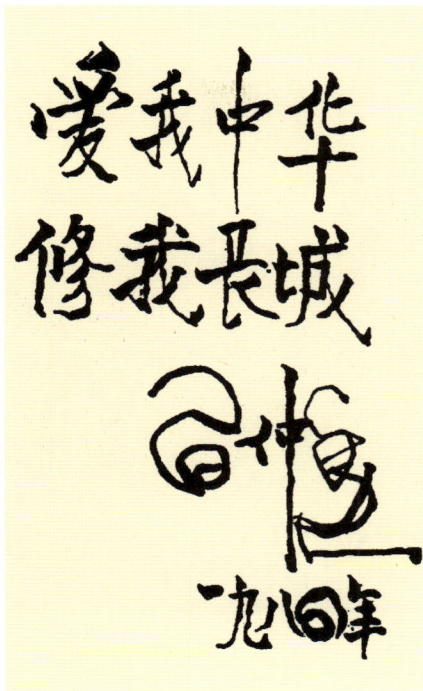

△ 1984年7月5日 习仲勋为《北京晚报》题词 本页两图由长城小站提供

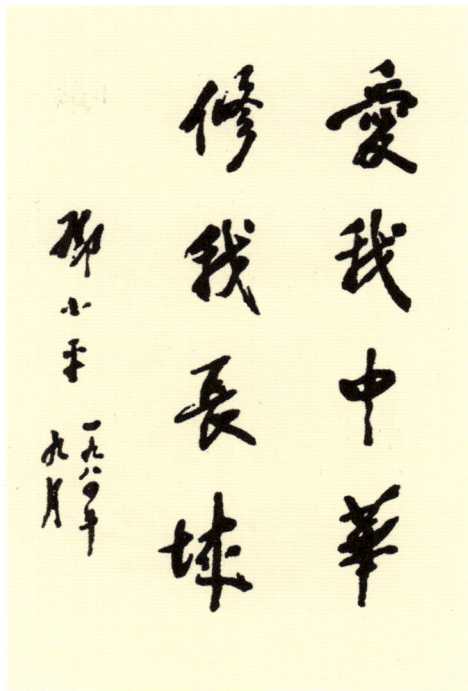

△ 1984年9月1日邓小平为《北京晚报》题词

城学术研讨会",2001年香港历史博物馆、中国长城学会、首都博物馆及香港廿一世纪协会在香港举办了"万里长城学术研讨会",会后都出版了论文集。

现在全国有山海关长城博物馆、中国长城博物馆、嘉峪关长城博物馆等大型长城专题博物馆。

近年出现了一种新型的网络长城研究平台,目前规模和社会影响较大及成果最显著的是2000年成立的"长城小站"。它有相对稳定的组织者,参与活动成员分布广泛,人才济济,从不同的视角研究、保护和宣传长城。经过10多年的努力,"长城小站"建立了网络长城历史地理系统、中国长城文献数据库、中国长城建筑数据库、中国长城碑刻数据库、历史年表数据库、明长城史料书库等等,并积累了大量的长城图片,出版和发表了许多长城专著和研究论文;在国内外举办展览和讲座宣传长城,还协助文物主管部门巡视长城,举报长城受到破坏情况,受到社会的关注和主管部门的认可。

自90年代起,国家文物局利用前两次文物普查的成果,组织编辑《中国文物地图集》,在编辑过程中对长城的资料又进行了补充调查或复查。《中国文物地图集》中有各省的长城分布总图,对长城的重点地段有专图和详细的文

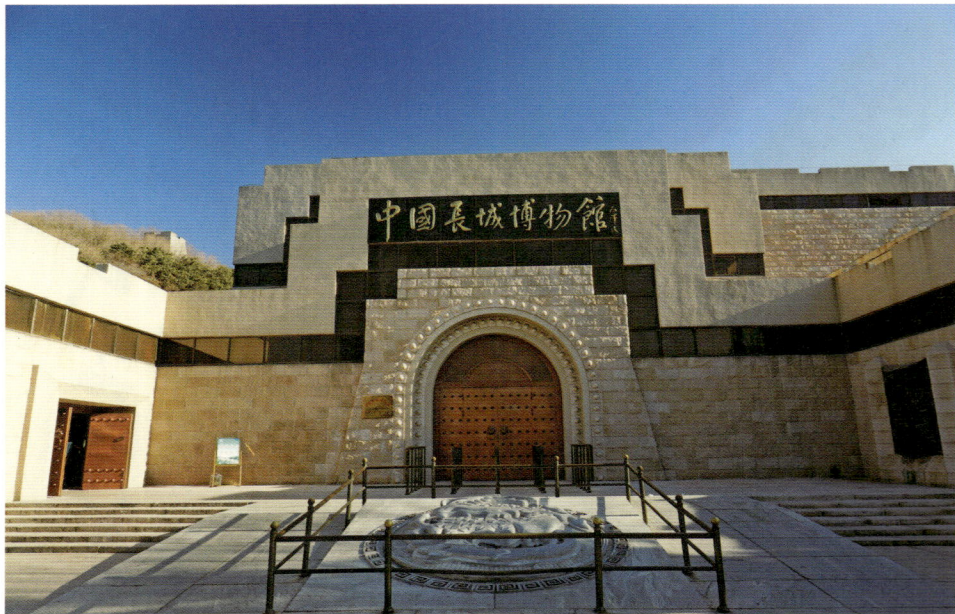

△ 位于北京市八达岭景区的中国长城博物馆 郑严摄

字说明。

2003年，国家文物局委托中国文物学会承担重点研究课题《关于长城保护、管理和研究现状的调查及对策研究》的调研。课题报告对长城研究的现状总结为"定义不明、底数不清"。为了解决这一问题，国务院批准了《长城保护工程（2005～2014年）总体工作方案》。2006年10月，国家文物局组织实施"长城资源调查"，这是建国以来对我国境内各时代的所有长城墙体及相关遗存进行的首次全面调查。2012年6月，公布了资源调查结果。由于"定义不明"和长城遗址断代问题尚未解决，目前也是阶段性的成果。

4. 长城保护

文物保护科技是一个开放的复杂系统，是人文社会科学、自然科学、技术科学和工程技术等一切与文物保护相关的科学和技术相互渗透融合的交叉学科（《国家文物保护科学和技术发展"十二五"规划（2011～2015）》）。

任何文物建筑都有它的寿命，它的寿命与修筑的质量和存在的自然及社会环境相关。长城也是如此，我们所能做的只能是延长它的寿命。

据睡地虎秦简《秦律十八种·徭律》记载，秦代长城的质量保质期只有1年。明朝根据不同质地的长城有3年、5年、10年的保质期。宣大总督翁万达在《及时修边以防房疏》中称："仍将各督理并管工大小官员分到地方丈尺，并官衔、名氏刻之于石，以便查考。三年之内如有坍塌损坏，责令陪补，仍从重提问。虽升迁、去任，不免。"现存最早长城施工碑记，是隋朝开皇十九年（599）在山西省岢岚县修筑长城的碑记。无论是最早春秋战国所筑的长城，还是最晚明清所筑的长城，都已大大地超过了保质期。

各朝修筑长城背景不同，工程质量也不相同。有些朝代有一定社会条件，如战事不甚紧急，财力、物力、人力也较充足，修筑工程质量较好，日常维修工作也做得好，寿命也就较长，如战国齐、秦、西汉、金、明各朝至今都有明显遗迹可寻。总体来说，清代非常重视对明代长城的维修和利用，现存山海关、嘉峪关城楼和附近的长城，均为清代重修，城楼形置也有所改变，比明朝所建的城楼更加壮丽（见《山海志》和《乾隆朝实录》）。

有些朝代战事紧急，长城修筑都比较仓促，往往"一旬而罢"，多为黄土堆筑或毛石垒筑，工程比较粗糙，缺少甚至没有日常维修。现在多已成土垅或石垅状，有些已从地面上消失。如隋代虽多次修筑过长城，现已是遗迹难寻。还有一些长城是经多个朝代重复利用、修缮，现在仍有遗存，如南北朝时期在山西、河北、北京境内修筑的长城，很多长城段已难以准确判断现存遗迹是哪个朝代的遗存。

长城的破坏有自然和人为两种因素。自然破坏是长城最大因素，不同时间、地理环境、材质构筑的长城破坏的主要因素不尽相同。但破坏力大而最难抗拒和预防的是地震和水患，其次是风雨的冲刷浸蚀、雷击、植物根系的破坏。

中国是个多地震的国家，我国北方长城多修建在地震带上。例如：

成化二十年（1484），"京师及永平、宣府、辽东皆震。宣府地裂，涌沙出水。天寿山、密云、古北口、居庸关城垣、墩堡，多摧"；

万历三十七年（1609），"甘肃地震，红崖、清水诸堡压死军民八百四十余人，圮边墩八百七十里"；

天启七年（1627），"宁夏各卫营屯堡，自正月己巳至二月己亥，凡百余震。大如

△ 明万历三十六年修建长城敌台工碑　张培摄

◁ 明 "万历十二年德州营造" 铭文砖，于河北山海关 本页照片均由连达摄

雷，小如鼓，如风。城垣、房屋、边墙、墩台悉圮。"

水患是对长城破坏的另一因素。例如：

成化十八年（1482）七月，"昌平大水，决居庸关水门四十九，城垣、铺楼、墩台一百二"；

成化二十年（1484）正月，"京师及永平、宣府、辽东皆震，宣府地裂涌沙出水，天寿山、密云、古北口、居庸关、城垣、墩堡多摧"。

乔木等植物根系对长城的危害也极大，植物特别是乔木根系生长或水沿根系侵入可使土筑长城崩解或坍塌。随着树木的生长，砖石结构的长城墙体臌裂，内外应力和稳定性发生变化，使墙体坍塌。

长城遗址在自然风吹雨蚀的作用下，表现出多种病害，保护十分困难，这是世界性的难题，是长城科学保护的瓶颈。国内外许多研究机构都在做"土遗址"、"砖石质"、"砖木质"构建的文物保护技术的研究，并取得了一些研究成果，有些成果已开始应用于长城保护工程的实践中。然而，由于文物

◁ 河北省秦皇岛市山海关天下第一关城楼

△ 20世纪30年代，山海关关外的聚落 本页照片均由南京城墙保护管理中心藏

△ 1930年，山海关城墙远望

的特殊性，长城保护方法、材料和技术必须满足文物保护的要求。目前能完全满足此要求的技术、材料、技术很少，也不够成熟，还要经过实践和时间的验证，需要进一步研究筛选。随着科学技术的发展和环境的治理改善，通过科学

△ 20世纪30年代，万里长城破损的城墙 南京城墙保护管理中心藏

技术手段保护长城才逐渐成为可能。为此，国家文物局2011年印发了《国家文物保护科学和技术发展"十二五"规划（2011～2015）》。规划要求"针对古建筑、石质文物、土遗址、壁画等存在的保护瓶颈问题，重点开展文物保护工程前期勘察的适宜技术研究……开展砂岩类石质文物表面风化程度无损检测技术、保护材料和修复工艺等关键技术研发，解决砂岩类石质文物保护的关键问题……开展饱和土和非饱和土遗址保护综合技术研究，研发针对土遗址坍塌、开裂、遗址表面风化等病害的专有集成技术"；"针对不可移动文物在自然环境下因材质劣化导致的力学性能降低、结构失衡及濒临危险等状况，以建立不可移动文物结构稳定性评价方法为研究目标，运用现代无损检测技术、结构稳定性综合监测技术、测绘技术和分析技术，针对木构建筑、土遗址、石质文物、壁画和彩塑等不可移动文物，重点开展影响结构稳定性的常见因素与机理，以及结构整体安全稳定状态的变化与损毁规律，结构稳定性诊断评价方法等内容的研究。在此基础上，提出适于我国国情的集检测、监测、评价于一体的不可移动文物结构稳定性评价标准化成套技术，为提高不可移动文物保护的风险预见和预防性保护能力提供科学有效的技术支撑"。

现在我们重点是要做好减少人为破坏因素。人为破坏要靠法制的健全、执法力度的加强和通过宣传教育提高全社会保护长城意识的途径来解决。人为

△ 北京市昌平区，近代复建的居庸关水门　严欣强摄

　　破坏包括战争、开发利用、生产建设、不合理修缮及群众生活活动等因素。在不同的时期，这些因素对长城破坏程度也有所不同。

　　在战争时期，战争是破坏长城的主要因素。1949年后，战争破坏基本上就没有了。但很长一段时间内，长城沿线的群众生活困难，或在城墙上开洞居住或将长城砖拆去建房。在中国百业待兴、进行大规模经济恢复建设时期，生

△ 陕西大荔县战国魏长城，植物根系侵入长城　张依萌摄

△ 甘肃省瓜州县被风沙吹蚀的汉代驿站内外城墙遗址 刘晶摄

活、生产性破坏是主要因素。为了避免在建设中对文物造成破坏，1950年7月6日，国家发布了《中央人民政府政务院为保护古文物建筑的指示》，对长城的保护起到了重要作用。

1961年，国务院公布施行《文物保护管理暂行条例》，同时，公布了第一批全国重点文物保护单位名单。八达岭、山海关、嘉峪关、平型关被列为全国重点文物保护单位。

此后，在1964年以后的"农业学大寨"、"文化大革命"等运动中，许多长城砖和石料被拆去修大寨田、水渠、水库。一些土筑长城也被平整为耕地或被当作肥料。在"破四旧"、"古为今用"、"废物利用，就地取材"口号声中，大量长城及其附属建筑被拆毁。

1978年以后，国家再度重视长城的保护。国家文物事业管理局开始组织对长城进行普查。1979年7月，在内蒙古自治区召开了第一次《长城保护和研究工作座谈会》，国家文物事业管理局于1980年对长城的破坏情况进行了重点调查，并向国务院提交了调查报告。报告提出："长城的上述毁损，许多是人为的。重大的破坏事件……破坏者不是个别人，而是有领导、有组织的劳动集体。"为了消除"文化大革命"造成的严重后果，1980年5月国务院颁发了《关于加强历史文物保护工作的通知》。1982年公布施行了《中华人民共和国文物保护法》，规定了我国文物保护的基本原则。

1985年，我国正式加入《世界遗产公约》，受到该公约约束，并要兑现所承诺的义务。从此，我国的文物保护原则与世界接轨，并与世界交流文物保护技术。1987年，长城被列入世界遗产名录。

在1980年以后，特别是90年代后期，长城成为世界最大的旅游热线和支柱性旅游资源。长城沿线各级政府在没有经过审批程序，又没有相应配套规划和规范的管理措施和技术指导的情况下，个人、集体、旅游部门一起上，修缮和复建长城，这对长城的本体和环境造成不可挽回甚至于毁灭性破坏。在这一时期，公路、铁路、风电场、通讯设施、工业园区、矿山的建设对长城的破坏也日益突显出来。一些公路、铁路拆毁长城穿墙而过；一些风电场或通讯塔建在城墙或峰火台上；还有一些工业园区建设时或矿产开采时拆毁长城。

这种局面受到国内外各个层面的关注，遭到各界严厉批评，引起政府的高度重视。为了应对这种严峻的形势，中国政府分别在1991、2002和2007年三次修改《中华人民共和国文物保护法》，特别明确规定"国有不可移动文物不得转让、抵押。建立博物馆、保管所或者辟为参观游览场所的国有文物保护单

△ 北京市怀柔区明长城遗址　张健摄

位，不得作为企业资产经营"；"在进行修缮、保养、迁移的时候，必须遵守不改变文物原状的原则"；"应当根据它们的历史、艺术、科学价值，分别确定为不同级别的文物保护单位"；"各级文物保护单位，……划定必要的保护范围，做出标志说明，建立记录档案，并区别情况分别设置专门机构或者专人负责管理"；"全国重点文物保护单位不得拆除"；"不可移动文物已经全部毁坏的，应当实施遗址保护，不得在原址重建"；"国家加强文物保护的宣传教育，增强全民文物保护的意识，鼓励文物保护的科学研究，提高文物保护的科学技术水平"等有关文物保护和管理的原则。

近年，随着我国在国际文化遗产保护事务中的地位越来越主动，中国已参加四个文物保护国际公约。我国已经与联合国教科文组织以及欧美、日本等30余个国家和地区开展过文物保护科技合作研究。我国文物保护积极开展国际合作，是实现我国文物科学跨越式发展的有效途径。

2002年，中华人民共和国国家文物局印发了由国际古迹遗址理事会中国国家委员会以《中华人民共和国文物保护法》和相关法规为基础、以1964年《国际古迹保护与修复宪章》为代表的国际原则，制定了《中国文物古迹保护准则》。《准则》提出：保护必须按程序进行；研究应贯穿保护工作全过程；保护一切形式的真实记录；健全独立稳定的工作机制等总体要求。

在这个时期，社会各界和文物主管部门呼吁制定长城保护的专项法律或规章。各种媒体对破坏长城的事件和行为进行了报导和批评。北京市政府首先在2003年制定并实施了《北京市长城保护管理办法》。2004年，国家文物局组织专家进行的《长城保护、管理、研究现状调查及对策研究》课题研究完成。课题报告明确指出，我们目前对长城的了解处于"家底不清、概念不明"的状态。为了从根本上扭转长城保护工作的被动局面，国家文物局2005年向国务院上报了《长城保护工程（2005～2014年）总体工作方案》，2006年2月全面启动长城保护工程。长城保护工程的总体目标是：用10年左右时间有计划、有步骤地推进长城保护工作的开展，摸清长城家底，编制切实可行的保护规划，建立长城保护法律法规体系，理顺长城保护管理体制，增进长城保护科技含量，合理实施抢险维修工程，不断增加长城保护经费，使长城保护意识深入人心。

2006年9月，根据《中华人民共和国文物保护法》，制定了《长城保护条例》。《条例》中除要求遵守《文物法》对文物保护的一般原则外，特别强调对长城要坚持科学规划、原状保护的原则。《条例》还特别规定进行工程建设应当绕过长城。无法绕过的，应当采取挖掘地下通道的方式通过长城；无法挖掘地下通道的，应当采取架设桥梁的方式通过长城。任何单位或者个人进行工程建设，不得拆除、穿越、迁移长城。

《条例》规定国家对长城保护实行专家咨询制度，决定与长城保护有关的重大事项应当听取专家意见。国家鼓励公民、法人和其他组织参与长城保护。从此，长城保护步入法治轨道。

根据《长城保护工程（2005～2014年）总体工作方案》，2007年起，国家文物局和国家测绘局决定合作开展长城资源调查工作，为"长城保护工程"做好基础工作。2011年，国家文物局组织专家对经过长城资源调查查出的长城资源进行专家认证，2012年公布了认证结果。至2013年5月，中国已公布了七批全国重点文物保护单位。北京、河北、山西、内蒙古、辽宁、陕西、山东、宁夏、河南、甘肃、吉林、青海、黑龙江省境内的春秋至明代的长城、金界壕全部列入全国重点文物保护单位；新疆维吾尔自治区库车县克孜尔尕哈汉烽燧、昌吉州境内唐至清的烽燧群、古代吐鲁番盆地唐至清军事防御遗址、哈密境内唐至清烽燧遗址、汉至晋的孔雀河烽燧群也被公布为全国重点文物保护单位。

多年实践告诉我们，长城保护是一项巨大的系统工程，解决起来不可能一蹴而就，未来还面临诸多难题和挑战。首先要解决的是，在利益驱动下法人犯法问题。目前，许多法规尚停留在纸上和口头上，难以落实。其次，必须改变现在长城保护由政府和文物部门大包大揽、被动应付的局面，应遵照《长城

△ 宁夏回族自治区贺兰县白头沟明代烽火台与燧群 于彪摄

条例》的规定"国家鼓励公民、法人和其他组织参与长城保护"，尊重群众、发动群众，动员一切社会力量参与保护长城，长城保护才有希望。

总之，我们的长城保护工作已经站在了一个新的起跑线上，任重而道远。

成大林

二　长城简史

1. 春秋战国时期的长城

1.1 楚长城

战国楚长城，是争议最多的长城。楚国是否修过长城？自古以来在史学界就有很大的争论，是一个悬而未决的史学问题。假如方城是长城的话，它修筑的起始时间和构筑形式也是众说纷纭。

多年来，专业文物工作者和业余长城爱好者都在寻找楚长城的遗迹，2007年以前一直都没有找到学界认可的楚长城遗迹。因此，有些学者认为楚国可能没有修筑过长城，楚"方城"不是长城，对《汉书·地理志》"叶，有长城，号曰方城"的记载提出质疑。古文献对楚长城的建筑形式的描述也不相同，有"关塞"说（《淮南子·地形训》）；有"故城"说（盛弘之：《荆州

▽ 河南省叶县楚长城遗址　张依萌摄

记》）；有"连堤"说（《吕氏春秋》）；有"岗阜"说（《春秋分记》）；有"列城"说（《水经注》）；有"山名"说（《春秋左传注疏》）；有"万城"说（《水经注》引唐勒著《奏土论》）；有"连城"说（《春秋地名考略》）等等，近年又增加了一个"山寨"说。至2009年4月，长城专家与平顶山长城爱好者在叶县发现了一道绵延数十里、当地群众称为"土龙"的人工建筑。专家推测这条"土龙"可能就是楚长城遗迹。

2008年，河南省文物考古研究所对豫南地区楚长城资源的调查有了阶段性成果。国家文物局《关于河南省长城认定的批复》中认定战国楚长城北起鲁山县，经叶县、方城县、舞钢市、泌阳县，南迄桐柏县。确定的楚长城墙体30.51公里，被历代破坏而消失的楚长城墙体约25.37公里、山险81.34公里，共计137.22公里。还发现了一些烽燧、古城址等。其基本走向和行经路线与《水经注》所引用的盛弘之所著《荆州记》中的记载相吻合："叶东界有故城，始犨县，东至瀙水，达泚阳界，南北连绵数百里，名为方城，一谓之长城"，与当地群众所称那条"土龙"经行路线也相符。

根据调查队公布的资料（如《中国文物报》等），不同地段的楚长城特点不一样，大致可以分为以下三种：叶县、夏李乡、高楼山以东及方城县杨楼镇的楚长城以人工修筑墙体为主；舞钢境内的楚长城是山险和人工修筑墙体共同组成防御线；泌阳境内的楚长城则是以山险为主，以关堡或城址为主的防御形式。

调查中，经国家文物局的批准，对舞钢平岭长城段遗址和方城县四里店乡米家河村南望火楼（烽火台）进行了发掘；对泌阳象河关遗址进行了试掘。据已公布的资料：舞钢市平岭长城遗址发掘揭露面积1500平方米，此次发掘的该段长城，墙体残高1.56米、南北宽10～16.1米。发掘的该段长城墙体南北两侧有两道石砌墙体。墙体大部分为堆筑，局部系夯筑而成。夯层厚3～7厘米。从夯窝推测，似为大块石头平夯。夯筑的石头为不带棱角的圆形石头，直径约23厘米。墙体内所出陶片大部分饰有细绳纹，个别绳纹稍粗，少量素面，可辨器型有鬲、盆、盂、杯、壶、豆、筒瓦等。此外，墙体内还出三棱状铜镞一枚、墙体上层出有铁镂铧三件。墙体内所出遗物大部分为春秋时期，少量为战国早期，未见晚于战国时期的遗物。

这次对楚长城沿线的一些烽火台也进行了调查。综合调查的情况看，楚长城烽燧分布位置的海拔高度因地形、地势而不同，烽燧之间的距离也根据需要而不同。如泌阳县境内烽燧之间的距离可达4公里，当接近关、城的时候烽燧之间的距离缩小至2.5公里以下。烽燧往往分布在关口的左右两侧，遥相呼应。

河南省文物考古研究所对南阳方城县四里店乡米家河村南望火楼（烽火台）进行了发掘。该望火楼土台呈方形，夯筑而成。土台顶部挖建一座圆角近方形的半地穴式房子。该房子东西长约4.1米、南北宽约3.85米、深0.57～1.1米。门道位于东南角，突出于房子之外。房内填土出有陶鬲、高领罐、盆、甑、铁铤铜镞及较多的筒瓦和板瓦等。房内出土的典型器物的时代皆不晚于战国中期。这表明至少在战国中期时该房子仍然在使用。

在这次调查中，调查队对泌阳县的象禾关遗址进行考古调查，并对自然断面进行了铲刮。象河关（古称"象禾关"）位于河南省泌阳县象河乡北约2.5公里的许信公路（许昌—信阳）上。其关墙为东西向，公路从南北穿越关墙。象河关关墙墙体分内、外护坡和主墙体三部分。关墙宽约22.5米、残高约2米。此次调查发现，象河关是集古道、关墙、堆筑或夯筑的土台、天然护城河、生活区于一体且成系统的一个十分重要的关口。象河关关墙内出土有陶片和石器等遗物。所出遗物时代早者可达新石器时代，晚者不晚于东周。目前象河关发现的夯筑或堆筑的土台三个，这些土台皆修建在地表上，其形状呈圆形馒头状，部分土台残高约4.9米，夯层厚3～6厘米。部分土台内壁上发现有木炭和红烧土。专家据此推断，这些土台可能为象河关烽燧（本段数据引自河南省长城资源调查队公布的资料）。

在楚长城的存在认定之后，关于齐、楚两国的长城哪一道是我国最早修筑的长城的争论又起，大体分为两说，一说坚持楚长城的修筑时间就是屈完与齐会盟的时间，也就是在公元前656年已修筑完成；另一说持王国良或张维华先生的意见，在公元前328～前263年之间修筑，两说之间的差距达300至近400年之大。2011年在5月，在河南省文物学会主办的方城楚长城研讨会上，与会多数专家的意见只能将楚长城的修筑时间定在"春秋末，战国早期"。

2012年初，《清华大学藏战国竹简（贰）》出版。在书的第21章中记载了楚王为了控制宋国，在楚简大王立七年（前422）命楚国的重臣莫敖阳为（莫敖为楚国官职，阳为是人名）率军队帮助宋国稳定了国内政局，然后修筑了黄池（在今河南封丘县西南）、雍丘（在今河南省杞县）两座城池，这些行动使中原诸侯感到了威胁，从而引发了与三晋的军事冲突。晋国的魏斯、赵浣、韩启章率师围攻黄池。楚国为了报复黄池之败，两年后（前420）楚简大王再派重臣莫敖阳率师侵犯晋国，夺取了晋国的宜阳（今河南宜阳县城西25公里的韩城镇）并围赤岸（地名，今地不祥）。晋军则置之于不顾，直接进攻楚国本土，迫使楚军撤围回援，在长城楚国与晋国交战中，楚国大败。自此，楚国与晋国结仇。

关于这次"长城之战"，在新蔡葛陵楚简中也有记载："大莫敖阳为、晋师战于长城之岁。"过去学界多把"之岁"推定在前404年，与三晋攻入齐长城是同一事件，把战争发生地的长城也推定为山东平阴县（今山东长清区）的齐长城上。清华简《系年》发现后，学界的观点发生了变化，长城之战的时间有"前423年说"和"前420年说"。

从这几次战争发生的可以确指的地理位置都在河南境内这一点，专家推测，双方交战之地的"长城"当是楚长城。如果这推测不错的话，楚国在公元前420年之前就有了长城，班固在《汉书·地理志》中所载"叶，有长城，号曰方城"即有所本，多个文献互证可为信史。

目前对楚长城的研究成果还只是阶段性成果，还有许多问题没有结果，如：许多文献记载在河南省内乡县等地还有楚长城，但至今没有发现遗迹；再如，至今有关楚长城记载的最早时间为前420年，但这是楚长城修筑时间的下限，其上限还不清楚。据常识推测，在前420年以前楚国就应当已经修筑了长城。

成大林

1.2 齐长城

战国齐长城是我国早期长城之一。关于齐长城西起点古文献记载无异议，在山东省古平阴县。《左传》："晋侯伐齐，……齐侯御诸平阴，堑防门而守之广里。"《水经注》卷八："平阴城南有长城东至海，西至济、河道所由名防门。"20世纪80年代初查明，长城起点位于孝里镇西南，今之广里村北500米处，由西向东，夯土筑城，当地村民称"岭子头"。笔者1980年1月考察时，这里的土城墙尚存6~8米高，巍为壮观。

关于齐长城的东端，文献记载出入较大。《括地志》《水经注》皆云至"琅琊台入海"；《山东通志》云至胶州大珠山入海；道光《胶州志》载："小珠山东，徐山之北入海。"志中图示，长城自小珠山下至平地后称"长城岭"，向东延续至东于家河村东北入海，与实地调查完全相符。

国家文物局2012年5月对《关于山东省长城认定的批复》，认定山东省春秋战国齐长城分布于16个县（市、区），其东起青岛市黄岛区，经胶南市（2012年底并入黄岛）、诸城市、五莲县、莒县、安丘市、沂水县、临朐县、沂源县、淄博市博山区、淄川区、莱芜市莱城区、章丘市（2016年改为区）、济南市历城区、肥城市，西迄济南市长清区。

齐长城由墙体、山险、关隘、烽燧等组成，个别地段还发现有壕堑。在

△ 山东省莱芜市东门关齐长城遗址　本页照片均由郑严摄

长城主线外还筑有支线，有些地段还建有复线，总长约620余公里。墙体有土墙、石墙和土石混筑墙。土墙多在平川或低洼地段，有夯筑的，也有堆筑的，窄者10余米，宽者20余米。石墙为就地取材垒砌而成，厚度在 5 ～12米之间，山顶之处遗迹一般高1.5～2米、宽1～2米。有些现存较为完好的关城和石筑长城，长城的顶部可能采用平砌，宽度较窄，还留存有完整垛口，最高可达4～6

△ 山东省五莲县齐长城遗址

米。据发现的碑刻资料，这些长城段是清代为防捻军在齐长城的基础上重修，个别关隘民国时期还重修过。齐长城沿线还留存多处烽燧遗址，遗迹多为覆盆形，烽燧平面多呈圆形或椭圆形，为泥土夯筑或外砌石墙，内填土石。

齐长城的起止和行经路线及保存现状也已基本清楚，但齐长城的始修时间在传世文献中众说纷纭。《管子》《竹书纪年》《史记》《水经注》等文献都有关于齐长城的记载，但是所系年代出入颇大，先后参差竟有300多年。对齐长城的始修年代大体有五说：

1. 齐长城已存在于齐桓公时代（前685～前643）。其主要依据是《管子·轻重丁》："长城之阳，鲁也；长城之阴，齐也。"根据管仲生平（约前723～前645）和齐桓公在位年推断，齐长城的建筑年代应在公元前685年～前645年。但现在学术界都认为《管子》这本书是后人托名于管仲的著作，不能引以为据，存疑。有的学者认为齐灵公二十七年（前555）齐国就开始修筑长城。主要依据是《左传·襄公十八年》："冬十月，会于鲁济，寻溴梁之言，同伐齐。齐侯御诸平阴，堑防门而守之广里。"杜预注："平阴城，在济北卢县东北。其城南有防，防有门，于门外作堑，横行广一里"；清人胡谓著《禹贡锥指》卷四中称："齐侯，堑防门即此也。其水引济，故渎尚存。"

2. 周威烈王二十二年（前404）说。主要依据是《水经注·汶水》注曰："晋烈公十二年，王命韩景子、赵烈子、翟员伐齐，入长城。"此战后人称为"平阴之战"。关于平阴之战的年份，有几说：（1）有周灵王二十二

▽ 山东省齐长城遗址 张保田摄

年说（前550）；（2）周安王二十二年说（前380）；（3）威烈王二十二年说（前404）；（4）晋烈公二十三年说（前397）。据1928～1931年间在洛阳金村东周墓葬出土的《骉羌钟》载，平阴之战发生于"廿又再祀"，即周威烈王二十二年（前404）。目前学界主流意见为周威烈王二十二年说。

3. 齐长城建于齐威王（前356～前320）初年。主要依据是：《竹书纪年》（四部丛刊本）谓"（周显王）十八年齐筑防以为长城"，其时为齐威王六年（前351）。《史记·赵世家》：赵成侯"七年（前368）侵齐，至长城"，此事在田齐初，桓公七年；《史记》卷四十六《田敬仲完世家·第十六》记载："惠王请献观以和解，赵人归我长城。"此故事明确记载发生在齐威王时期，但没有确切年份。

4. 齐长城建于齐宣王（前320～前301）之时。主要依据：《史记》卷四十《楚世家第十·正义》所引《齐纪》云："齐宣王乘山岭之上筑长城，东至海，西至济州，千余里，以备楚。"

从以上几组资料可知，齐国有"堙防门"和"筑长城"的工程。我们可以推断，齐长城不是一次完成，而是历经100多年才完成，西段长城的修建要早于东段。学界争议最大的是齐长城的始修时间。

对于一些学者认为齐灵公二十七年（前555）齐国"御诸平阴，堙防门而守之广里"，为齐长城修筑之始，近现代许多学者认为此项工程还不能认为是长城。张维华先生在其所著的《中国长城建置考》中也说："然所筑壁垒，规模局促，非如后日之长城……尚未能据此以断齐城起筑之年代也。"清代学者顾栋高在其所著《春秋大事表附录》谓："非筑城也，筑长城系战国田齐时事"，在其所撰《春秋左传补注》卷三也认为"杜氏以为平阴城南有防，防有门，于门作堙，横行广一里，皆忆说也"。

据以上资料，齐长城修筑长城上限只能推断在前404年。

2012年初，《清华大学藏战国竹简（贰）》出版，清华大学出土文献研究与保护中心将这部历史著作命名为《系年》，并发布了《清华简〈系年〉通行释文（修订）》。全篇概要记述了从西周初年一直到战国前期的历史。其中第20、22章中都有关齐长城的资料，为我们对早期长城研究提供了新的资料。

《清华简〈系年〉通行释文（修订）》第22章：楚声桓王即位，元年（前407）"晋师大败齐师"，齐侯被迫"盟于晋军"承诺"毋修长城"，晋公还将"献齐俘馘于周王"。《吕氏春秋》的《下贤》篇中对此事件也有记载，魏文侯"好礼士，故南胜荆于连堤，东胜齐于长城，虏齐侯，献诸天子"。

据目前所见资料，齐长城始修年以《系年》所载"齐人焉始为长城于济"的时间（前441）为始修时间，较为接近史实。

成大林

1.3 秦长城

秦，嬴姓，正式封为诸侯的开国君主为秦襄公。秦襄公八年（前770），因护送周平王东迁有功，被平王封为诸侯。战国初期，秦国经济落后，又经常发生内乱，国力不强，不断遭受魏国军队的进攻。秦东部黄河、洛河之间的土地屡被魏攻占。为此，秦厉公和秦简公先后在黄河和洛水西岸修筑长城，并筑重泉城用来自保，史称"堑洛长城"。"堑"就是掘的意思，这里所谓的堑洛也就是削掘洛河岸边的山崖以利防守。重泉城故址在今陕西蒲城县东南钤铒镇，东距洛河三公里，是屯军的地方。厉共公十六年（前461），"堑河旁，以兵二万伐大荔，取其王城"。又有灵公八年（前417）"堑河濒"和简公六年（前409）"堑洛，城重泉"（《史记·秦本纪》）。按《史记》所载秦厉公和秦简公修建长城的时间推算，秦河西长城比魏河西长城早建近百年，洛河长城早于魏56年，其筑长城的目的在于防魏。目前初步确认的秦国东部长城有两段，都位于关中东部的渭南地区。一是简公七年的"堑洛长城"，南起华阴市东南，向东北越渭河，沿洛河右岸向西北，经大荔的长城村、沙苑和蒲城的钤铒、平路庙、西头，北抵白水北部的黄龙山南麓。这段长城以堑山为主，个别地段发现有夯筑墙体和烽燧。在华阴和蒲城的长城内侧，还发现了这一时期的重泉等故城。目前，只有渭河以南华阴小张村至华阴庙东城子之间保存着低矮的夯土墙可以辨认。一些学者认为，位于蒲城、渭南，取线端直的所谓引洛（河）入渭（河）漕渠遗址，其入水口及渠岸西侧一线，散布有这一时期的城址和遗址，可能也是"堑洛长城"的一部分。二是位于澄城、合阳的一段东西向长城，全长约40公里。墙体夯筑，最高达4.7米，基最宽至12米。这段长城未见史载，一种意见认为，其修筑年代应在"堑河濒"与"堑洛长城"之间。当然，学术界对于"堑洛"是否可认定为长城尚有争议，也有水利工程或是修缮附近津关比如重泉镇的配套工程之说。

秦国的另一条长城，是秦昭襄王时期修建的西北边地长城。秦国西北部与义渠为邻。义渠是我国古代西戎族的一支，分布于岐山、梁山、泾水、漆水之北（今甘肃庆阳及泾川一带）。春秋时代，势力极强，自称为王，与秦国时战时和。秦惠文王三年（前335），义渠曾在洛地将秦军打败。为防备义渠的侵犯，秦惠文王于后元（前324～前311）初年开始在北部边境修筑防御工事。

但义渠的侵犯并未因此停止，后元七年，它趁六国联军伐秦之际，再次进攻秦国并取得胜利。秦惠文王后元十一年虽曾派兵讨伐义渠，但只夺取数城。到了秦昭襄王在位时期，才设计灭残义渠，夺取其地，并筑长城以拒之。"其后

△ 宁夏回族自治区固原市秦长城遗址　李炬摄

义渠之戎筑城郭以自守，而秦稍蚕食，至于惠王，遂拔义渠二十五城……"秦昭襄王时，"义渠戎王与宣太后乱，有二子。宣太后诈而杀义渠戎王于甘泉，遂起兵伐残义渠。于是秦有陇西、北地、上郡，筑长城以拒胡"（《史记·匈奴传》）。秦昭襄王修筑这段长城的具体时间，史籍无明确记载，但据《史记·西羌列传》所载，宣太后诱杀义渠王的时间是周赧王四十三年，这一年为秦昭襄王三十五年，即公元前272年。据此类推，秦昭襄王修长城应始于昭王三十五年或稍后一些时间。至于这条长城的具体位置，据《史记》所言当在陇西、北地、上郡等三郡的外围。具体起止地点和走向，据《水经注》《元和郡县志》和《太平寰宇》等文献记载和专家的考察，秦昭襄王长城西起今甘肃岷县，沿洮河东岸北行至今临洮县，向东南至渭源境，然后转向东北经通渭、静宁等县进入宁夏南境，过葫芦河、六盘山，入固原市境，再由固原市境折为东北方向，入甘肃省环县，经陕西省吴起、靖边、志丹、安塞等县（区）的横山山脉向东北行至靖边县天赐湾与安塞区镰刀湾之间分为两支。

一支沿大理河与淮宁河之间的分水岭东行至绥德县城西，傍无定河西岸转向北行至榆林市南鱼河镇。

另一支转向北，经靖边县东、横山、榆林至神木县入内蒙古自治区南

境，直达黄河西岸。其中横山县境内秦昭襄王长城线路为全新发现，其他地区也都有新发现。通过实地调查也证实，榆林市境内的秦昭襄王长城基本和明长城并行延伸，极少存在沿用问题。这条长城在陕北地区基本走大小分水岭带及地形地貌过渡带，并尽量把河流纳入到长城内侧。

不过，根据最新长城资源调查，认定昭襄王长城不是从岷县起，而是从临洮县北新添镇三十里墩南坪村望儿咀，可备一说。

秦昭襄王长城独特的构筑方式及相关防御设施在中国长城建筑史上占有一席之地。构筑方式方面，除采用常见的夯筑和石砌法，还采用了颇具特色的三道堑构筑方法；防御设施方面，其墩台、烽燧、障城的构筑都有显著的特征。

于放

△ 宁夏回族自治区固原市秦长城遗址　夏冬摄

1.4 中山长城

中山国是春秋战国时期河北境内的另一个诸侯国，位于燕、赵之间，属于"千乘之国"，主要活动区域在今石家庄中北部、保定南部。中山春秋时期称"鲜虞"，为北方游牧民族白狄的别支，春秋时期越过太行山东进，势力逐渐扩展至华北平原。春秋晚期，鲜虞转移至定州、唐县一带，改称"中山"，

"中山"之名始见于《左传·定公四年》。周威烈王十二年（前414），中山武公初立，定都于顾（今定州市，一说晋州市）。周赧王七年（前308）左右，迁都于灵寿（今平山三汲村一带）。战国时，中山国是仅次于七国的二等强国，多次与赵国、燕国发生战争，尤其成为赵国的心腹之患。赵惠文王三年（前296），中山国终为赵国所灭。

中山复国后，为了抵御赵国的进攻，曾经修筑了长城。据《史记·赵世家》记载：赵成侯六年（前369），中山筑长城。有关中山国长城遗迹，由于缺乏实地调查，一直未能确认，虽曾有寿鹏飞、张维华等学者著文探讨，但缺乏有力的实物依据，多属推测。1988年，考古工作者在唐县的唐河东岸发现了一道石砌长城遗迹，以后数年又陆续在曲阳、顺平、涞源发现了相近的长城遗迹。其特点为：以主干城墙为主体，另在一些险要的关口筑城或筑墙扼守；在城墙内侧修筑较大的城址为屯戍点，或在城墙附近驻兵防守，共同构成一道严密的防御体系。

▽ 中山长城遗址　刘钢摄

中山长城由涞源县黄土岭至唐县周家堡、顺平县大黄峪，以山为险未筑墙。主线墙体起点位于顺平县神南镇大黄峪村西北约1.5公里的山峰半山腰，沿唐河东岸大致呈北—南走向延伸，经新华村西、神北村东北折而向东，在距神北村6公里的大悲乡西大悲村西北的西山岭上，长城墙体复又出现，南行至富有村西、大岭后村北、李家沟村东北转而向南，入柏山村西北至顺平、唐县交界的马耳山北麓，转而入唐县西峒龑村。唐县境内长城大体呈东北至西南走向，翻越葫芦山，过上赤城村东，转西南方向至上庄村北。曲折蜿蜒经万里村北、山南庄北梁、西大洋村东，至西大洋水库北岸。长城复出现于水库南岸，在凤山庄南分为两支，一支向东南，止于一座山崖之上；一支向西南又转向北，又为水库所淹没，最终止于唐县灌城。另在顺平隘门口、曲阳郑家庄王快水库北侧的山岭上也发现了支线长城遗存。长城总长约89公里。墙体石砌或土石混砌，残宽1～2.5米、残高0.4～3米。沿线发现四处城址（涞源县黄土岭城址、唐县周家堡城址、唐县北洪城城址、唐县灌城城址）、两处屯戍遗址（顺平县分水山遗址、唐县河暖遗址）、六处烽燧遗址（涞源县黄土岭烽燧、顺平县神北烽燧遗址、顺平县大岭后烽燧遗址、唐县西峒龑烽燧遗址、唐县凤山庄西南烽燧遗址、凤山庄南烽燧遗址）。其中的重要城址有涞源县黄土岭、唐县周家堡、北洪城、灌城、曲阳县党城。

黄土岭城址为战国中山长城的前沿隘口，平面略呈长方形，长约450米、宽约200米。西翼墙总长约6公里。墙体为石砌，两侧块石略经打制，内填碎石、褐土，底宽约3.5米、残高约0.8～3米。城址内采集少量战国夹砂灰陶绳纹陶片。

唐县周家堡城址平面呈长方形，东西长约500米、南北宽约220米。墙体现断续分布于村东、村中、村西北的山坡上，总长约2.4公里。墙体土石混砌，两侧砌较大的块石，中填黄土、碎石，部分保存较好的地段白灰勾缝，底宽约2.6米、顶宽约1米、残高1～2米。城址内采集少量战国夹砂灰陶绳纹陶片。

北洪城城址面积约42万平方米。城址略呈方形，南北长约700米、东西宽约600米。现西城墙残长约430米，东城墙残长约380米，南、北城墙无存。墙体底宽约20米、顶宽约5米、残高3～15米。城墙夯筑，夯层0.14～0.2米。城内暴露有夹砂和泥质灰陶罐、豆、筒瓦、板瓦、夹砂红陶釜等。据《史记·赵世家》记载："（赵武灵王）二十六年，复攻中山，……攻取丹丘、华阳、鸱之塞。"可知鸱之塞是中山西北部重要的关隘。《史记集解》引徐广言："鸱，一作鸿，鸿上故关今名汝（？洪）城，在定州唐县东北（？西北）六十里，本晋鸿上故城。"洪城城址可能为古代的鸱之塞。

灌城城址平面呈方形，边长约500米，有东、西二门。城址西北角有一小城与大城相连，形制、结构不详。城墙黄土夯筑，残高约2～3米。现城址已被淹没于西大洋水库中。城址附近岸边采集少量战国泥质灰陶豆柄、夹砂灰陶绳纹陶片、汉代泥质灰陶素面陶片等。

曲阳县党城城址呈不规则形，当地人称"月牙城"，面积约37万平方米。现残存东、南、西南三段城墙，总长约870米，墙基残宽约4～6米、残高约2.6米、夯层0.16米。城内曾发现铁铤三棱铜镞、夹砂灰陶板瓦、筒瓦以及大量夹砂灰陶片。党城可能是战国时期中山国的丹丘故城。

战国中山长城的发现，填补了我国长城调查研究的空白。

李文龙

1.5 郑韩长城

"战国七雄"之一的韩国，姬姓，出自春秋时晋国六大夫之一，韩景侯七年（前403）被周王室封为诸侯。韩景侯二年，都阳翟（今河南省许昌市禹州）。《史记》载：公元前376年，"哀侯元年，与赵、魏分晋国。二年，灭郑，因徙都郑"。韩哀侯灭了郑国之后，迁都郑城（今河南新郑市）。公元前370年，韩懿侯又将国都迁回阳翟。

韩国地处今山西省的东南角和河南省的中部地区，是七国之中最小的一个，虽曾"带甲数十万，天下强弓劲弩皆出于韩"，号称"劲韩"，但地处中原，被秦、楚、魏、齐包围，强敌环树，没有战略空间，而韩昭侯后无强势明君，致韩国于秦王政十七年（前230）成为被秦所灭的第一个诸侯国。

韩国境内有条长城。《水经注·济水》引《竹书纪年》："梁惠王十二年，龙贾率师筑长城于西边（河西长城），自亥谷以南，郑所城矣。"说明魏长城和郑国所建的长城相连。韩灭郑后，继续修筑使用，用以防御魏国和秦国的进犯，所以有学者称为郑韩长城。

张俊

1.6 魏长城

魏国原是西周时分封的诸侯国之一，姬姓，晋献公十六年（前661）被晋所灭。晋献公将魏地分封给大夫毕万。战国初期，毕万的后裔魏文侯、赵烈侯、韩景侯三家分晋重建魏国，周威烈王二十三年（前403）被周威烈王承认为诸侯，建都安邑（今山西省夏县西北）。魏文侯即位之后，于前413、前412、前409年攻打秦国，占有秦国郑（今陕西华州）、繁庞（今陕西韩城东南）、临晋（今陕西大荔东）、元里（今陕西澄城南）、洛阴（今陕西大荔西），黄河以西全部归魏所有。但是，到了魏惠王在位期间，秦国国力逐渐增强。魏国在洛阴、石门（今山西运城西南之石门山）、少梁（今陕西韩城南）与秦作战，屡吃败仗。魏被迫迁都大梁（今河南开封）。为了防御强秦的进攻，巩固河西之地和保卫国都大梁，魏先后修筑了河西长城、河南长城和崤山长城。

魏河西长城，史称"滨洛长城"，南端起于陕西省华阴华山峪口，循长涧河而下，经县城西北古城村，跨过渭河、滨洛东北上岸，经大荔县城北入澄城县境，再北至合阳县西北东，经韩城市直达黄河岸边，长百余公里。有关文献对此均有记载。"孝公元年，河山以东强国六，与齐威、楚宣、魏惠、燕悼、韩哀、赵成侯并。惟泗之间小国十余，魏楚与秦接界。魏筑长城，自郑滨洛以北，有上郡"（《史记·秦本纪》）；"梁惠成王十二年，龙贾率师所筑

△ 陕西省大荔县战国魏长城遗址 张依萌摄

长城于西边"（《竹书纪年》）；"惠王十九年'诸侯围我襄陵，筑长城，塞故阳'"（《史记·魏世家》）。秦孝公元年为公元前361年，魏惠王十九年为公元前351年，由此可知，魏河西长城从公元前361年至公元前351年的10年间，陆续修建而成。全线现存夯筑墙体50余段，并发现多处堑山遗迹。墙体最高达18米，基最宽至20米，个别墙段保留有较高的墩台。一些学者依据华阴的一段长城筑于长涧河西岸、部分墙体有二次加工等现象，认为魏长城的部分墙

段可能沿用秦"堑洛长城"。

魏河南长城，史称"卷之长城"。周慎靓王四年，魏襄王二年（前317）张仪说魏王曰："大王不事秦，秦下兵攻河外，据卷、衍、酸枣……则大王之国欲无危不可得也"（《资治通鉴》），"荥阳卷县有长城，经阳武到密"（《后汉书·郡国志》）。卷，在原阳县西北7里；衍，在郑州北30里，那里是韩地，衍应在卷之东，酸枣在延津县东北15里。汉阳武县即今原阳县，古密县在今新密市东南30里。"济水又东南流，入阳武县（今原阳县），历长城东南流，蒗荡渠（今贾鲁河）出焉……济渎又东迳阳武县故城（在今原阳县东南28里）北，又东绝长城"（《水经注》卷七《济水》）；又有"阴沟首受大河于卷县。故渎东南迳卷县故城南，又东迳蒙城北……故渎东分为二，世谓之阴沟水。京相璠以为出河之济，又非所究，俱东绝济隧。右渎东南迳阳武县北，东南绝长城，迳安亭北，又东北会左渎，左渎又东绝长城，迳垣雍城南。又东南迳封丘县，绝济渎，东南至大梁"（《水经注》卷二十三《阴沟水》）。卷长城，经卷之西南，又在原阳县迂曲了一个圈，县境今有长城里之名；长城又南入中牟县境，自圃田泽之西而南行。圃田泽在中牟县治西北7里，泽东西长50里，则长城当在中牟县治西北60里。根据上述记载，卷长城自阴沟开始，经卷之西、之南，在今原阳县转了个圈，经秦阳武城北，跨过济水，经圃田泽西，直到华城，全长约400里。经实地考察，自新乡市区西南，获嘉、原阳之间，有东西两条孟姜女河平行地由西南向东北流入卫河，两条孟姜女河之间，形成一条走廊，现有京广铁路、107国道和人民胜利渠通过。这一走廊应是古代黄河南岸长城所经之地。值得一提的是，新乡市凤泉区分疆池村以南山岭，当地人称为"望虎山"，此山南端距离卫河仅3000余米，站在这里隔河相望的，正是史籍所载的卷长城的北端。另外，位于平顶山市境内的分境岭，位于禹州市和新密、登封接界的长城、边墙，荥阳境内的武和鸿沟，位于卫辉、辉县、林州境的城墙岭，边墙岭和堤岭等一系列古代建筑遗存，南起淮河支流沙河（古称"滍水"），北到河南省与河北省交界的漳河之滨，地跨平顶山、许昌、郑州、新乡、安阳五市，长300多公里，应该是韩魏边界长城。史书所载的卷之长城，是其中的一段，是战国时期魏国梁惠王为了"备秦"而"遣龙贾"于魏惠王十三年（前357）"筑长城于西边"，魏惠王十九年又进一步扩建的（《中原文物》2007年5月）。战国时期这条魏长城的修筑，显示了魏国对秦国的东进已采取守势，以防御为主。

魏崤山长城，据记载，在硖石（河南三门峡市东南）"县北二十二里，魏惠王二十年（前350）所筑。东南起崤山（东段），西北至黄河三十七里"

（《元和郡县志》）。1956年，黄河水库考古队在陕县东原刘家渠村曾发掘了一批唐墓，出土两块墓志碑，指明当地为长城北原。从唐前各代的政治形势及领域分析，该地长城应属于战国魏之长城，正与《元和郡县志》所记吻合。当时崤山是韩、魏两国争夺之地，后来又是魏、秦交界，魏在此筑长城是符合军事防御要求的。

于放

1.7 燕长城

燕国是公元前11世纪周王朝分封的诸侯国之一，姬姓，开国君主是召公奭，建都于蓟（今北京城西南隅）。燕昭王时，又建新都于武阳（今河北易县东南），是为下郡。燕国位于今河北省北部和辽宁西端，幅员广阔，南与齐国、赵国相接，北与东胡等游牧民族毗邻。据历史文献记载，为了防御邻国的进攻，燕国共筑有两道长城，一道是南长城，一道是北长城。

关于燕南长城，秦相张仪游说燕昭王时说："今大王不事秦，秦下甲云中、九原，驱赵而攻燕，则易水、长城非大王所有也"（《史记·张仪列传》）。张仪所说的长城指的就是燕南长城。从上面引文推断，燕南长城修建时间应在燕昭王以前。因为张仪说燕，当在燕昭王（前312～前279）初年。燕南长城的走向，据《水经注》《元和郡县图志》等文献记载，起于今河北省易县西北太行山下，经易县南境，入徐水、安新北境至雄县东北，折向南经文安至大城县西境，止于子牙河。胡三省的《资治通鉴音注》卷二百八十五载：

△ 河北易县燕南长城　郭峰摄

"八月，李贞言：'与契丹千余骑遇于长城北。'"胡三省注："此战国时燕所筑长城也，在涿州固安县南。"战国时期，今廊坊的文安、大城二县地处燕、齐两国边境，1989年廊坊的考古工作者首先在大城县杨堤村等处发现俗称"长城堤"的战国长城遗存，应该就是燕南长城。国家文物局认定河北境内战国燕南长城分布于易县、徐水县、容城县、安新县、雄县、大城县、文安县。

关于燕国北长城修建时间，史籍没有明确记载。"燕有贤将秦开为质于胡，胡甚信之。归而袭破走东胡，东胡却千余里。与荆轲刺秦王秦舞阳者，开之孙也。燕也筑长城，自造阳至襄平，置上谷、渔阳、右北平、辽西、辽东郡以拒胡"（《史记·匈奴列传》）。这条长城就是燕国的北长城，筑于秦开归燕之后。以秦开与秦舞阳的祖孙关系，并以荆轲刺秦王的年代上推，燕筑北长城不在燕王喜时，就在孝王末年。这是战国时期最后修的一道长城。《史记》中也没有记述燕北长城的详细走向，只说自造阳到襄平。造阳，地名，"案造阳地，当在上谷最北……造阳之北约九百里，后世如开平州、兴州等之地，即古之造阳"（《史记会注考证》引齐南语）。史家多认为燕国上谷郡治沮阳，今怀来县大古城村北七里，官厅水库畔有废城，就是造阳。也有说是新保安镇的枣二口村（景爱：《中国长城史》）。襄平，"今辽东所理也"（韦昭云：《索隐》），当为今辽宁省辽阳、丹东一带。至于长城的走向，"燕北界之长城，约而论之，西起于今宣化及张家口之北，东北行，经围场之北，东行，经赤峰之北，又东行，入敖汉旗境。再东行跨今辽宁省北部，东南行，而到今辽宁以东之地"（张维华：《中国长城建制考》），即《中国历史地图集》所标的燕北界长城的位置。国家文物局认定的燕北长城河北段分布于今沽源县、赤城县；内蒙古段东起敖汉旗，经喀喇沁旗，西迄赤峰市元宝山区；辽宁段分布于抚顺县，抚顺市顺城区、望花区，沈阳市东陵区、皇姑区、沈北新区，阜新蒙古族自治县、北票市、建平县。

于放

1.8 赵长城

赵国是战国七雄之一。开国君主为赵烈侯（名籍），是晋大夫衰的后代，和魏、韩一起，三家分晋。周威烈王二十三年（前403），周威烈王承认赵为诸侯，建都晋阳（今山西省太原西南）。赵敬侯元年（前386），迁都邯郸（今属河北省）。疆域拥有今山西省中部、陕西省东北角、河北省西南部。战国时代，各诸侯国之间战争连年不断，加之赵国北方的东胡族势力逐渐强大，控制了赵、秦、燕三国边境地带。为了保卫边境的安全，赵国于肃侯在位时代开始修筑长城。"十七年围魏黄，不克。筑长城"（《史记·赵世家》）。肃侯十七年为公元前333年，是年赵国因对魏、齐两国联合互尊为王一事不满，派军攻魏，包围魏北部军事重镇（河南内黄西），久攻不下，被迫撤军。又载：赵武灵王十九年（前307），"召楼缓谋曰：我先王因世之变，以长南藩之地属阻漳、滏之险，立长城"。这是两段关于赵长城的最早的文献记录，它标明了修筑赵南长城的具体时间、方位与走向。

对赵南长城的分布与走向有两种意见。第一种意见认为在河北境内，由漳河北堤连接扩建而成，西起今河北武安市西南的太行山下，沿漳河东南行，经峰峰矿区至磁县折而东北行，途经成安县，直达今肥乡区南。现峰峰矿区有界城镇，"界城古靠赵长城，在赵、魏之界，故名"（《邯郸市志》）。又据载："此处有一条自西而东北走向的赵长城，城外（南）有漳河流经，设有渡口、城门，为赵国边界要塞"（《中国历史地图集》）。第二种意见认为位于河南境内的林州和辉县，延续自河北境内长城，北起河北武安故城南太行山下，经磁县、涉县交界的岔村西、岭低村东山岭（或即《河南通志》所称涉县毛岭、铁角峪等地），约至合漳村一带逾漳河，达林州古城村（古武城）山岭南行，于分水岭复沿林虑山东麓或山岭南去，至鹿岭东南行，又在秦王垴作东西向，遥遥环卫中牟旧部，其性质自然是东南拒齐、魏，"以长南藩之地"，西则防秦、韩（张增午：《豫北长城遗址探索》）。对此，史界尚有争议，也有此段长城为魏韩边界长城之说。国家文物局认定战国赵长城河北段分布于涉县、磁县，河南段分布于卫辉市、辉县市、林州市、鹤壁市淇滨区，似与此说

△ 内蒙古自治区赵长城遗址　龚建中摄

吻合。

赵国的北长城修筑于赵武灵王时期，是为阻挡西北少数民族的入侵而修建的。赵武灵王借助天然的地势，傍阴山筑长城，最早的赵北长城筑于西起五原、河曲，东至阴山一带。"《虞代记》云赵武侯自五原、河曲筑长城，东至阴山，又于河西造大城……"（《水经注》），又有"胜州榆林县界有云中古城，赵武侯所筑"（《资治通鉴·周纪》卷三）。赵武灵王攻破林胡、楼烦之后，继续修筑长城，"赵武灵王二十六年（前300），赵武灵王推行胡服骑射，"北破林胡、楼烦，筑长城，自代并阴山下，至高阙为塞。而置云中、雁门、代郡"（《史记·匈奴列传》）。代郡郡治，在今张家口市蔚县代王城镇，而其辖境相当于今张家口市西北部广大地区。"王北略中山之地，至于房子，遂以代，北至无穷，西至河，登黄华之上"（《史记·赵世家》）。无穷之门在代国的北部边界，即今万全区与张北县交界的野狐岭上。赵武灵王修筑长城的目的是为防止林胡、楼烦南下收复其故地，故赵北长城东端起始于北部边界、坝头野狐岭主峰上，即河北万全与张北县交界处。林胡、楼烦位于今山西北部与内蒙古、陕西交界处，赵将其地置为云中、雁门、代三郡，并沿三郡北部边境修筑长城，并与五原至河曲的长城连为一体。末端的"高阙"位于内蒙古乌拉特后旗呼和温都尔镇那仁乌博尔嘎查北的达巴图沟口，"山下有长城，长城之际，连山刺天其山中断，两岸双阙，善能云举，望若阙焉"（《水经注》）。"根据留存的遗迹来看，赵北长城大体上有前后两条，前条在今内蒙古乌拉河以北，沿今狼山一带建筑；后一条从今内蒙古乌拉特前旗向东，经包头市北，沿乌拉山向东，沿大青山，经呼和浩特市北，卓资和集宁区南，一直到今河北省张北县以南"（张维华：《赵长城考》）。

于放

2. 秦始皇万里长城

秦王政二十六年（前221），秦灭六国，建立起中国历史上第一个统一的中央集权的君主专制王朝。

秦统一后，对秦统治形成威胁的主要是北方的匈奴。为解除匈奴对秦王朝的威胁，遂发起了北逐匈奴的战争，但并未能完全解除匈奴对秦的威胁。为维护和保障中原地区的安全，防御匈奴奴隶主南下掠夺和滋扰，秦王政三十三年（前214）前后，秦始皇下令修筑万里长城。

《史记·蒙恬列传》载："秦已并天广，乃使蒙恬将三十万众北逐戎狄，收河南。筑长城，因地形，用制险塞，起临洮，至辽东，延袤万余里。于是渡河，据阳山，逶蛇而北。暴师于外十余年。"

△ 内蒙古乌拉特中旗乌不浪口基于赵长城修建的秦万里长城遗址　曾傲雪摄

　　根据历史记载及近些年来的考古发现，秦始皇所筑长城，基本上是在燕北长城、赵武灵王所筑赵北长城及秦昭襄王所筑长城的基础上进行大规模的修复，并将原来燕、赵、秦长城不相连接的空隙处补筑上城墙，使起临洮至辽东

▽ 内蒙古自治区固阳县秦汉长城　杨越峦摄

的整个长城防线联贯为一。

秦始皇长城大致为：西起于甘肃省岷县，循洮河向北至临洮县，由临洮县经定西市南境向东北至宁夏固原市；由固原向东北方向经甘肃省环县、陕西省靖边、横山、榆林、神木，然后折向北至内蒙古自治区境内托克托南，抵黄河南岸；黄河以北的长城则由阴山山脉西段的狼山，向东直插大青山北麓，继续向东经内蒙古集宁、兴和至河北尚义县境；由尚义向东北经河北省张北、围场诸县，再向东经抚顺、本溪向东南，终止于朝鲜平壤西北部清川江入海处。

秦始皇在大修长城的同时，下令将战国时期各诸侯用以割据自卫所筑的长城全部拆毁。

自春秋战国以来，各诸侯国都修筑过长城，但其长度少则数百里，多也不过二三千里，只有秦始皇所筑长城逾万里之上，自此始有"万里长城"之称。

张俊

3. 汉代长城

汉长城称"塞"、"塞垣"，据《史记·匈奴列传》称："复缮故秦时蒙恬所为塞。""复修辽东故塞"（《史记·朝鲜列传》），"秦筑长城，汉起塞垣"（《后汉书·乌桓传》）。西汉初，多沿用秦代长城，武帝时才在新的疆域修建长城。此后用兵较少，与边境诸国关系缓和，故多修少建。东汉由于实力局限，新建较少，仅初期对西汉长城或烽燧进行修缮；后实力减弱，开始内缩。因此今日所说汉长城，主要是西汉长城。

汉代长城较之秦长城更有所发展，并筑了外长城，它们的长度达到了两万里，是历史上修筑长城超万里的朝代之一。汉朝花如此大力修筑长城，除了军事上的防御之外，汉长城的西部还起着开发西域屯田、保护通往中亚的交通大道"丝绸之路"的作用。

西汉初年至武帝初期，北方的匈奴连年入塞南下，守御匈奴的北部防线主要是战国时期秦昭襄王所筑，西起今甘肃岷县、临洮，经宁夏南境、陕西北境，东北达内蒙古托克托西南黄河岸的边地长城；河套以东的防线设在今山西左云县附近，守备匈奴南入雁门马邑（朔州）的要道；以及太行山的飞狐口（今河北蔚县、涞源之间）。

元朔年间（前128～前123），匈奴不断入辽西、上谷、渔阳杀掠吏民，武帝命卫青、霍去病统兵大破匈奴。为了有效地阻止匈奴的突然袭击，除了抗击之外，必须要加强经常的防御工事。修筑长城以抗匈奴，是秦始皇时即已行之有效的办法。因此，在收复了被匈奴侵占的土地之后，首先是把秦始皇时所修长城加以修缮。元朔二年（前127），"汉遂取河南地、筑朔方，复缮故秦时蒙恬所为塞，因河为固"（《史记·匈奴列传》）。将防御匈奴的北方边界推进到今内蒙古阴山南麓的原秦始皇长城一线。汉代还修筑了东起内蒙古化德县，西止于甘肃金塔县的漠南长城，与秦长城一起，构成守护西北部边疆的防御体系。

汉武帝不仅修缮秦长城，而且新筑长城，主要修筑河西走廊的长城。元狩二年（前121）和元鼎六年（前111），武帝在河西走廊先后设置武威、酒泉、张掖、敦煌四郡，打通西汉王朝和西域各国的通路，并从今甘肃永登西北修筑边墙至酒泉，这是河西长城的开始。"汉始筑令居（今甘肃永登）以西，初置酒泉郡，以通西北国"，"令居，县名也，属金城。筑塞西至酒泉也"（《汉书·张骞传》）。元封年间（前110～前105），河西长城又自酒泉郡向西延伸至玉门关，"遣从骠侯破奴，将属国骑及郡兵数万，至匈河水，欲以击胡，胡皆去。其明年，击姑师，破奴与轻骑七百余先至，虏楼兰王，遂破姑师，……于是酒泉列亭障至玉门"（《史记·大宛列传》）。之后，亭燧等防御设施更向西沿疏勒河，经哈拉诺尔至罗布泊北岸，"敦煌置酒泉都尉；西至盐水，往往有亭"（《史记·大宛列传》）。"自贰师将军伐大宛之后，西域

△ 甘肃省金塔县汉代地湾城 张依萌摄

震惧，多遣使来贡献，汉使西域者益得职。于是自敦煌西至盐泽，往往起亭"（《汉书·西城传》）。据《史记·大宛列传》载，汉贰师将军李广利伐大宛之役，始于太初元年（前104），而终于太初四年。这段长城也当建于这段时间或稍后。

汉代在东边的防御，依然以修筑长城为首先之要务，大致在内蒙古商都以东至辽东半岛。河北承德地区的汉长城位于秦、燕长城以南，明长城北，东自内蒙古宁城县大营子，西南至河北承德县三家乡双庙梁，之后多以墩台的形式向西向南延伸，最远到隆化和滦平县境内；辽宁境内的汉长城则是从阜新往东，经彰武、开原、宽甸至朝鲜境内；在内蒙古商都以西至额济纳旗之间，还有一段与秦长城并行的汉长城，在进入今蒙古国境内后，又转而向南，与西段的长城相连。

在这些长城的内侧，还修建了许多城、障塞和烽火台，属于屯戍性质的军事防御设施，规模小于一般的县城，有官署、仓库、营区和民居，守军也从事农作物的生产，对当时农牧业的发展具有一定的促进作用。

于放

4. 北朝时期的长城

4.1 北魏长城

公元420～589年，是中国历史上的南北朝时代。所谓北朝，是指在我国北部地区出现的由鲜卑族建立的五个王朝的总称。北朝诸国为了抵御北方草原

▽ 甘肃省敦煌地区汉代长城　严欣强摄

△ 甘肃省敦煌市西北60公里处汉河仓城　严欣强摄

地带柔然、突厥和契丹诸族的袭掠，大兴土木，修建长城，其中拓跋氏建立的北魏王朝所筑的长城，成为我国长城历史文化的重要组成部分。特别是这条长城是由少数民族统治集团主持修建的，开少数民族修建长城之先河，不但丰富了长城文化的内容，而且折射出4世纪中国的民族关系及民族格局，因而在长城修建史上具有举足轻重的地位。

北魏政权建立后，逐步吞并了北燕、北凉，于太武帝太延五年（439）统一北方，开始与南朝宋形成南北对峙局面。同时自公元4世纪末至5世纪初，柔然族在蒙古草原上兴起，成为与北魏王朝相对立的强大势力。由于魏朝定都平城（今山西大同），处在农牧业的交会地带，柔然诸部不时越过大漠南掠骚扰，在北魏与南朝宋对峙的形势下，柔然的兴起被北魏视为心腹之患。为实现其南下的战略意图，免于两面作战，北魏统治者决定修筑长城，即魏北长城，以防柔然。同时为防止南方的其他割据政权和农民起义的进攻，又筑魏南长城。

魏北长城由东、西两段组成。西段早于东段，始筑于泰常八年（423）二月；东段则是在太和年间（477～499）修建的，时人称之为"长堑"。据《魏书》记载，泰常七年十月，魏太宗拓跋嗣挥师南下，同南朝刘宋争夺青、兖、豫诸州。与此同时，为确保后方无虞，魏太宗命皇太子拓跋焘统率六军出镇北疆，进攻柔然。泰常八年正月，"柔然犯塞"，皇太子拓跋焘为阻挡柔然南下，遂于同年二月督"筑长城于长川之南，起自赤城，西至五原，延袤二千余里，备置戍卫"（《魏书》），这次工役系修建北长城的西段。这条北长城起自河北赤城，止于内蒙古五原。即从今赤城以东的山脉向北，绕过独石口向西，经崇礼、张北、尚义等县以及内蒙古兴和、集宁、察右中旗、卓资、呼和浩特、包头，而终于乌拉山伸达乌前旗乌加河东岸，长达2000余里。同时设置了沃野、怀朔、抚冥、武川、柔玄、怀荒六个军事重镇（《北朝诸国长城新考》），即所谓的"六镇长城"。这条长城限制了柔然南进的军事行动，同时也切断了柔然所在的漠北地区同中原的经济往来，一定程度上维护了北方地区的安定。

北长城的东段建于魏孝文帝太和年间，时人称作"长堑"。东长城的建设是为巩固今河北省北部的防务，其大体走向为自今河北赤城和沽源两县交界处同西段相连，沿山岭东至丰宁县北部再到滦平县北境，过兴州河、滦河，经过隆化县和承德；长城在内蒙古境内向东北历喀喇沁旗东部、赤峰市南部向东进入辽宁省建平县北境，再次进入内蒙古敖汉旗南部，后又回到辽宁北票市境内，历经阜新、黑山、台安诸县，到达辽水西岸，复顺辽水而下止于渤海北

▽ 河北省赤城县红沙梁北魏长城遗址　李文龙摄

岸入海处（艾冲：《北朝诸国长城新考》）。

魏南长城，史称"畿上塞围"，是拱卫京畿的军事防御工程，修筑于北魏太武帝太平真君七年（446），由魏世祖拓跋焘部署修建即"六月丙戌，发司、幽、定、冀四州十万人，筑畿上塞围，起上谷，西止于河，广袤皆千里"，"九年二月，罢塞围作"（《魏书》），整个工程历时一年零九个月。这条长城的走向是东起上谷，西至于河。北魏时的上谷即今北京延庆。长城从今延庆县南的居庸关趋向西南，经过蔚县北口村（历史上的飞狐陉北口）南侧的大南山，入山西灵丘县，又经浑源、应县、代县、宁武、神池、偏关而达到山西河曲县黄河（文献中的"河"专指黄河）。其平面布局略呈向南凸出的弧形，畿上塞围围护着北魏王朝京都的东、南、西三面，是为了抵御农民起义和南朝诸王朝的进犯，捍卫平城而修建的（《北朝诸国长城新考》）。但是，据《中国文物地图集·山西分册》上看，在山西境内并没有发现北魏这条长城的遗迹，而是在其大概位置上有北齐和明内长城的遗迹，因此，很有可能北齐、明长城因循北魏南长城而建，但这需要考古学的具体考古证据来证明。

总之，依据文献的记载，拓跋氏的北魏王朝先后于泰常八年（423）、太平真君七年（446）营造北线长城的西段、东段，于魏孝文帝太和年间建造南线长城。这三条长城现存遗迹相对较少，并且破坏严重。

尚珩

4.2 东魏长城

东魏是从北魏政权中分裂出来的割据政权之一，都邺城（今河北临漳县），有今河南汝南、江苏徐州以北、河南洛阳以东的原北魏统治区的东部地区，仅历一帝，共17年（534～550）。北魏政权在魏末各族人民起义的打击下摇摇欲坠，统治阶级内部也展开了激烈的权利争夺战。最后高欢控制了北魏中央政权。永熙三年（534），不愿作高欢傀儡的孝武帝出逃长安，投靠宇文泰。高欢遂立孝静帝，迁都邺城，史称东魏。次年，宇文泰立元宝炬为魏文帝，北魏正式分裂为东、西魏。高欢以原六镇流民为主，建立强大的军事武装，自己住在晋阳（今山西太原西南），使之成为东魏的政治中心。

与西魏相比，东魏地域广阔、人口众多，经济发达。高欢屡次发兵进攻西魏，企图统一。天平四年（537），东魏军西征，于潼关兵败撤军。此后，在沙苑之战（537）、河桥之战（538）、邙山之战（543）中双方互有胜负，从而进入对峙状态。而与此同时北方柔然也不时南下骚扰。就当时国力而言，东魏不能同时在两条战线上取胜，故对威胁较次的北面采取和亲联姻及修筑长城来安定北边。

根据史料记载，东魏一共有两次修建长城的记载。第一次在武定元年（543）秋八月，由东魏大丞相高欢主持，《魏书》云："武定元年秋八月，……是月，齐献武王（即高欢）召夫五万，于肆州北山筑长城，西自马陵戍，东至土隥。四十日罢。"马陵戍，在今山西五寨县东部山上。《资治通鉴》注：马陵盖东魏置戍之地。土隥，代州崞县（今原平市）有土墱寨（《九域志》），位于今原平市西北的土隥镇（《读史方舆纪要》）。肆州故治，即今山西忻州市。北山，位于肆州北境，指今汾河与桑干河的分水岭，在今宁武县南部。这个分水岭是恒山、管涔山、芦芽山和吕梁山的交界之地，战略地位十分重要。在此筑长城，可控制从晋北进入晋中的通道。东魏的这段肆州长城

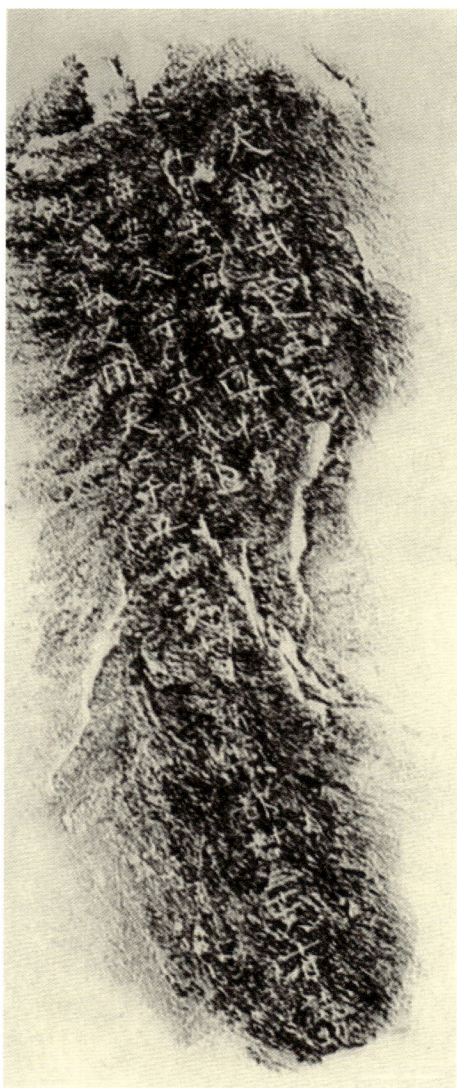

◁ 位于北京市门头沟区王平镇河北村西北山坡上的"东魏武定三年"刻石，于此可俯视西部永定河故河道，山坡依稀可见夯土墙基痕迹 长城小站提供

分布于今山西宁武县和原平市，大体呈东西走向，现有遗址实际长度约为60公里（《北朝诸国长城新考》）。宁武县部分的长城西起宁武县城西7.2公里处的榆庄乡榆树坪村，然后顺管涔山东坡下行至苗庄村与苗庄古城北墙相连，又跨越恢河后，沿凤凰山西坡而上，经东坝沟，于三张庄后村东5.5公里进入原平市。宁武境内长城约18公里，高1～3米、底宽1～7米、顶宽1～3米，小部分夯筑，大部分为片石垒砌。原平市境内长城自北梁村开始至长畛向东北经新窑村北，向南折至四十亩村，继续东行，经大立石、陡沟、段家堡乡南妥，上南妥东山，折东北到段家堡乡黑峪村北300米终止。境内长城长约43公里，大体呈东西走向，墙体部分为夯筑，主要是片石垒砌，基宽3～7米、顶宽1.4～3米、存高0.7～3米。现存"肆州长城"建筑所用的材料均为就地取材，宜石则石，宜土则土。现存长城遗址85%为片石垒砌，15%为土垒。在修建方法上又可分为很多种：有土夯法、箱式片石垒砌法和树石混砌法。根据这条长城走向可知它大部分是利用了原有北魏修建的"畿上塞围"，否则高欢是无法在"四十日罢"完工的（《东魏肆州长城》）。

武定三年（545），高欢又部署太行山、军都山、燕山山脉一线的防务。据《北齐书》载："武定三年……十月丁卯，神武上言，幽、安、定三州北接奚、蠕蠕，请于险要修立城戍以防之。躬自临履，莫不严固。"这是东魏时期第二次修筑长城，仍是高欢主持修建，并且亲临实地督查。定州，治所在今河北省定州市；幽州，故治在今北京市西南隅。安州在今北京密云东北，因此，武定三年所筑防御奚、柔然的城戍散布在太行、军都、燕山山脉，实际上这条长城也是沿用着北魏的"畿上塞围"长城，并且有所增修，即从今北京延庆八达岭继续向东北延伸到今北京密云古北口附近（即安州）。需要特别注明的是，高欢虽然利用了北魏的"畿上塞围"旧墙，但防御方向已转向北面，不再是向南了（《北朝诸国长城新考》）。

总的来说，东魏政权虽然只有区区17年，但是仍修筑了长城，其大部分是对北魏"畿上塞围"的加固和重修，并且向东有所延伸，即从延庆延伸到密云，但是延伸的部分实际上是北齐王朝修筑长城的前奏曲（《北朝诸国长城新考》）。

尚珩

4.3 北齐长城

北齐（550～577），为高洋（北齐开国皇帝）创建，建国28年间，拥有今河北、河南、山东、山西以及苏北、皖北广阔地区。天保三年（552），文宣帝高洋北败库莫奚，东北逐契丹，西北破柔然，西平山胡，南取淮南，势力一直伸展到长江边。但是北齐也有来自各个方面的威胁，蠕蠕（即柔然）寇其北，后周伺其西。故北齐屡兴长城之役，北筑以拒胡，西筑以防周，先后共修筑了三道长城（《北齐长城考》）。

（一）北齐西线长城

天保三年（552），"九月辛卯，帝自并州幸离石，冬十月已未，至黄栌岭，仍起长城，北至社干戍（《北史》中为社于戍，引者注），四百余里，立三十六戍"（《北齐书》）。黄栌岭，即今离石区吴城镇舍科里村东南的黄栌山。此地自古便是一条从山西平川到陕北、穿越吕梁山区的交通干线。明弘治《黄栌岭碑》云："黄栌岭，高峻莫及，岩石险阻，其路通宁夏三边，紧接四川之径，凡羁邮传命，商贾往来，舍此路概无他通也。"

北齐的西线长城南起汾阳西北的黄栌岭，沿着汾河西岸的吕梁山主脉逶迤向北，至五寨县城南面止，呈南北走向。吕梁山西侧是黄河，为北周和山胡的范围；东侧是太原盆地，长城的修建旨在拱卫陪都并州的西翼，用来防御北周和山胡的进攻。但这条长城没有太多的调查资料，只是在其北端有些发现。忻州的文物工作者在五寨县城南1000米处的山上发现有长城墙体，砂石垒砌，残长约1500米、基宽约2～5米、存高约1～4米。这应是天保三年修建的长城（《中国文物地图集·山西分册》）。

（二）北齐外线西段长城

北齐文宣帝时，北方失地渐次收复，为保卫战争果实，天保六年（555）"诏发夫一百八十万人筑长城，自幽州北夏口，西至恒州，九百余里"（《北齐书》）。兴工之前，曾勘察地形。天保五年"十二月庚申，车驾北巡，至达速岭，亲览山川险要，将起长城"（《北齐书》），"达速岭，在平鲁县西北"（《嘉庆重修一统志·朔平府》）。皇帝亲赴实地考察，可见外线的重要性。此次考察正是为第二年修建长城做准备（《北朝诸国长城新考》）。

幽州，治在蓟城（今北京），其西北方的军都山有军都陉，又称"关沟"，关沟北端称"北口"，亦称"上口"；南端称"南口"，亦称"下口"，即今南口镇。此"下口"即北齐时的"夏口"，因地处幽州之北，故称"北夏口"（《北朝诸国长城新考》）。恒州，即今山西大同市。长城东起北京昌平南口附近山岭，顺山势西北而去，经过北京延庆、张家口赤城、崇礼、张北、康保等地进入内蒙古乌兰察布市化德、商都、察哈尔右翼后旗、察哈尔右翼中旗、四子王旗，包头市达尔罕茂明安联合旗，呼和浩特武川县等地区，大体上沿用了北魏泰常八年（423）修筑的赤城到五原的长城，以及太和八年（484）时高闾修筑的"六镇长城"旧基。长城在天保六年动工兴建，经过一年的创建、补修，到了天保七年（556）完工（《北朝诸国长城新考》）。

（三）北齐内线长城

为了加强晋阳北部的防御，天保七年（556），"先是，自西河总秦戍筑长城东至海，前后所筑，东西凡三千余里，六十里一戍，其要害置州镇，凡二十五所"（《北齐书》）。此段长城的修筑也是在天保五年皇帝勘察完"山川险要"之后兴工修建的，并且根据上述史料中"前后所筑，东西凡三千余里"可知，这段长城并不是一次修建完毕，而是分时、分段修筑的。

"西河总秦戍"是这段长城的西起点。此"西河"当属今山西汾阳之"西河"。而"海"则是渤海湾（《北齐长城考》）。这道长城并不是一次修建完毕的，天保七年（556）修建的长城只是其中1/3，首先利用了北魏时"畿上塞围"的西段，之后又利用了武定元年修建的东魏长城。到天保八年，"是岁……初于长城内筑重城，库洛拔而东，至于坞纥戍。凡四百余里"（《北齐书》）。库洛拔、坞纥戍两城堡已失考。"重城"是为双重城墙，即在此城之外又有一城，且时代略早，方可称为"重城"，结合文献并辅之以图发现，天保六年修建的幽州北夏口至恒州间的长城基本位于西北部边疆，是为西北边境线，故所谓的"重城"应是相对此段长城而言，即在这段长城的南部又修建了一条大致东西走向的长城，并且此段长城也应是天保七年西河总秦戍至海这段

△ 山西省广灵县北齐长城 尚珩摄

长城的一部分，这恰好符合文献中"前后所筑"的说法，结合文献和地图发现这条长城应该是沿用北魏时"畿上塞围"的东段，即今代县、山阴、应县、浑源、广灵境内的长城，恰好这些地区位于大同以南，与"重城"相吻合。同时再次利用了武定三年修建的东魏长城。并且，出于对防御设施完整性的要求，这道长城应该与天保六年的北夏口至恒州的长城相接方才完备（《北齐长城考》）。

文物部门实地调查发现了北齐内线长城。长城西起山西兴县的魏家滩，沿着吕梁山、云中山北麓、恒山主脉进入河北省后又沿着太行山、军都山，向东北方向延伸进入北京，沿途经过山西的岢岚、五寨、宁武、原平、山阴、代县、应县、浑源、广灵，进入河北省蔚县、涿鹿县，最后进入北京门头沟、昌平地区。上述县的长城基本上都修建在高耸的山脊上，其北是地势平坦的高原，其南便是忻定盆地和太原盆地，从而形成天然的防御屏障。现存墙体比较连贯，大致残高1～3米、底宽1～12米、顶宽0.4～7米，大部分为片石垒砌，个别地段黄土夯筑（《中国文物地图集·山西分册》）。

长城进入河北蔚县后，又沿着县南面的大山逶迤而东到达飞狐陉的北口，北口自古为南北交通要道，在这附近修建长城，其作用是不言而喻的。长城入涿鹿过灵山后进入北京。在门头沟、昌平也发现了北齐长城和戍所的遗迹（《北京北部山区的古长城遗址》）。并且这条长城应与先前修建的"幽州北夏口至恒州"的长城相接，从而构成完整的防线。

（四）北齐南线长城

南线长城共由两部分构成。一段长城建于河清二年（563），《北齐书》曰："河清二年三月乙丑，诏司空斛律光督五营军士，筑戍于轵关……"，同书又载："河清二年四月，（斛律）光率步骑二万，筑勋掌城于轵关西，仍筑长城二百里，置十三戍。"轵关位于今河南省济源市西北与山西阳城县交界。勋掌城故址，在今济源市西北。长城为东西走向，逶迤于今河南济源市与山西泽州县交界的太行山区。经过实地调查发现了北齐的轵关长城遗址，现存长城遗址起自泽州县晋庙铺镇斑鸠岭村南约1公里处，东北行约3公里止，越山谷又于背泉村西约100米处石崖上起，向东经背泉村、大口村，行约5公里止于满安岭断崖上，大体呈东西走向，全长约9公里。墙体两侧均以石灰岩块石砌成，中间用碎石填充。基宽约4米、顶宽约2米、残高约3米（《中国文物地图集·山西分册》）。这段长城位于北齐都城和陪都的南侧，其所在的轵关陉为河南与山西的交通孔道，主要用来抵御北周军队的进攻。需要说明的是，这一时期修筑的长城在建国之初就已修筑，"……文宣嗣事，镇河阳，破西将杨檦

△ 山西晋城市泽州县晋庙铺镇北齐长城 尚珩摄

等。时帝以怀州刺史平鉴等所筑城深入敌境，欲弃之，乐以轵关要害，必须防固，乃更修理，增置兵将，而还镇河阳，拜司空。周文东至崤、陕，遣其行台侯莫陈崇自齐子岭趣轵关，仪同杨檦从鼓钟道出建州，陷孤公戍。诏乐总大众御之……"（《北齐书》），同书还载："……鉴奏请于州西故轵道筑城以防遏西寇，朝廷从之……"，《北史》亦云："文襄辅政，封西平县伯，迁怀州刺史。鉴奏请于州西故轵关道筑城，以防西军，从之。"由此，长城在北齐初年就已建设，用于防御西魏的进攻，西魏后为北周所灭，故北齐的后继者们又重修加固以防御北周（《北齐长城考》）。

另一段长城建于皇建年间（560～561），即"皇建中，诏于洛州西界掘长堑三百里，置城戍以防间谍"（《北齐书》）。"长堑"乃长城的特殊形态。"洛州，治洛阳，北齐时，洛阳以西已为周有……由此可见，北齐、北周界域即在洛阳之西也。"由此可知，王峻督建的300里长堑，大致呈南北走向，纵贯于洛州西境。文献记录阙如，俟今后通过实地考察和考古调查来确定位置（《北朝诸国长城新考》）。

（五）北齐外线东段长城

天保（550～559）、河清（562～565）年间修筑的长城已经巩固了北齐的西北、南部的防御，唯北方边境的防御尚未巩固。此时北齐已是江河日下，只能被动地采取防御措施。天统元年（565），构筑库堆戍至海的长城。据《北齐书》记载："天统元年夏五月，羡以北虏屡犯边，须备不虞，自库堆戍东拒于海，随山屈曲二千余里，其间二百里凡有险要，或斩山筑城，或断谷起障，并置立戍逻五十余所。"库推戍，即今北京古北口，长城自此向东沿燕山主脉的走势逶迤而东到达海边，但并不是今天的山海关，由于在辽宁东起墙子里村，西达河北秦皇岛市海港区张赵庄西山一线，发现了北朝长城遗迹，说明这条长城入海处是在辽宁省绥中县万家镇墙子里村附近的海滨。这条长城位于北齐的北部边境，也是天保七年"前后所筑"的"西河总秦戍至海"的长城的一部分，是为外线长城的东段（《北朝诸国长城新考》）。

经过实地调查，在延庆、怀柔和密云的确都发现有北齐长城的遗址（《北京北部山区的古长城遗址》）。长城出北京后，再次进入河北地界，沿着燕山主脉向东，其中大部分墙体被明朝修建长城时所利用，只有个别地段位于明长城内、外侧，这也是我们难寻其踪迹的主要原因之一。不过在今秦皇岛的山海关、抚宁地区，还是保存有一大段北齐长城的遗址可以证明其大致走向。

至此，北齐的长城全线竣工。北齐立国仅28年便为北周所灭，修建长城却贯穿整始终，北齐为地方性割据政权，人力、物力、财力均有限，并且这28年并不太平，处于三面作战的不利境地，因此要如此巨大的军事工程，不借助前朝已有的设施是很难完成的。而北齐的疆域略大于东魏，其与周边敌对国、少数民族军事集团之间的形势与前朝大致相同，原先的军事要塞、重镇此时仍为重点地区。因此北齐完全没有必要新修长城，可以对前朝的防御设施进行重修、加固和再利用。

尚珩

4.4 北周长城

北周是"北朝"的最后一个王朝，由宇文觉创建。历五帝，共25年（557～581）。西魏恭帝三年（556），掌握西魏实权的宇文泰死，其子宇文觉继任其职，自称周公，次年废西魏恭帝自立，改国号为周，并定都长安（今西安），史称北周。

到周武帝（宇文觉之弟宇文邕）时，北周进入强盛时期，并于建德六年（577）灭北齐，从而统一了中国的北方地区，至隋文帝杨坚开皇元年（581）二月，取代北周。北周控制北方全部疆域虽然只有区区四年，但是由于此时北边强盛的突厥不断犯边侵扰，为防御边地，北周统治者继承了前朝的传统，于大象元年（579）修筑长城。

据《周书》记载："大象初……诏翼巡长城，立亭障。西自雁门，东至碣石，创新改旧，咸得其要害云……先是，突厥屡为寇掠，居民失业。翼素有威武，兼明斥候，自是不敢犯塞，百姓安之。"同书又载："静帝大象元年，突厥犯并州（今山西太原），六月发山东诸民修长城。"文献中所说的"雁门"指今雁门关，而"碣石"即今辽宁绥中县墙子里村南近海中的"姜女坟"礁石，从文献上看，北周长城的一部分是在北齐长城的基础上加以维修，另一部分是新筑，即所谓的"创新改旧"（《北朝诸国长城新考》）。通过考古田野调查发现，残存的北周长城遗迹主要分布在河北秦皇岛海港和山海关一带。共有两段，一段西起秦皇岛市海港区石门寨镇上庄坨村张赵庄的西山，沿车厂河南岸，至石门寨镇鸭水河村东的老龙台，再延伸到石河西岸的危崖险峰。墙为石筑，坍塌较为严重。另一段长城在今山海关区渤海乡杨庄东南起，西北至经小毛山、望夫石村西、边墙子村、八里堡村，延伸到馒头山，墙为土筑，土色棕红，故当地人又称"红墙子"。后一段长城在山海关明长城的东面，保存较好。从位置上看，这两段长城应为北周长城东边的部分，即"东至碣石"附近的墙体（《东北古代长城考辨》）。

尚珩

5. 隋唐时期的长城

5.1 隋代长城

北周大定元年（581），也就是北周统治者为防北部边患匆匆征调百姓修筑长城不久，宫庭内发生了政变，以宣帝皇后父亲名义入宫辅政的随国公杨坚废掉北周9岁小皇帝周静帝，自立为皇帝，建立了隋朝。在杨坚废北周建立隋朝的初期，北方的突厥、吐谷浑、契丹等游牧民族已发展壮大起来，不断向经济发达的中原地区攻扰，隋朝统治者在反击入侵的同时，开始不断修筑长城。

开皇元年（581）四月，隋文帝"发稽胡修筑长城，二旬而罢"（《隋书·帝纪第一·高祖上》）。所修地段是今山西北部。据康熙《岢岚州志》、光绪《山西通志·卷四十七》载："嘉靖间，牛圈窊掘石刻云：隋开皇元年赞皇县丁夫筑。"牛圈窊即位于岢岚县境内，这是隋代长城修筑史上所知的最早出土的碑记。

开皇元年（581）十二月，北齐遗族高宝宁勾结突厥，与沙钵略可汗合军，攻陷隋临渝镇，隋文帝命周摇为营州总管六州五十镇诸军事，"敕缘边修保障，峻长城……屯兵数万以备之"（《资治通鉴》卷一百七十五）。营州治所在今辽宁朝阳市，临渝即今山海关，所修乃河北东段原魏齐长城。

开皇五年（585），隋文帝令司农少卿崔仲方"发丁三万于朔方灵武筑长城"，"绵历七百里，以遏胡寇"（《资治通鉴》卷一百七十六）。朔方辖今陕西横山县，灵武在今宁夏黄河东岸，这是一道西起宁夏川，东至黄河边，横跨黄土高原的长城，其走向可能与今陕蒙交界的定边、靖边一带明长城相一致。

开皇六年（586），"复令崔仲方发丁十五万。于朔方以东，缘边险要，筑数十城"（《资治通鉴》卷一百七十六）。隋朔方郡治所在今陕西靖边县白城子，这次兴筑的不是连贯的长城，而是凭险而守、遥相呼应的一系列城障，方位似在今神木、榆林、横山一线。开皇七年，再"发丁男十一万修筑长城，二旬而罢"（《资治通鉴》卷一百七十六）。又据《元和郡县图志》载："合河县，……隋长城，起县北四十里，东经幽州，延袤千余里，开皇十六年因古迹修筑。"另据2007年山西省岢岚县出土的一方长城碑刻记载"开皇十九年七月一日樂州元氏县王□黎长□领丁卅人筑长城卅步一尺西至□□□□□□"（《中国文物报》2009年9月18日第二版）。长城沿线战事繁多，此段筑城史在文献资料中未有明确记录。从开皇元年到开皇十九年，隋文帝数次修长城多集中在隋灭陈之前，其中只有由灵武至绥德穿越黄土高原的这段长城几次征发了10余万人，除此以外，工程量都不是很大，一般都是一旬或两旬而罢，未超过一个月。

隋炀帝继位后，北塞东突厥启民可汗已成为隋朝附庸，但隋炀帝还是两次大规模修缮了长城。隋大业三年（607）七月，隋炀帝"发丁男百余万筑长城，西距榆林，东至紫河，一旬而罢，死者十五六"（《隋书·帝纪第三·炀帝上》）。这道长城西起今内蒙古托克托县黄河以南，东至今山西境内的苍头河。隋大业四年七月辛巳，隋炀帝又"发丁男二十余万筑长城，自榆谷而东"。有专家认为大业四年修筑的长城，可能还是大业三年所筑的榆林郡那道长城。隋炀帝这两次修筑长城规模较大，动用人数超20万，甚至达到了百万。

隋代长城历经多次修筑，西起宁夏，向东沿着陕西北部，经过榆林，到黄河西岸，再由偏关向东，分内外两支：外长城利用北魏所筑长城，经紫河、张家口、独石口、古北口、马兰峪，直到临榆关（今称山海关）；内长城利用北齐所筑长城，自偏关向东南，经汾阳、原平（崞县）、紫荆关、居庸关，与外长城复合。

隋代长城虽沿袭北魏、北齐等前朝长城，但也新筑了河南和阴山一带的长城。隋长城是继汉长城后又一次大一统帝国的长城，其在万里长城的修筑史上具有承前启后的作用。今天我们看到的明长城，其中东部也有相当长一段沿用了隋长城。

长城

△ 内蒙古自治区清水河县境内的隋代长城　洪峰摄

历经近30年修筑的隋代长城，多见于史料记载，却鲜见于地面遗存。究其原因大致有三：一是修葺的多，重筑的少，而且又多是在前朝长城的基础上进行修补的，因此，在人们的印象之中它仍是前朝时期的长城；二是建筑工期短，修造质量差，似乎未见到夯打痕迹，经过岁月的推移而坍塌成秃垣，或已荡然无存；三是为明时所筑的长城叠压覆盖，不见了当年修筑痕迹。如今经考证所知的隋代长城地面遗迹，有内蒙古的凉城县、清水河县境内、鄂尔多斯市鄂托克旗境内、山西省岢岚县境内、宁夏盐池县境内等为数不多的几处，并且还存在一些学术上的争议。

程长进

5.2 唐时期的长城

唐开国之初，在吸取隋朝国防政策经验、教训的基础上，结合唐初政治、军事的有利形势，采取积极的对外军事扩张，而停止了修筑此前历朝所热衷的长城。与此同时，为了实现对边塞的有效控制，唐王朝全面推行并建立了烽堠制度，并修建了三受降城，构筑起一道坚固的防御网。

唐高祖武德七年（624）六月，便"遣边州修堡城，警烽堠，以备胡"，武德九年正月辛亥，北部"突厥声言入寇，敕州县修城堡，谨烽堠"（《册府元龟》卷九百九十·外部臣·备御），之后陆续在北部的灵、夏、丰、朔等州置烽堠，以北控突厥之侵扰。贞观十四年（640），唐灭西域高昌以后，在交河城设立安西都护府，为了对西域更为有效地进行防御，将建国之初的烽燧制度逐渐推广至西域。贞观十九年三月，太宗亲率大军出塞收复高句丽，"自定州命每数十里置一烽"，以便与留守定州的太子进行联络。在此之后便陆续在东北边塞的幽、蓟、营等州置烽燧，以防奚、契丹等入侵。长安二年（702），唐政府又在西域庭州设立北庭都护府，与安西都护府共同管理西域的天山南北等广大地区，形成了沿丝绸之路的南、中、北三线烽燧体系。

高宗（649～683年在位）统治后期，东突厥余部复兴于北方，对唐构成直接威胁，当时有人建议在北方修复旧有的长城，但终未果。到唐中宗景龙二年（708）三月初（《玉海》卷一七四"唐河北三受降城"条），唐将张仁愿在黄河北岸修筑三受降城，完善了北方的烽燧防御体系。其中，东受降，位于胜州榆林县东北8里，隶属于振武军节度，即今内蒙古托克托南、黄河北大黑河东岸；中受降城，属安北大都护府管辖，即今内蒙古包头市西北；西受降城，位于丰州西北80里，即今内蒙古杭锦后旗乌加河北岸、狼山口南。三受降城与周围的其他边防机构、烽燧体系共同组成了一道坚固的防御网。

唐代烽燧制度的发展在高祖（618～626年在位）朝、玄宗（712～756年在位）朝时达到最高峰。"凡烽燧所置，大率相去三十里，若有山冈隔绝，须逐便安置，得相望见，不必要限三十里，其逼边境者，筑城以置之"（《唐六

△ 新疆维吾尔自治区阜康市唐代西泉（五米土堆）烽火台 刘铉摄

典》卷五兵·部职方郎中员外郎）。"唐烽堠主要布局在周边与'四夷'接壤的地区"（程喜霖：《汉唐烽堠制度研究》），东至东北的幽、蓟、营等州，北控灵、夏、丰、朔等州，西北制天山南北等西域的广大地区。如今唐建烽堠只在新疆部分地区有遗存，且出土了少量唐代文书。

唐代的防御体系中除了烽堠与三受降城外，据《新唐书》载："怀戎，妫水贯中，北九十里有长城，开元中张说筑。"《宣府镇志·亭障考》载："玄宗开元中命燕国公张说巡边因筑妫州北塞延袤千里。"虽然对这条唐长城的修建存在一定的争议，但据有关专家考证，史料中记载的这条长城，修建于开元六年至八年间（718～720），总长约70公里。一些专家认为这条长城是为阻挡北方的游牧民族靠近白河水源而修建的。

唐朝未大规模修筑长城，对于恢复建国初期的国力及构建全新的军事防御系统起到了一定的作用，在此基础上唐帝国极大地开拓了疆域。但是此前唐不筑长城，使得其堡垒防卫观念淡薄，对于唐代北方军事边防形势的恶化、安史之乱的发生都有着间接的消极影响。

盛唐时期，强大的唐帝国开拓疆域的同时，开始收复高句丽，高句丽第27位王荣留王"惧伐其国，乃筑长城，东北自扶余城，西南至海，千有余里"（《旧唐书·高丽传》）。自唐太宗贞观五年（631）到贞观二十年，在这16

△ 河北省赤城县唐长城　明晓东摄

年时间内，东北起自高句丽北疆重镇今吉林市龙潭山山城西北的德惠老边岗屯松花江左岸，西南止于营口老边区前岗子南淤泥河右岸，高句修筑了一条长达587公里的长城，与其腹地的山城构成防御体系，以抵御唐朝军队的征伐。

总章元年（668），唐朝收复高句丽，置安东都护府于平壤，高句丽这道长城便失去了原有的功能，也不见于文献记载。据专家考证，明代修筑辽东镇长城时，便利用了高句丽长城的部分线段，即北起约为今昌图县泉头镇，然后略向西南，经今昌图、开原、铁岭、沈阳、辽中、辽阳、鞍山及海城等地，至今海城市牛庄镇以北，利用的这段高句丽长城长达250多公里。

高句丽千里长城，历经1300多年，遭受严重破坏，很多地段已经荡然无存。所剩下的地段，也就是一些痕迹，大部分地段只是一些土楞子，还有的只剩下了一些带有"老边"的地名。

高句丽灭亡后，武则天圣历元年（698），粟末靺鞨族以今黑龙江省宁安市为中心，建立了政治上隶属于唐朝的渤海国。渤海国文王时期（737～793），为防御北方黑水靺鞨的侵扰，渤海国在此北部牡丹江西岸，修筑了一条西北—东南走向的长城，与牡丹江东岸的南城子共同构成北部的一道防线。渤海国宣王时期（818～830），黑水靺鞨败于渤海国，这道防线从此完成了它的历史使命。渤海国所修的这道长城，后人称之为"牡丹江边墙"。

△ 辽宁大连金州大黑山高句丽卑沙山城遗址　连达摄

据相关部门考察，牡丹江边墙东起自牡丹江左岸江西村西沟北山主峰，向西北顺张广才岭东部余脉由低渐高的自然地势，穿山越谷，经过新丰南岭、蛤蟆塘碴子、馒头碴子、岱王碴子、二人石南岭，最后消失在海拔740米高的西北碴子北坡，长约百里。边墙系就地取土采石修筑，墙体厚度一般为5~7米。

程长进

6. 宋、辽、金、西夏时期的长城

6.1 宋代长城

长期以来学术界普遍认为宋朝没有修筑过长城，这一观点直到20世纪末才得以改变。1998~1999年间，民间长城学者成大林先生来岢岚与当地文物工作者一起考察境内古长城遗存，并在长城附近发现散落着的大量宋朝瓷片，宋

△ 山西省岢岚县宋代长城遗址 刘朝晖摄

△ 山西省岢岚县宋代长城遗址　丁涛摄

长城才得以确认。

　　由于太原西北的岢岚是宋与辽、西夏三国交界的边境地区，岢岚自古就是从太原到雁门关及内蒙古、陕北的交通要道，是太原城的屏障。自宋朝名将折御卿大破契丹攻占太原西北的军事重镇岢岚县后，太平兴国五年（980）于岚谷县置岢岚军，属河东路。根据清光绪版《岢岚州志·卷二·形胜·古

◁ 山西省岢岚县
宋长城　郭峰摄

迹》记载："宋太宗太平兴国五年（980），筑长城于草城川口，历天涧堡而东。"同书又载："天涧堡在城北五里，俗名暗门子，明嘉靖四十二年兵备王选修建亭垣，今废。考《宋史》太平兴国五年，筑长城于草城川口，沿天涧堡。"由此可知，北宋统治者此时修筑长城，应该是为巩固之前的战争成果，对抗契丹辽国。

至宋真宗景德年间（1004～1007），在原有基础上再次修筑长城。《武经总要·前集》卷十七载，北宋景德年间曾在岢岚军草城川一带修筑长城。即"川（草城川）中有古城，景德中筑长城控扼贼路"。景德是宋真宗的年号，北宋王朝使用这个年号共计四年。其中景德元年，辽萧太后与辽圣宗亲率大军南下，深入宋朝境内。宋真宗畏敌计划迁都，因宰相寇准的劝阻，才勉强至澶州督战。战后与辽签订了"澶渊之盟"，此后，宋辽之间百余年间不再有大规模的战争，代以礼尚往来，通使殷勤。由于盟约中规定宋辽双方以白沟河为界，双方撤兵。辽归还宋遂城及涿、瀛、莫三州。此后凡有越界盗贼逃犯，彼此不得藏匿。同时两朝沿边城池，一切如常，不得创筑城隍。因此，宋辽和好后，北宋为防止西夏的入侵，北宋统治者在这一地区修建长城，其防御对象已不在是原先的辽国，而主要是西夏军队。

现存宋代长城与岢岚县的北齐长城连成一线，但与后者的形制明显不同，应当是在北齐长城的旧基上重新修筑。现存长城主要分布在县城东山至王家岔乡之间，全长约20公里、高1～4米、底宽1.5～12米、顶宽1～4.7米。大部分为片石垒砌，个别地段为土石混筑。此段长城内侧有附于墙体的33个类似马面的方形或长方形台体，均片石垒砌，密集处间距10～20米、台体长2～5米、宽1.5～3.5米、高0.6～2.5米（《中国文物地图集·山西分册》）。其功用应是炮台，这是中国使用火器后的产物，极具时代性。此外，在全国长城资源调查中，宁夏回族自治区境内也新发现有宋代长城遗迹。宋长城东起固原市原州区，西迄西吉县（国家文物局：《关于宁夏回族自治区长城认定的批复》）。

尚珩

6.2 辽代长城

公元907年，辽太祖耶律阿保机统一契丹各部称汗，国号"契丹"。916年登基称"大圣大明天皇帝"并建元神册。神册三年（918），定都临潢府（今内蒙古赤峰市巴林左旗）。耶律阿保机在统一契丹各部后，目光转向中原，为防止居住在契丹部落后部（东部）渤海国的威胁，集中力量南下中原，首先必须巩固北部边疆，确保自己后方无虞。在此背景下耶律阿保机于即位的第二年（908）冬十月，"筑长城于镇东海口"（《辽史·卷一·太祖本纪·上》）。关于"镇东海口"的位置，学界有着多种不同的认识。我们认为镇东海口位于今辽宁大连金州区（原金县）南部黄海与渤海交汇地岬处南关岭，这里是古代东北地区由海路通向中原的要塞。当时唐朝使臣去渤海册封"大祚荣"称号即经由此地，而渤海国使入唐也走的同一条道路。当时渤海与契丹时常发生冲突，为阻止渤海与中原王朝的联络，契丹人占据此地后遂修筑长城，其目的昭显无遗（《东北古代长城考辩》）。

到了辽代中后期，面对女真族的崛起，辽朝统治者再兴修筑长城之役。据《辽史·卷十七·圣宗本纪》记载：太平六年（1026）"二月已酉，以迷离已同知枢密院，黄翩为兵马都部署，达骨只副之，赫石为都监，引军城混同江、木河之间。黄龙府请建堡障三、烽台十，诏以农隙筑之"。从文献记载上看，这些工程规模不会太大，其作用当是为防御女真向南侵扰，以便观察和传报边情而设。地点当在第二松花江，具体地点应该设于当时的交通道路上（《东北古代长城考辩》）。许亢宗曾形象地描述边界情况："自和里间寨东行五里，即有溃堰断堑，自北而南，莫知远近，界隔甚明，乃契丹昔与女真两国古界也。八十里直至来流河，行终日之内，山无一寸木，地不产泉，人携水以行，岂天地以此限两国也（《三朝北盟会编·政宣上帙二十·宣和乙巳奉使行程录》）。许亢宗这段行程正是从黄龙府（今吉林农安）到金上京（今黑龙江阿城区白城）的途中，他所见到的情况与《辽史》所记颇为类似，圣宗太平六年筑的堡障烽台也应在这一带（《东北古代长城考辩》）。

在全国长城资源调查中新发现了辽长城遗存，主要分布于大连市甘井子区（国家文物局：《关于辽宁省长城认定的批复》）。

尚珩

6.3 金代长城

金长城是中国万里长城的一部分。金长城之初没有"长城"的说法，其防御工程见于史者，称之谓"界壕"和"边堡"。界壕就是掘地为沟堑，以限戎马之足；边堡就是于要害之处筑城堡以屯兵驻防。所以金长城实际上是壕堑和边堡结合的防御阵地，故金长城又多被称为"金界壕"。

金长城构筑别具一格。是由外壕、主墙、内壕、副墙组成。主墙墙高5～6米，界壕宽30～60米，主墙每隔60～80米筑有马面，每隔5～10公里筑一座边堡。现残墙一般高1.5～2.5米。这种军事防御工程，其所有长城墙的外侧都有等距离的马面，加固墙体，以防敌人侵入。长城墙体的外边有宽大的壕沟，迟滞、阻敌接近长城墙体。壕墙内侧分布着接近相等距离的边堡，用于囤集必要的兵力。这种界壕、墙体、马面、边堡的建筑风格是金长城独具的特色。

据《金史·地理志》载："泰州有婆卢火所浚界壕。"泰州是金东北路

△ 和大地几乎融为一体的金长城　马自新摄

招讨司治所，在今白城市东南。婆卢火是金熙宗朝人，有关婆卢火的传记虽无浚界壕的记述，但有屯田泰州以北的事迹。可见，金界壕兴建的雏形应该是在金熙宗（1135～1149）初年形成。

金长城的位置，根据史料和一些专家学者的实地考察，绝大部分在内蒙古境内。它东起于今呼伦贝尔市莫力达瓦达斡尔族自治旗的嫩江右岸，向西南

△ 内蒙古自治区兴安盟境内金长城　单玉瑛摄

△ 内蒙古自治区锡林郭勒盟多伦县的金长城　李秦摄

方向经过兴安盟、锡林郭勒盟、通辽、赤峰、乌兰察布，消失于武川县南的大青山群山之中（有人认为，金长城再向西南经包头，再西入黄河，止于巴彦淖尔市河套平原）。金长城建筑规模巨大，《金史》记载，金界壕边堡分四部分，即东北路、临潢路、西北路、西南路。在东北路就构筑有两道防线。一道防线起于根河南岸，向西至额尔古纳河东岸而南，经满洲里之北，穿越俄、蒙境内一段再至肯特山东南麓（大部在蒙古境内）。另一道是金章宗时所构筑，由今内蒙古莫力达瓦达斡尔族自治旗起，经甘南县、科尔沁右翼前旗到右翼中旗的霍勒河与临潢路构筑的壕、墙相接，这就是《金史·地理志》所记的"东北路泰州婆卢火所浚之界壕"。临潢路所构筑的界壕，东起科尔沁旗的霍勒河，经扎鲁特旗、巴林左旗，到多伦县的闪电河流域，与西北路的壕、墙相接。西北路和西南路的金界壕，由多伦县的闪电河西岸起，经阴山山脉的东端、化德县的西北境，到达包头市北边的阴山。

　　女真人建立金，很快将辽政权摧毁，继而灭北宋入主中原，并与南宋政权形成对峙。与此同时，在金的北方，蒙古铁骑兴起于呼伦贝尔草原，经常不断地袭扰金的后方。到12世纪，成吉思汗建立了大蒙古国，横扫亚欧大陆，直接威慑女真人建立的金王朝。为防范蒙古势力的不断扩张，解除金王朝的后顾之忧，金长城犹如一张巨大的弯弓，连亘在金帝国的北部边界上。然而，它非但没有起到遏止蒙古族南下的作用，反而因金界壕的工程巨大引起的繁重劳役和横征暴敛，进一步激化了金王朝统治集团与各民族人民之间的矛盾。最终金王朝被大蒙古国所灭。

6.4 西夏长城

西夏，是历史上由党项人在我国西部建立的一个地方政权。西夏王朝中后期，随着蒙古的崛起，蒙古部在铁木真的领导下逐渐兼并周边的部落。1206年，铁木真建立大蒙古国。为了攻灭金国，其势必要切断金夏联盟，故西夏成为首要征服目标。为了抵御来自北方蒙古的入侵，西夏统治者在北部边境地区修建长城。

现存西夏长城一部分位于内蒙古自治区。具体分布于包头市东河区；阴山北部草原段东起武川县，经达尔罕茂明安联合旗、乌拉特中旗、乌拉特后旗、阿拉善左旗、阿拉善右旗，西迄额济纳旗（国家文物局：《关于内蒙古自治区长城认定的批复》）。另外一部分西夏长城分布于今蒙古境内。这段长城在2005年和2007年，由俄罗斯圣彼得堡大学和蒙古国乌兰巴托大学组成的中亚国际考古团在科瓦列夫和额尔德涅巴特尔的领导下对蒙古国南戈壁省的"成吉思汗边墙"进行了实地调查。长城西起北纬42° 10.411'，东经102° 24.851'，在阿拉嘎乌拉山以北（中蒙边境线由此山通过），向东沿边境线途径诺言县、巴彦达赖县和尔门县延伸至西沃哈塔布齐，在北纬42° 09'，东经102° 57'处拐向东北方向，经郝日木温都尔山，一直向东北延展至乌兰德勒山（北纬42° 29'，东经103° 56'），从这里拐向东，进入瑙木冈县境内，沿宝日德中格戈壁荒漠南线向东南延伸，在北纬42° 11'，东经105° 42'拐向东南，进入塔林沙日嘎敖包（站点）的中国境内（北纬41° 59.133'，东经105° 52.559'）。据蒙古国地理学家巴森计算，蒙古国内的城墙长度不少于315公里。在调查墙体的同时，对墙体周边的城址以及亭障遗址也做了调查，同时采集了一些标本。通过对标本的碳14分析，以及在城址中采集的遗物，确定这条长城是西夏国修筑（《蒙古国南戈壁省西夏长城与汉受降城有关问题的再探讨》，载《内蒙古文物考古》2008年第2期）。

尚珩

7. 明代长城

明长城，是明朝统治者在其北部边境与蒙古等游牧民族交界地区修筑的军事防御工程。

明朝建立初期，仍面临严峻的边防形势。元顺帝仍保存着完整的统治机构，拥有强大的军事力量，山西有扩廓帖木儿，陕西有李思齐，各"骑兵十万，步兵倍之"；张良弼、孔兴、脱列伯等分据陕甘；辽阳有也先不花、洪保保、刘益、高家奴分守，虎视眈眈，窥视中原；梁王拥兵割据云南，与汗廷遥相呼应，掣制明军北向，形成了三路钳制、南北呼应的战略态势。这使得朱明王朝面临严重威胁。

洪武时期（1368~1398），由于汗廷各部离心离德，势力衰微。明朝采取积极的防御政策，主动出击，将北部边境线大幅北移。洪武五年（1372），随着明军北征的失败，使明与北元进入对峙。朱元璋认识到一时无力统一大漠南北，因而放弃全面进攻，实施"整体防御"，在数千里的边缘地区建起了一条东西呼应、相互声援的防线。防线东起辽东，经大宁、开平、大同、东胜，西至宁夏、甘肃，控制了长城外的山川险隘，并先后建立七个都司（行都司）及诸多卫所，从而形成了以都司为核心的军事镇戍制度。初步建立起一套"重兵之镇，惟在北边"，形成塞外设防、东西联防、"通为一边"的完整防御体系，体现了"示以威武，守以持重"的防御特点，从而为明代的北边防御奠定了基础。洪武开修长城之先河，如洪武六年，"山西都司于雁门关、太和岭并武、朔诸山谷间，凡七十三隘俱设戍兵以防胡寇"；洪武十四年，"徐达发燕山等卫屯兵万五千一百人修永平界岭等三十二关"等。

永乐时期（1403~1424），朝廷的主旨是军事征伐，永乐帝先后五次御驾亲征。但朱棣认为"惟守开平、兴和、大宁、辽东、甘肃、宁夏，则边境可永无事矣"。同时为了酬答兀良哈的"靖难"之功，将大宁属地赏给三卫，致使"宣府、辽东断左右臂"。大宁都司的废弃致使开平卫失去屏障，不久又废兴和卫，致使开平孤悬塞外，势孤援绝，处于岌岌可危的境地。与此同时又放弃对东胜卫的戍守。东胜卫是在整个防御体系中唯一可以控制河套地区的军事力量，此举解除了对河套的直接防卫。

朱棣放弃了对洪武时期所拓展的长城以北疆土的直接戍守，而是将防线收缩到了长城沿线。从战略格局角度看，此举使北边防线出现了两大缺口，一是辽东与开平之间，一是大同与宁夏、甘肃之间，致使朱元璋创建的北边防线联络被隔断，东西联防体系被打破，整个防线向南推移了数百里，北边诸卫的弃守使原来完整稳固的北方边防线受到削弱。不过因成祖出色的雄才武略及实行大规模的积极防御战争，尚能对蒙古入侵势力保持相对优势。在取得一系列胜利之后，成祖对北部边防体系也加以调整和改造。调整的重点是指挥系统，改造的重点是防御设施的修建。在指挥系统方面，朱棣迁都北平，使北平由原来的防御中心转为防御目的，以"天子守边"取代"藩王守边"，同时设总兵官镇守，实行重点防御。总兵官有明确的镇戍之地，从而形成新的统兵体制，从总兵、参将、游击将军到守备、千总、把总等，各任其事，分担其责。建文四年（1402），设宁夏镇，"命右军都督府左都督何福佩征虏前将军印，充总兵官，往镇陕西、宁夏等处"；永乐元年（1403），设甘肃镇，"命后军左都

督宋晟佩平羌将军印，充总兵官，镇甘肃"；永乐七年，设宣府镇，"置镇守总兵官，配镇朔将军印，驻镇城，自是始称宣府镇"；同时设大同镇，"永乐七年，置镇守总兵官，于是大同称镇"；永乐十二年，设辽东镇，明成祖命都督刘江充总兵官"镇守辽东都司属卫军马"。在防御设施的修建上，主要以修建内地的城堡，同时在缘边地区修建烟墩。如永乐十一年己酉，山西缘边烟墩成。先是从江阴侯吴高请于缘边修筑烟墩。后来，东路自天城卫至榆林口直抵西朔州卫暖会口；西路自忙牛岭直抵东胜路至黄河西对岸灰沟村烟墩皆成，以此加强预警系统建设。

洪熙、宣德朝（1425～1435）是稳固发展的时期。仁、宣二帝对蒙古的政策继续强调守备为本。为此，仁宗在洪熙元年（1425）二月"颁将军印于诸边将"，正式将总兵镇守制度立为定制。但是北方防务上没有积极整固措施，逐渐陷于消极防御，对蒙古入侵势力已拙于应付，并且"宣德以后，将官渐肆贪侈，剥削军士，武备日渐废弛"，防务每况愈下。

宣德一改永乐时讨伐蒙古、扩展战线的外向战略，转向划地防守的内向战略。为了加强山西的防御力量，宣德四年（1429）设山西镇："置镇守偏头及雁门、宁武三关总兵官，驻偏头。"与此同时，由于明军不复入漠讨伐，口外边地遂难以据守，以开平最明显。开平连接内地，控御蒙古的地位大为下降，粮饷难继问题却日益暴露。故宣德五年，将开平卫治由原来的塞外开平城迁至塞内的独石，以图紧缩战线固守。开平卫的弃守带来了严重的后果，"弃地三百里，尽失龙冈、滦河之险，而地益虚矣"。口外之地，终明一代，弃而不守。遂使明朝北边防线大幅南移，明初东西联防体系演变为九边的分地守御。

正统时期（1436～1449），最高统治者昏庸无能，朝政腐败，不重视北方防务。边镇军屯被破坏，边粮匮乏，士兵逃亡，防务废弛。而此时蒙古却统一在瓦刺部之下，蒸蒸日上。其实力已是"东诱兀良哈、女真，西联哈密"。明蒙之间开始了大不隔年、小不逾月的战争。蒙古一方逐渐掌握了主动权，以进攻为主，明朝则处于下风，以防御为主。由于东胜弃守，到了宣德末年、正统初年，蒙古诸部逐渐进入河套地区。因此，正统三年曾一度恢复东胜卫，但不久又并入延绥。自此河套地区长城以北原有卫所尽通废弃，遂使河套地区成为蒙古入犯内地的跳板。在此情形下，为加强河套以南的防御力量，天顺二年（1458）设延绥镇总兵官，初治绥德州（今陕西绥德）。成化九年（1473），移治榆林卫（今陕西榆林）。

"土木之变"后，明朝转入全面防御。正统十四年（1449），"诏诸卫内徙"，标志着明廷正式放弃对原先"大边"及以北地区的戍守，同时也放弃了原先的边墙防御设施，转为收缩防线、全面内守的政策。朝

△ 20世纪30年代，万里长城残留的烽火台
南京城墙保护管理中心藏

廷上下纷纷提出以防御为主的战略方针，认为"中国之御夷狄无所事乎攻，惟守与战而已。盖寇在外则据险而守，寇在内则提兵而战，守为策之善，而战非吾之利也"。这样便形成了"固守边疆"的全面防御政策。于是明廷开始大规模修建长城，以边墙作为防御的主要手段。成化时期（1465～1487），诸镇相继修筑边墙，并一度掀起修边的高潮，初步确立了明代中后期长城的主要分布地域和走向。

孝宗（1487～1505年在位）即位后，边防形势更加严峻，"边将日以怠忽，益肆贪婪，眈于宴乐，军马操练，惟务虚名，斥堠不谨，烽燧不明，虏入则获厚利，交战则被损伤，职此故也"。面对日益严峻的边防形势，弘治十年（1497），设立三边总制于固原，以加强西部地区的防御。

在成化、弘治两朝的边防建设中，成功之处是任用余子俊、马文升、刘大夏为兵部尚书。在这三人的努力下，一条以"守为长策"的战略防御方针得以确立并延续，这也为后世边防设施的修建确立了思想基础。此外，在边防制度上，出现并逐步确立了总督（制）制度。

到了正德年间（1506～1521），蒙古在达延汗的经营下各部走向统一，势力大盛，其战术也有长足进步。随着蒙古的强大，与明朝的战争也愈发频繁，明朝修边之役亦不间断。

到嘉靖（1522～1566）中后期，"权臣行私，将吏风靡，……财用已竭而外患未见底宁，民困以极而内变又虞将作"。这种局势下，对边防和民族政策，往往出于政治原因而不是国家利益的考虑。世宗对北边防务和"蒙虏"之事深感棘手，如果不是军情紧急，他认为最佳的政策是回避、封锁、断绝往来，以免滋生事端。其结果使得这一时期明廷在如何处理蒙古问题上缺乏明确、连续的思路，更谈不上正确而稳定的政策。

嘉靖十三年（1534），俺答求贡，明朝认为"其情多诈，难以轻信"，而蒙古"以不得请为憾，遂拥众十余万入寇"。此时的蒙古部首领俺答汗通过多年用兵，征服了宿敌瓦剌部，又瓜分了兀良哈万户，日渐强大，"部落十余万众，明盔甲者三万有奇，马四倍之，牛羊十倍之"，鞑靼诸部皆听其约束。后顾之忧一旦解除，便全力南下。从嘉靖十七年开始，"扰我疆场，迄无宁岁"，次数规模日益增大。面对严峻的边防形势，明廷修墙筑台，摆边守堡，但是屡战屡败。嘉靖二十年，俺答再次求贡。世宗武断拒绝，宣称"务要选将练兵，出边追剿，数其侵犯大罪，绝彼通贡"。此后，俺答一面入边攻掠，一面不断叩边求贡。明廷内部，蒙古问题常被用作政治工具，对蒙政策的主张往往出于一己私心。后期，严嵩擅权，使政治日趋腐败；边防败坏，蒙虏之祸愈演愈烈。

　　明廷在对待蒙古问题上时守时攻，时又闭关绝贡，态度摇摆不定，使得边臣无所适从。一方面是战守无力，有边无防；另一方面又顽固坚持民族歧视和隔离政策，对俺答汗的通贡要求毫不让步，这种相悖的态度和做法只能招致

△ 河北省崇礼区水晶屯明长城遗址　明晓东摄

蒙古更猛烈的进攻，带来灾难性的后果——"庚戌之变"。

"庚戌之变"，是明朝在"土木之变"百年后经历的又一次严重危机。世宗迫于俺答汗的兵威，在边境开设马市，但马市仅置一年便废，和平贸易断绝。明蒙反目为仇，又开始了长达20年的战争。面对日益严峻的边防形势，明朝只能依靠长城进行防御，对之前的长城防御体系再做调整，于嘉靖二十七年（1548）设蓟镇。"庚戌之变"后，鉴于蓟镇过于庞大，不利于防守，故于嘉靖三十二年在蓟镇基础之上拆分出真保镇；之后，到了嘉靖三十九年，再次在蓟镇基础之上设立昌镇。同时，针对九边各镇各自戍守，彼此难以相互支援配合，甚至以邻为壑这一弊端，正式将总督制度定为定制，九边十三镇共划分为三个总督管辖。嘉靖四年，设陕西三边总督："总督陕西三边军务，节制陕西、延绥、宁夏、甘肃四抚，固原、榆林、宁夏、甘肃、临洮五镇，其兵马钱粮，一应军务，从宜处置，镇巡以下，系听节制"；嘉靖二十九年设蓟辽总督："总督蓟辽保定等处军务，简历粮饷，节制顺天、保定、辽东三抚，蓟州、昌平、辽东、保定四镇"；同年定制宣大总督："总督宣、大、山西等处地方军务，兼理粮饷，节制宣府、大同、山西三抚三镇"。随着总督的确立，明廷的边防建设无论在规划上，还是在人力、物力、财力的调配使用上都有了统一的规划和调度，为其迎来建设高峰打下了坚实的物质基础和制度保障。从此，明廷在各镇掀起修边的高潮。

穆宗即位（1567）后，将以往的对蒙政策做了总结和反省，认识到连年战争给明蒙双方都带来了深重灾难，"华夷交困，兵连祸结，故思一容通贡，各遂保全"。这为数年后实现明蒙议和、俺答封贡提供了一个基本政治条件。

隆庆四年（1570）的"俺答封贡"，结束了自明初以来明蒙之间近200年兵戎相见的战争局面。到"隆万间，中土安平，不见兵革"。边塞止熄数十年，出现了"三陲晏安，一尘不扰，边氓释戈而荷锄，关城熄烽而安枕，此自古稀见之事而今有之"的情景。隆庆议和的初衷是"内修守备，外示羁縻"。议和后对于双方的和平能持续多久问题上，明廷并没有寄予太多的希望，因而抓紧时间，继续修筑边防工事。隆庆五年十二月初七日，宣大总督王崇古便"条陈边事曰：一、修险隘。谓当乘虏纳款之际，缮完城隍墩堡"。这一观念直接影响了万历朝长城的建设。

万历（1573~1620）初年，明廷继续修建边墙，并且廷臣也多认为修边为上上之策。万历元年，廷臣吴百朋对于可能引起的危机曾说："夫虏贡市，冀为数年之安，修我武备，实为百世之利，但恃其在我者，安可弛备以徇虏情？事先急务，功贵乘时。及今闲暇，春和冰解，亟宜兴工修复边墙以树藩屏，乃为得策。"因此，再兴修边之役，在嘉靖朝的基础上加以修缮，帮筑加宽增高并包以砖石。此时修边最大的特点，是在墙体上广泛修建空心敌台，东起辽东，西至甘绥，使长城防御工事更为完善。今日现存明长城，以嘉靖、万历时期修建为主。

万历后期到崇祯（1628～1644），明朝的边患，已由北方的蒙古转向东北地区崛起的女真族。因此，万历四十五年，将蓟镇的东协四路分化出来成立山海镇，并设总兵官。崇祯时期，又将密云镇从蓟镇中析出，同时辽东镇边墙进入了修建高峰期。

现今明长城东起辽宁省虎山，西至甘肃省嘉峪关，从东向西行经辽宁、河北、天津、北京、山西、内蒙古、陕西、宁夏、甘肃、青海10个省（自治区、直辖市）的156个县域。据国家文物局公布的数据，其总长度为8851.8公里。

明长城是中国现存各代长城防御体系中保存最完好的。一套完整的长城防御体系主要由三部分构成：以点状分布的各级军事城堡所组成的抵抗核心；以线性分布的长城墙体作为区域性防御的前沿主体；以烽火台之间相互传烽形

▽ 山西省天镇县明代保平堡遗址　田琦摄

△ 河北省承德市金山岭长城　周万萍摄

成的烽线，连接各级军事单位，从而便于传报、指挥和应援。由此，"点"、"线"而编织成了一个立体的"面"，即面状的区域性防御体系。具体可分为如下几部分：

（一）预警机制

长城墙体以外，明朝定有严密的预警机制。各镇为提前侦知蒙古入侵情报，大量派遣哨探、尖哨、夜不收等，深入蒙古境内，刺探情报，从而知其入侵地点、数量等，为边军提前布置、准备赢得宝贵时间，便于截击和应援。

（二）防御设施

防御设施，是明长城防御的主体建筑。主要有城墙、城堡、关城、敌台、马面以及边墙以外用于遏制骑兵的冲锋的品窖、偏坡等。

长城墙体依材料划分为砖墙、石墙、土墙、山险墙、木栅墙、壕堑等类型。城墙结构通常采用下大上小剖面呈梯形，高厚尺寸亦随形势需要而异。城墙顶部外侧设垛口，内侧砌女墙亦有两面皆作垛口者。垛口墙上根据防守需要开有瞭望孔、射孔、雷石孔等。墙体顶部内侧设有排水沟或吐水石嘴，以利于排水。墙身内侧修砌券门，以供守城士卒上下。同时开设暗门，以利士卒出外

△ 20世纪30年代，山海关附近万里长城之残壁 本页照片均由南京城墙保护管理中心藏

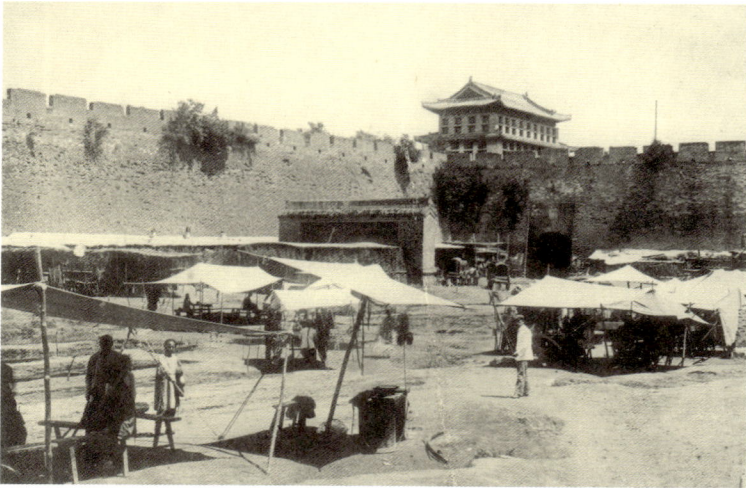

△ 20世纪初，山海关城墙下的街市

探听情报。

关城与长城连为一体，是出入长城内外的主要通道。关城是防守的重点，一般建有拱门，关城上建城楼。一般关城都建单重或数重，其间用砖石等材料连接成封闭的城池，有的关城还筑有瓮城和水关，城内建马道，以备戍卒登城守御。

城堡主要分布于长城墙体内侧，按军事等级分为镇城、卫城、所城和堡城。根据具体防御需要，有的城堡分管边墙，有的驻扎游兵，总的来说城堡的作用主要是为前线提供军事和后勤保障，是整个长城防御体系抵抗的核心单元。城堡的建置多因地制宜，根据所处地形以及防御需要的不同，主要分为矩形、圆形、多边形和不规则形。城堡依据防御需求设马面、角台、城门、护门墩台、瓮城等防御性建筑。城内普遍设有衙署、营房、民居和寺庙。

敌台亦称"敌楼"，骑墙体而建且高于墙体，其作用主要是对攻城之敌进行侧击，同时也是为守墙士兵提供军事和后勤保障的中心单元。敌台因建筑形制不同可分为实心敌台和空心敌台，其间距因地形和防御需求而定。空心敌台分为二层或三层，基础之上发券修建拱券结构的楼体，开拱门、箭窗，内为空心，顶部建铺房，四周环以垛口。马面凸出墙外，台面与城墙顶部相平，顶部建垛口、铺房，供守城士卒遮避风雨。

（三）军情传报体系

整个长城防御体系中，由烽火台构成的军情传报体系可说是最重要的部分之一，它使得下情上知，上命下达，从而使整个军事指挥系统得以正常运行。

烽火台也称"烟墩"、"烽燧"、"烽堠"，按照其与长城墙体位置的不同可分为腹外烽火台、沿边烽火台和腹内烽火台。建筑形制主要是矩形和圆形，具体设置位置依地形而定，总的要求是视野开阔，"火光可见，炮声可闻为限"，其主要作用是通过旗帜、烟火、鸣炮、响器（如梆铃、锣等）等不同组合传递军情。从烽火台传烽的具体传递表象上，大致可分为两种类型，一种

△ 20世纪30年代，万里长城一景 南京城墙保护管理中心藏

△ 陕西省府谷县旧城小西门　程长进摄

是以蓟镇为代表的"左右分传"型；一种是以大同镇为代表的纵向传递型。但是，烽火所传递表达的军情内容毕竟有限。因此，以详细表达情报内容为优势的"走报"，即派遣脚力较好的士兵，递送塘报。

（四）后勤保障体系

后勤保障体系主要包括屯田、马政、戎器制造以及相关财政经济制度，如年例银制度，相关政治、军事制度，如卫所制、总兵镇戍制、总督统帅制等共同构成的，是维持整个防御体系中不可或缺的部分。

明长城是现存长城中建筑和防御体系保存最为完整的长城，它对明朝防御掠扰，保护国家安全和人民生产生活的安定，开发边远地区，保护中国与西北域外的交通联系，都发挥过作用，它充分体现了中国古代建筑工程的高度成就和古代劳动人民的聪明才智。

尚珩

8. 清代长城

清廷对长城多持"无用"态度，但随形势的发展，也逐渐开始修筑各类城墙建筑。较大规模修缮和增筑有四次。首先在清前期为了保护"龙兴之地"，沿原明辽东镇的边墙，同时也新开边壕建成"柳条边"。其次清中期，为有效镇压和统治西南苗族，在这些民族聚集区修筑防御工事，名为苗疆长城。第三，清后期，内外局势发生了巨大变化，使得清政府不得不修建长墙，

▷ 山西省天镇县桦门堡长城火灶遗址 王建伟摄

▷ 山西省河曲县明代火路墩遗址 黄东晖摄

对付国内风起云涌的民变。最后，"庚子事变"期间，慈禧太后为阻止八国联军向西追赶，令沿途守将修筑防御工事，名为"庚子长墙"。

（一）柳条边

柳条边又称"盛京边墙"。始筑于崇德三年（1638），完工于康熙二十年（1681）。整个工程基本沿明辽东镇边墙，在旧边的基础上维修或创修，个别地段掘地为沟堑。柳条边是清廷为维护"祖宗肇迹兴亡"之作，防止满族汉化，保持满语、骑射之风，同时也是禁止汉人越过边墙打猎、放牧和采人参而修筑的标示禁区的绿色篱笆。

柳条边主要分布在辽宁和吉林南部地区，分为老边和新边。《盛京通志》载："盛京边墙，南起岫岩厅所辖凤凰城，北至开元，折而西至山海关接边，城周一千九百五十余里，名为老边。""老边"全部位于辽宁省境内，现存是从今山海关明长城起，沿渤海西岸向东北，经绥中县、兴城市、葫芦岛市、锦州西部，到达义县北部的清河边门，再折向东，经白土厂边门转向东北；再经黑山县、新民市之北、法库县之南，到达开原县城威远堡边门；然后折向东南，经清原县、新宾县、本溪县之东，宽甸县之西，在经凤城市之中部，抵达东港市，全长1950里（《中国长城史》）。

新边，据《盛京通志》记载，主要修建在康熙十四（1675）、二十五、三十六年，以边壕为主要形式。现存新边均在吉林省境内，由威远堡边门到法特哈边门的新边，经过了四平市郊区、梨树县、伊通县、九台区，直达舒兰市，全长690里（《中国长城史》）。关于柳条边的结构，《柳边纪略》载，柳条边"高者三四尺，低者一二尺，若中土之竹篱，而掘壕于其外"。彰武台边门请示修理边墙的奏疏载："边壕深八尺，底宽五尺，口宽八尺，边柳一步三根，粗应四寸，高应六尺，涂土埋二尺，降剩四尺，边外大路，二丈六尺宽，区内马道，一丈一尺宽"（《辽宁史迹资料》）。现存柳条边受自然和人为破坏较为严重，保存遗迹不多。在吉林省四平市的石岭镇，梨树县的蔡家镇、孟家岭镇，现存柳条边遗迹10余公里，保存较好的壕沟宽2.5米、深1.5米（《中国文物地图集·吉林分册》）。在舒兰市法特镇、莲花乡，也保存有柳条边的遗迹，法特乡榆底村的柳条边现存口宽5.5米、底宽2.9米、深4.2米的壕沟和高0.4~1.5米的壕壁。

（二）苗疆长城

苗疆长城又称"湘西边墙"。明清时期把西南地区以苗族为主的聚集区称为"苗疆"。湘西苗疆位于今铜仁、松桃、秀山、酉阳、凤凰、花垣、吉首之间的腊尔山台地上。康熙时，苗患起。康熙二十五年（1686），"平定红苗，计寨一百一十有六，按其形势，画东、南、西、北四讯……一时约束羁縻之法，亦即周矣。而大宪尚欲为一劳永逸之计，饬行确议，捐修边墙，盖后经久之思诚远矣"。由于财政短缺与民族身份不易确定等原因，后边墙之议不了了之。

随着苗疆"改土归流"的进行，康熙五十年（1711），湖广总督鄂海再提修边。然而这一次修筑亦无下文。改土归流后，在和平的环境中，苗区人口逐渐增加，汉、苗交往渐多。使得土地无法适应人口增长，于是苗汉争斗渐多。乾隆六十年（1795），苗族爆发起义，清廷派遣福康安将起义镇压（《苗长城的倒塌》）。起义失败后，湘西地区的社会秩序遭到破坏，民族隔阂和民族矛盾日趋白热化。清政府在剿抚不能的情形下复筑"边墙"。嘉庆三年（1798），"由麻阳之高屯岩门后山横进五十里，分筑土堡接至泸溪大小章土蛮之地"，"于九月兴工筑大小堡共三十余座"。嘉庆四年，傅鼐上奏《禀沿边各路修建碉卡一案》称"自得胜营到乾州湾溪连延四十里，添设碉卡"。嘉庆五年，"筑建凤永乾保各厅县碉卡完备，凡八百余座"。然而增设屯堡碉卡，不仅没有解决已有的民族矛盾，又切断了苗人"出赴二县庸工觅食"之路。于是傅鼐又修筑"沿边墙壕，起自乾州界湾溪，至右营之四路口百余里"的近170里的"边墙"（《凤凰厅志》）。工程先自厅城（今凤凰县城）开工，在城四面山梁上修筑石碉、关门、卡门、哨台及围墙。然后又沿着凤凰至麻阳岩门的大道建碉楼16座，保护粮道的畅通。沿凤凰河至泸溪的地段，设碉21座、卡11座、哨台6座，作为护城内线。外线木林坪起至与贵州交界的落潮井（均属凤凰县），迤逦100公里地段上，修建碉卡800余座，在湾溪至四路口（均属凤凰县）的100余公里地段，修土墙、挖深壕，并利用峭壁等山险，碉卡相距较远的地段又添加石堡哨台88座，加固防线（《苗长城的倒塌》）。竣工之后以"边墙"为屏障，实行均田屯订政策，"凡修一边之碉堡，即均一处之田亩，相辅而行。始于乾州，次保靖、古丈坪，又次及永绥。其均之法，则以距离远近，碉卡疏密，区别之"（《凤凰厅志》）。在"边墙"内外，实行均田屯丁，招募乡勇苗兵，兵农合一，共同维持"边墙"内外的社会秩序。

现存苗疆长城，起于凤乾交界之木林坪老营盘，蜿蜒曲折南行，经竿子坪、旧司坪、晒金塘游击营、沟田、洞口哨、得胜营、鼓水井、靖疆营、大坡屯、油菜塘、清溪哨、黄土坳、四方井等汛堡屯卡，再偏西行，而止于长宜哨汛地的四路口近关碉。全线设汛堡19座、屯卡33座，修筑碉堡、哨台共200多座，平均约200米左右1座。除与墙壕相衔接的汛堡、屯卡和哨外，沿边墙线前后、内外，还安置有为数众多的汛堡、屯卡和碉哨，互为犄角（方三文、刘利君：《苗长城的倒塌》）。

（三）清长墙（又称"清长城"）

太平天国失败后，捻军继续抗清。同时回族起义也遍及大西北，从而形成了东起鲁、豫，西至陕甘，沿黄河一线10个省区范围之内的起义势力。1865年上半年，捻军在与清军作战中连续获胜，清廷调曾国藩北上勤王。曾国藩改变了以往清军采用的"狂奔穷追"战法，提出了"重点设防"、"布置河防"的战略方针。清长墙随之营建，首先于运河、沙河、贾鲁河沿岸构筑长墙工事，并发展成由点到线的防御体系。

由此，清长城遍布今内蒙古、河南、河北、山东、安徽、江苏及山西等地，但与传统长城不同的是，它用于防御农民起义。由于清长城修筑简单，自然人为破坏严重，所存遗迹不多。以山西为例，山西现存清长城主要分布在吉县、乡宁、大宁县的黄河东岸，顺黄河岸而建。长城起自乡宁县枣岭乡毛教村，沿黄河东岸向北经师家滩村、小滩村、南庄岭、万宝山进入吉县。之后沿黄河东岸北经柏山寺乡官地岭、刘古庄岭等，壶口镇小船窝村、七郎窝村、壶口风景区等进入大宁县。再沿黄河东岸北经太古乡社仁坡村、六岭村、平渡关等，到窑子畔村北约20米止，整体呈南北走向，全长约125公里。墙体大多采用两侧片石垒筑，中心填以杂石和土。现存残段高约2.5米、宽1.5米（《中国文物地图集·山西分册》）。

对比前代长城，清长城的建筑呈现出鲜明的时代特点。从外观上看，虽没有前代长城雄巍壮观。但无论从实战功能、建造技术或整体布局等方面都优于历代长城，而且很多方面的特点是历代长城未曾有的，鲜明地呈现出近代防御工程体系的雏形。总的来说，清长城由以下几个主要部分组成：

壕垒，所设多在渡口或河湾便于船筏停靠处。分三种形式。其一为筑在临河高滩之独立壕垒，一般长50～60米、宽30～40米，垒门设南北两侧，墙顶分正墙和子墙，有枪炮眼，有些还留有放置药弹的小平台；子墙为兵卒站立之地。临河两角垒筑炮台。壕垒四面掘壕，垒内留甬道，各队分驻两侧。靠墙处多筑踏阶与子墙相通。其二为壕垒与长墙相连者，壕垒之背墙皆与墙身相连，墙垒间有踏阶相通，而壕垒之间所筑炮台则若历代城墙之马面凸出墙外，敌楼变为炮台。其三，系利用渡口、村镇、码头之外墙加筑垛口子墙和炮台者。此种形式者，则因原有布局而定，形制不一。

栅卡，小于壕垒，多设于河边道口和壕垒两侧，可称作"卫星"工事，其形制式样依地形地物而定。

长墙，沿河岸筑砌。有筑于河岸数百米远之阶地后跟高坡者，前高4～6米，后高3米，顶部正墙高0.5～1米、宽0.5米，子墙宽2～3米不等，正墙设垛口或射孔，墙前掘壕，形同壕垒外壕，墙身每隔170～200米，即设一炮台，台顶筑"凹"字形掩体，掩体前留炮口。掩体两侧护墙高2米，体尾与墙外侧垛口正墙相连。墙后一般多修成平坦之内壕，宽在2～3米之间，壕与子墙间每隔20～30米有踏阶相通，是兵卒临战运转弹药、来往支援之安全通道。筑于临河石岸碥畔者，墙前多不掘壕，其形制尺寸如前，有个别地段，仅作正墙、子墙即内壕。

挡墙，为长墙身后高坡或壕垒栅卡周围人马可以逾越的小路、缓坡处之石筑短墙。有些形如石阙，与长墙平行；有的形如照壁，竖于路心。

清长城在当时发挥了很大的作用，使得捻军在战术上彻底失败。同时清长城也体现了近代军事作战的一些特征，从其进步的型制、布局的合理、设计的完整等方面所显示出的特别之处，其科学性、先进性都是历代长城所不曾见的。可以说清长城是古代战争防御体系向近代战争防御体系转化的中间过渡形制（《清长城——清长城的发现、确认及调查》）。

（四）庚子长墙

光绪二十六年（1900），八国联军发动"庚子之役"，慈禧挟光绪帝西逃。联军趁势南下，法军占领获鹿县并准备继续西进。慈禧逃亡途中，发出加强晋防的谕令，命令撤离北京的董福祥速带所部马队，"亲自赶赴行在，并酌分步队扼守获鹿、井陉"（《义和团档案史料》）。同时山西巡抚锡良电令大同总镇刘光才"总统湘晋各军，驻防井陉一带，以固晋东门户"（《井陉县志料》）。刘光才认为"井陉隘口林立，东天门为获鹿入井陉正道，距获鹿三十里，地势险窄，古来兵家必争，遂驻军于此"（《晋东防军纪略》），又见东天门"南北山势横亘，有间道十余可抄入东天门后，迤南为东方岭，为后掌，为水峪村，为金柱岭，为割髭岭；迤北为岩峰、为马村，为段庄，为石鸡峪，为南北固底。又有由平山入井陉间道，为南北放口，为贾庄，皆分兵驻守，修筑石壕，安设地雷，隐然长城"（《晋东防军纪略》）。在他的带领下，清军打退了法军三次进攻。

庚子长墙，当地人称之为"小长城"。由于当时修筑简单，后代损毁严重，现存以墙基础为主。庚子长墙以东天门为中心，倚山脉走势向南北方向延

△ 河北省石家庄市井陉县的庚子长墙遗址　尚珩摄

伸，整个长墙大体呈西北—东南走向。南至南王庄乡割髭岭村，北达南北固底村，全长约50里，长墙宽约1米、高约1.5米，内外两侧为毛石砌筑，墙心为碎石和土的混合物（《井陉东天门文物遗迹考察与探微》）。

尚珩

9. 抗日战争时期的长城

20世纪三四十年代的中国抗日战争，是中国人民继1894年甲午中日战争之后的第二次反抗日本侵略的战争，是第二次世界大战反法西斯战争的重要战场之一，是中国民族生死存亡之历史决战。长城抗战，是中国人民早期抗日斗争的重要组成部分。

一、长城抗战第一枪：榆关抗战

1931年，日本发动了九一八事变，仅四个月时间就占领了中国东北全境，并在1932年3月1日成立了伪"满洲国"，将边界推到了山海关。侵华日军在山海关外与中国驻军呈犬牙交错之势，海面上有多艘日军驱逐舰停泊，山海关已是兵临城下。

侵华日军企图侵占热河，逼迫国民政府承认长城沿线为伪满洲国的边界线，力图先占领长城北部地区，并在长城以南制造一个非武装地带，再攻破蓟镇、宣镇长城防线，为全面入侵华北乃至全中国打开方便之门。

1933年1月1日夜11时，侵华日军开始向山海关进攻。爱国将领何柱国下令坚决抵抗，以千余守军与日军坦克、步兵激战三昼夜，遂于1月3日山海关失陷。1933年2月10日，侵华日本关东军在下达进攻热河的命令时，就要求所部不失时机地占领界岭口、冷口、喜峰口、古北口、罗文峪、马兰峪等长城主要隘口。

3月4日，侵华日军占领承德，即分兵向长城各口推进，同日占领冷口，经要路沟向界岭口前进，于5日占领了茶棚。6日，向喜峰口方向前进，并向界岭口和义院口进攻。9日，侵华日军到达喜峰口外。11日，日军到达界岭口和义院口外。中国军队退守义院口、界岭口、青山口、喜峰口、铁门关、罗文峪、冷口、古北口、多伦、张家口等100多个长城关口，战线长达1000多里，中国先后投入总兵力达35万多人。侵华日军在长城各隘口遭到中国驻军的顽强抵抗，展开了长达80多天激烈的阵地争夺战。

二、长城各关口的作战

（1）喜峰口、罗文峪战斗

喜峰口、罗文峪，系平东通往热东的交通孔道，第29军宋哲元部担任城岭子口、董家口、喜峰口、罗文峪至马兰峪之线的防御任务。1933年3月9日，第29军先头部队刚到喜峰口，占领了口门，立即以一个团投入战斗，暂时稳住了战局。10～11日，与进攻喜峰口两侧阵地的侵华日军展开肉搏战。11日夜间，第29军决定趁日军疲惫之际，与日军一战。当夜，赵登禹旅官兵身背大刀于12日拂晓分别抵达北山土、三家子日军骑兵阵地和蔡家峪、白台子炮兵阵地，趁日军熟睡之机，手持大刀猛砍、猛杀，并将日军阵地的火饱和辎重、

△ 战斗在古长城上　沙飞 1937年摄　王雁藏

粮秣炸毁、烧尽，此战毙伤日军六七百人，打死日军植田支队长，破坏野炮18门。侵华日军在喜峰口受挫后，向罗文峪发动进攻，企图威胁第29军喜峰口阵地的左后方。17日8时，日军在飞机和炮兵支援下，大举进攻罗文峪、山渣峪和沙宝峪。18日晨，日军再次猛攻上述阵地。守军依托城墙、碉楼，顽强抵抗。日军在猛烈炮火支援下，反复向守军冲击，激战至傍晚，将其击退。喜峰口、罗文峪战斗，由500壮士组成大刀队于夜间潜登日军阵地，砍毙大量日军，大刀队亦多数壮烈牺牲，仅生还20多人。七个昼夜，日军多次强攻，伤亡达3000多人，终未得逞。喜峰口战役，是长城抗战中国军队取得的最大胜利。

　（2）古北口、南天门战斗

　古北口是由承德到北平最近的关口，为北平之门户。1933年3月4日，侵

华日军占领承德后，即以第8师主力向古北口方向追击。12日晨，日军在飞机和火炮支援下，对守军阵地再次发起攻击，守军大部不支，被迫后撤。12日夜，撤下的第25师部队在南天门及其左右占领阵地。

4月初，侵华日军占领滦东后，再次向长城各口发起强攻。4月11日，冷口弃守。冷口的失守，使喜峰口守军腹背受敌，29日奉命撤退。从4月20日深夜起，日军开始猛攻古北口以南的

△ 20世纪初，侵华日军进入山海关 南京城墙保护管理中心藏

南天门中国军队防线。至26日夜，日军以伤亡5000人的代价迫使守军后撤600米，守军也有3000多将士伤亡。当长城线上两军激烈战斗时，南京政府与日本侵略者在1933年5月31日签定了丧权辱国的《塘沽协定》，这一协定使中国丧失了东四省的主权，使华北的门户洞开。

▽ 1933年，中国军队在罗文峪长城布防 长城小站供稿

（3）南口战役

南口，是居庸关南侧的要隘，"绥察之前门，平津之后门，华北之咽喉，冀西之心腹"，为兵家必争之军事要地。

1937年7月7日，日本发动了七七事变。至7月底，侵华日军相继占领了北平、天津，以速战速决的战略方针，展开对中国内地大规模进攻。第二战区第7集团军奉令以汤恩伯指挥所部担任南口地区至赤城的防御，刘汝明指挥所部担任张家口方面的防御，延缓日军进攻华北、夺取山西的速度。

1937年8月7日，侵华日军向南口及其长城沿线要隘展开进攻，南口战役打响。中国军队在南口镇、得胜口、居庸关、八达岭、青龙桥、镇边城、横岭城、北石岭、东台、灰岭子、长峪城等长城沿线的各个阵地与日军展开激烈争夺。

（4）太原会战，平型关、娘子关战役

太原会战包括平型关战役、忻口战役、娘子关战役和太原保卫战，它是抗战初期华北战场上规模最大、战斗最激烈、持续时间最长、战绩最显著的会战。

1937年9月13日，山西长城线上的军事重镇大同和晋北外线长城的天镇、阳高、兴和、集宁、丰镇、镇宏堡、聚乐堡等军事要地先后失陷。阎锡山指挥所部退守内长城的平型关、雁门关、神池一线。第18集团军（原八路军改）朱德总司令命第115、第120、第129师分别驰援平型关、雁门关、五台山配

△ 1937年，长城抗战中的中国军队 沙飞摄，王雁藏

△ 1937年8月23日，侵华日军占领居庸关

△ 1937年8月23日，侵华日军进占居庸
关长城一段

△ 1937年8月26日，侵华日军占领八达岭后狂呼，城墙遭破坏 本页照片均由南京
城墙保护管理中心藏

合作战。

　　10月初，侵华日军发动以攻占太原为目标的作战（也称"太原会战"）。日军参战总兵力14万，一路袭击繁峙、代县，径奔忻县；另一路，沿平汉路、正太路攻击娘子关，策应北路之敌，分进合击太原，开始了忻口战役。

　　1937年9月初，八路军第115师奉命利用平型关一带的险要地势，对进攻平型关的日军进行伏击。9月25日5时左右，日军由百余辆汽车和200余辆大车组成的辎重车队及后卫部队进入伏击地带。清晨7时，攻击命令下达，115师设伏部队突然发起猛攻。经过半天的激烈战斗，一部分日军被歼，一部分向东溃逃。27日，侵华日军进击茹越口，守军第34军第203旅坚决抵抗，旅长梁鉴

▽ 1937年10月1日，侵华日军穿越紫荆关　南京城墙保护管理中心藏

堂阵亡，次日茹越口陷落。侵华日军察哈尔派遣兵团进占繁峙，威胁平型关侧背。30日夜，平型关守军奉命撤向五台山，日军遂陷平型关。

（5）娘子关战役

娘子关是长城上著名的关隘，为兵家必争之地。民国时期修筑的自河北正定西入晋境太原的正太铁路从关下通过，为晋冀间物资转运枢纽。1937年10月初，侵华日军在进攻石家庄的同时，以一部兵力西进，企图夺取娘子关，与由晋北南下之敌会攻太原。此时，保卫娘子关对于稳定华北战局有着极其重要的意义。

1937年10月，侵华日军占领河北省石家庄后，从明代长城的茹越口突破山西北部防线，沿正太铁路向山西进攻。中国第二战区部队一部，在娘子关南北地区布防阻击日军的进攻。守军在娘子关防线的井陉、石门口、旧关、新关、长生口、雪花山、六岭关、固驿镇等处与日军展开激烈的战斗，一度双方形成对峙。战至22日，守军伤亡极重。23日，日军左纵队在七亘村与八路军第129师一部发生战斗。这时，日军已迂回到娘子关正面守军的右后侧。黄绍竑请示阎锡山后，将娘子关一线守军主力后撤。26日，日军占领娘子关。日军迅速进至太原城外围，与由晋北南下的日军一起会攻太原。

成大林

△ 1937年9月28日，侵华日军进入山西察哈尔境内长城
南京城墙保护管理中心藏

△ 1942年5月八路军指挥员在北京密云长城上　雷烨摄，长城小站供稿

三　长城掠影

1. 东北地区的长城

辽宁、吉林、黑龙江三省（以下简称"东北"）位于中国版图的东北部，是中华文明的发祥地之一。从夏、商、周以来，东北地区活跃着肃慎、东胡、靺鞨、勿吉、挹娄、女真等华夏古代少数民族，曾先后建立过肃慎故国、高句丽、渤海等中原藩属国，慕容鲜卑、辽、金、清等都将东北作为主要的活动地域。在东北华夏民族与中原民族间的不断融合与冲突中，历朝历代都重视东北地区的经略，自战国燕、秦、汉、北齐、北周、隋、高句丽、渤海国、辽、金、明、清等朝代都在东北建有长城，而且其东部起点皆源于东北或全部建于东北境内。

由于辽、金、元、清四朝时的东北地区与中原冲突较少，故本篇东北长城主要围绕明代的辽东镇。

明洪武八年（1375），"辽东镇"设立，这是明代"九边"中最早开设的"九镇"之一。永乐七年（1409）置奴儿干都指挥使司（简称"奴儿干都司"）。宣德九年（1434），废奴儿干都司。辽东镇也是明长城九边中唯一集边防与海防为一体的边镇，其实际统驭范围包括东起鸭绿江、西至山海关的今辽宁省的大部分地区。为了加强此时的辽东镇防御能力，宣德之后，明王朝开始在辽东地区修筑长城。明辽东镇长城的修筑大致分为三个阶段。

第一阶段，从正统二年（1437）开始，集中完成在正统七至十一年间，即毕恭在任主持边防的五年。明宣德年间（1426～1435），明王朝废除奴儿干都司后，巡抚李善在亲自到辽阳和开原巡边后曾叙述："臣至辽阳、开原询及故老，皆云宣德年间本镇初无边墙时，唯严望，远烽堠"（明·任洛等纂修：《辽东志》卷七）。说明此时的辽东镇并无边墙。正统二年起，定辽前卫指挥佥事毕恭"言边五事"，其一即为"自海州卫至沈阳中卫，宜于其间分作四处，量地远近，筑置堡、墩"（《明孝宗实录》卷七二）。正统七年冬，王翱奉命"提督辽东军务……乃躬行边，起山海关抵开原，缮城垣，浚沟堑，五里为堡，十里为屯，使烽燧相接"（《明史·王翱传》）。王翱荐毕恭为流官指挥佥事，毕恭"图上方略，开设迤西边堡墙壕，增置烽燧，兵威大振"（《全辽志·宦业》）。由上可见，毕恭始筑的这段辽西边墙，主要分布在开原以西至广宁间，跨辽河套形成的"U"形曲折段，其西段又经广宁西南而延至山海

△ 辽宁省葫芦岛市小红螺山口明代敌楼　连达摄

关。正统十二年，毕恭以修筑辽东边墙等功绩，升任辽东都指挥使。

第二阶段，集中在天顺（1457～1464）、成化（1465～1487）至嘉靖（1522～1566）年间，主要是成化年间对辽东山地长城的修筑，也有对正统年间所建边墙的补筑。成化三年，明军分三路大败建州女真，战后为进一步加强辽东地区的防御和守边，开始修筑从辽东抚顺"东洲堡"至本溪"草河堡"共"十堡相属千里"的辽东边墙。嘉靖初，李承勋巡抚辽东，"时边垣已废，夷虏猖獗，提请修筑边墙，自辽阳三岔河北抵开原，延亘五百余里"（《全辽志·宦业》）。嘉靖十四年，开原兵备道黄云增设开原"永宁堡"、铁岭"镇西堡"、"彭家湾堡"和"白家冲堡"，连接四堡的边墙计约200余里。"嘉靖丙午（二十五年），巡台御史张铎（秋渠），按治兹镇（辽阳）"，修"彭家湾堡、李屯堡、散羊峪堡、一堵墙堡、孤山（旧）堡、险山堡、江沿台堡"等"河东七堡"（《全辽志》）。从嘉靖初年至嘉靖二十五年的20余年间，经右副都御史李承勋和开元兵备道黄云等增筑辽东边墙，明辽东边墙的辽河套段、辽西段和辽东段基本完成。从成化至嘉靖年间，辽东段边墙的陆续修筑，保证了辽东地区半个多世纪的安定。

第三阶段，主要指万历年间对辽东边堡的"展边"和台墩的补筑。成化

△ 辽宁省锦州市义县明长城 连达摄

三年（1467），明军大破建州女真约百年后，至隆庆（1567～1572）、万历（1573～1620）年间，建州女真再度强大。为防御建州女真和经略鸭绿江两岸，时任辽东总兵李成梁、兵部侍郎汪道昆提出奏议，"移建孤山堡于张其哈刺佃（原文），险山堡于宽佃，江沿、新安四堡于长佃、长岭诸处。仍以孤山、险山二参将戍之，可拓地七八百里，益收耕牧之利"（《明史·李成梁传》卷二三八）。这就是移孤山堡于"张其哈刺甸子"（现地名），移险山等五堡于"宽甸、长甸、双墩子、长岭、石散"等五处的辽东"展边"之议。10年后，万历四十六年，努尔哈赤率部首先突破了明辽东边墙的抚顺关和清河城，并拆毁二城。至此，辽东边墙实际上已结束了自己的历史使命。

据《辽宁省明长城资源调查报告》调查分类，可将辽东明长城分为辽东山地、辽河平原和辽西丘陵三个段落。

辽东山地的明长城，主体的分布包括丹东、本溪、抚顺和铁岭四市共12个区县（市）。它们大致依东南—西北的走向可分为四大段：分布于丹东市宽甸县、振安区、凤城市的明长城为丹东段；分布于本溪市本溪县的明长城为本溪段；分布于抚顺市新宾县、抚顺县、东洲区、顺城区的明长城为抚顺段；分布于铁岭市铁岭县、开原市、清河区、西丰县的明长城为铁岭段。辽东山地因地形、地势复杂多变，所筑长城既穿行在沟谷，又筑于交通要地及相对低矮

△ 辽宁省绥中县小河口明长城　窦佑安摄

的山脊上，其结构相应也有多种形式，既有人工城墙，也有木柞墙，还有山险等，而且墙体多不连贯。这与《全辽志》记载的"若乃山谷之险，天造地设，崇形势，据险隘，察远近"大致吻合。

辽河平原地区的明长城，分布于铁岭、沈阳、辽阳、鞍山、盘锦和锦州六市共13个区县（市）。它们大致沿辽河两岸从东北到西南走向，近辽河口时又折向西北，可分为六大段：分布于铁岭市昌图县、开原市和铁岭县西部的明长城为辽河平原长城铁岭段；分布于沈阳市法库县、沈北新区、于洪区和辽中区的明长城为沈阳段；分布于辽阳市辽阳县的明长城为辽阳段；分布于鞍山市海城市和台安县的明长城为鞍山段；分布于盘锦市盘山县的明长城为盘锦段；分布于锦州市黑山县和北镇市境的明长城为锦州段。据史料记载和现场调查，由开原市镇北堡西南，逐渐进入辽河平原地区的明长城多为夯筑土墙，河网地带有"以河为堑"的河险。

辽西丘陵地区的明长城，从黑山县白土厂门迤西，分布于阜新、朝阳、锦州和葫芦岛四市共9个市县区。它们从东向西再折向西南可分为四大区段：分布于阜新市的阜新县和清河门区的为阜新段；分布于朝阳市北票市的为朝阳段；分布于锦州市义县、凌海市和太和区的为锦州段；分布于葫芦岛市连山区、兴城市和绥中县的为葫芦岛段。各段明长城因所处地势不同，相间有夯土

△ 辽宁省丹东市虎山长城　连达摄

墙，也有石墙，还有因山设险无墙的。

　　根据调查结果，辽宁现存明长城墙体约1075公里，由于自然和人为的破坏，许多长城墙体已经消失或损坏严重。调查确认有效墙体约696公里，其中土墙约219公里，石墙约272公里，山险墙约48公里，山险约132公里，河险约25公里；消失墙体约379公里。辽宁明长城保护状况不容乐观，多年来只是对虎山长城、九门口长城等一些明长城重点段落进行了维修，多数维修工程也仅局限于抢险工程。

　　虎山长城（古称"老边墙"），位于辽宁省丹东市城东虎山南麓，是明万里长城的东端起点。明宪宗成化五年，为了防范崛起的后金及海上外敌的入侵，始修筑虎山段长城。民国版《安东县志》记载说："老边墙，在县治东北四十里，叆河北岸，……嘉靖二十五年，更为第二次拓边，置江沿台堡于

△ 辽宁省葫芦岛市绥中县九门口长城　严欣强摄

今九连城，则老边墙之筑，必在此时。"1992年，通过《虎山长城修复设计方案》，虎山长城现已修复1250米，过街城楼、烽火台、敌台、战台、马面等12景，成为著名的旅游景点。

九门口水关，位于辽宁省葫芦岛市绥中县李家堡乡新台子村境内，距山海关15公里，是万里长城中著名的水关。据说因早年修城者为保护水关不被洪水冲毁，在桥墩四周及上下游地面上铺砌了连片的巨型花岗岩条石，用条石1.2万多块，用铁水浇固，面积7000平方米，远望好像一片巨大的石板，故九门口又称"一片石"。九门口始建于北齐，明洪武十四年（1381），大将军徐达发燕修永平界岭三十二关而建九门口。"景帝景泰元年（1450），提督东京军务右金都御史邹来修喜峰迤至一片石各关城池"（光绪版《临榆县志》）。光绪十八年（1892），路基与六座水门洞被洪水冲毁。光绪三十年，重修。1986年4月，开始修复九门口水关与两侧的长城墙体，如今九门口水关是著名的旅游景点。

程长进

2. 河北的长城

河北地区历史悠久，古代燕赵之地很长时间处于胡汉杂糅的状态，是战争发生的频繁之地，自古以来就是修建长城的重要地区，先后有燕、中山、赵、秦朝、汉代、北魏、北齐、北周、隋、唐、金代、明代等诸侯国和封建王朝修筑了长城。

一、燕南长城

燕南长城，又称"易水长城"，分布于保定、廊坊两市的易县、徐水、容城、安新、雄县、文安、大城七县（区）。修筑于燕昭王之前，是燕国南境的重要防线。长城首起于易县西南，沿南易水河、白洋淀北堤、大清河、东淀和文安洼、子牙河延伸，总长约259公里。燕南长城的墙体有土石混砌和黄土夯筑两种形制，以易县曲城、徐水王坎庄等地保存较好，长约10公里、基宽4~15米、顶宽1~4米、存高1~6.3米。许多地段利用古代堤防为墙体，兼具防水、防御的双重功能。

二、燕北长城

经调查，燕北长城分布于张家口市沽源县、承德市丰宁县、围场县，向东入内蒙古境内。河北境内总长约226公里，墙体为黄土、沙土夯筑，破坏较为严重，有的地方已成为一条土垄。残宽4~18米、残高0.4~3米。长城沿线发现10余处障城、烽燧。也有专家认为燕北长城分内、外两条。秦代，燕北长

△ 河北省迁西县青山关明长城 黄东晖摄

城的部分地段又被利用为秦始皇长城。金代承安年间（1196～1200）又改建为金长城南线中段的一部分。

三、中山长城

据《史记·赵世家》记载："赵成侯六年（前369），中山筑长城。"战国中山长城分布于保定市涞源、唐县、顺平、曲阳四县。长城总长约89公里，墙体石砌或土石混砌，残宽1～2.5米、残高0.4～3米。沿线发现城址4处、屯戍遗址2处、烽燧遗址6处。其选址上"因边山险"、"因河为固"的特色鲜明。

四、赵南长城

有关赵南长城的分布与走向，存在着两种意见。一种意见认为在河北境内，由漳河北堤连接扩建而成，由涉县、磁县转向东北至肥乡区南；一种意见认为赵南长城位于河南境内的林州、辉县。从文献记载以及赵、魏、齐等诸侯国之间的战争形势分析，赵南长城应在河北境内的漳河北岸。长城以岳城水库为界，可分为西、东两段。西段起点位于涉县西北部的辽城附近，城址有涉县城洼地城址、西戍"营盘"城址、西达城址、磁县北羊城城址。东段自岳城水库以下，循漳河故道向东北方向延伸，历磁县、临漳、成安、肥乡、曲周，止于曲周县城南。长城是在漳河北堤基础上扩建而成的，沿线筑有武城（今磁县讲武城）、列人（今肥乡东北）、肥（今肥乡西）、葛蘖（今肥乡西南）等城邑。由于历史上漳河泛滥严重，东段长城遗迹已湮没在数米深的地下，地表遗迹无存。

五、赵北长城

关于赵北长城的东端起点，有蔚县说、张北说、内蒙古兴和说等多种意见，其中张北说较有说服力。赵北长城东端起点位于张家口市、张北、万全、崇礼交界处，向西经张北、万全、怀安县，于桃沟西入内蒙古兴和县界。河北境内全长约85公里。

△ 河北省张北县赵北长城遗址　本页照片均由李文龙摄

赵北长城破坏严重，墙体石砌或土石混砌，大多数地段被秦代、汉代、北魏、北齐和明代所修缮利用，残宽3～4米、残高0.5～6米。

六、秦始皇长城

秦始皇统一六国后，为抵御匈奴的侵扰，将原秦、赵、燕三国北部边境的长城连接起来，部分被废弃另筑新线，形成一道延袤万里的军事防线。秦始皇长城由西向东横跨河北北部的张家口、承德两市，可分为西段、东段。

△ 河北省围场满族蒙古族自治县岱尹梁秦长城遗址

西段由内蒙古兴和县进入张家口市怀安县与尚义县交界处，沿用原赵北长城向东延伸，又沿张北、崇礼交界向东北方向至桦皮岭北坡入沽源县，又折向东南进入赤城县骆驼砣。秦始皇筑长城时没有完全将燕北长城和赵北长城连接起来。东段秦始皇长城部分沿用原燕北外长城，经沽源、内蒙古多伦、丰宁、围场西部，自大唤起河口开始，离开燕北长城另筑新线，在三义永乡刁窝沟东入内蒙古赤峰境内，即旧称的"赤北长城"。河北境内总长约475公里。自张北二道边至赤城骆驼砣以及围场大唤起河口至三义永乡刁窝沟为秦始皇新筑。墙体土石混砌，坍塌严重，残宽2~3米、残高0.3~1.5米。

七、汉长城

河北境内的汉长城西由内蒙古兴和入境，向东经张家口市、承德市的怀安、尚义、张北、万全、崇礼、沽源、赤城、丰宁、隆化、滦平、承德等县区，又入内蒙古宁城县大营子。张家口境内大部分利用原赵北长城、秦始皇长

△ 河北省沽源县秦汉长城烽火台　李文龙摄

城，长约233公里。承德境内的汉长城以石砌、夯土墙体和"列燧"两种形式存在，长城墙体总长约21.5公里。丰宁境内的"列燧"以潮河川为中心，分布有大约60余座烽燧。滦平境内的"列燧"以东北部的滦河川和西部的潮河川为中心，分布有约107座烽燧。隆化境内的"列燧"分布约76座烽燧。承德县境内的"列燧"沿武烈河上游玉带河分布约35座烽燧。烽燧总计281座，间距约1~3公里。烽燧平面呈圆形，底径4~18米、残高0.5~4.5米，分别以黄土夯筑或石块垒基，上部夯筑黄土。

八、北魏长城

拓拔鲜卑所建立的北魏王朝，曾多次修筑长城。泰常八年（423），"筑长城于长川之南，起自赤城，西至五原，延袤二千余里，备置戍卫"。这条长

城东端起点位于赤城县东南的后城镇西北"四十里长嵯"南端山崖边，向北沿用原汉长城旧基，复循崇礼与赤城交界南下又西折，沿崇礼与宣化交界向西，经张家口市区向北抵万全、张北交界的黄花梁。由此向西沿用原赵北长城旧基，在怀安县桃沟村西入内蒙古兴和县。总长约393公里。大部分地段在明代又被修缮利用。未被明代利用的北魏长城坍塌严重，底宽2～3米、残高1米，呈土垅、石堆状。

北魏于太平真君七年（446）修筑的"畿上塞围"，东由北京市门头沟区东灵山进入涿鹿县，从小五台山北麓向西南入蔚县，呈东北—西南走向，跨越北口（即历史上著名的飞狐口）等要隘，进入山西广灵县，总长约109公里。长城墙体为石砌，以涿鹿西灵山段、蔚县张家窑段保存最好，底宽3.1米、顶宽2.8米、高约3米左右，顶部略呈圆拱形。其他地段坍塌较为严重。

九、北齐长城

北齐文宣帝于天保六年（555），"发夫一百八十万筑长城，自幽州北夏口至恒州，九百余里"。幽州北夏口，一说指昌平居庸关上，一说在密云古北口西侧的潮河峡谷；恒州在大同东北。这条长城东由北京市延庆入赤城县东南，经赤城、沽源、崇礼、宣化、张家口市区、万全、张北、尚义、怀安进入内蒙古兴和县。天保七年，长城进一步向东、西两端延伸，西段由山西广灵县入蔚

△ 河北省赤城县雕鹗镇唐代长城遗址 张和摄

县界，沿用原北魏"畿上塞围"，进入北京市界，复于密云与滦平交界的古北口（即北齐时的库堆戍）向东，历滦平、兴隆、遵化、迁西、迁安、宽城、青龙、抚宁，在抚宁车厂村开始，长城向东延伸至山海关角山、馒头山。向东长城遗迹不明显。北齐长城大部分被明长城所修缮利用，石砌或土石混砌，有夯筑迹象，坍塌严重，底宽1.2～4米、残高0.6～2.5米。大多数地段已成一条石垅状。

十、唐代长城

唐开元年间（713～741），张说筑长城（《新唐书·地理志·妫川郡》）。长城自赤城县后城镇西北的名旺庄村东北"四十里长磋"西侧山顶，向西至宣化、崇礼、赤城交界的大尖山转南，止于宣化区小蛤蟆口，总长约70公里。长城墙体坍塌严重，赤城雕鹗以西为黄土夯筑，底宽约3.5～7米、残高0.8～4米。雕鹗以东为石砌，底宽约3.5米、残高0.5～3米。明代修缮为宣府镇南山路长城的一部分。

十一、金代长城

金长城有主线和多条支线，河北境内的金长城属南线，分别位于承德市围场县、丰宁县、张家口市康保县。总长约215.5公里。丰宁金长城内侧有骆驼场边堡，康保金长城内侧有大土城、小兰城两座边堡。金长城由外壕、墙体、望台（马面）构成，墙体夯筑迹象不明

△ 河北省丰宁县金长城遗址 李文龙摄

显，坍塌严重，底宽3.6～10米、残高0.5～3米，望台间距200～300米。

十二、明长城

民间有一种说法："中国长城精华在明长城，明长城精华在河北。"河北的明长城分属九镇之中的蓟镇、宣府镇管辖（太行山区的长城属嘉靖后期设置的昌镇、真保镇管辖），由东向西、由北向南分布在八市共37个县（市、区）的广大区域。长城东起山海关老龙头，大体呈东西走向，经过抚宁、卢龙、青龙、迁安、迁西、遵化，延伸入天津市蓟州区境内，又经兴隆、滦平县

进入北京市。长城从北京市延庆四海，北入赤城县，经过沽源、崇礼、宣化、张家口市区、万全、张北、怀安、尚义入内蒙古兴和、山西省天镇交界处。宣府镇长城至此为终点。

昌镇长城由慕田峪、八达岭向西南入怀来县，延伸至广坨山后，以山为险未筑墙。自北京门头沟区沿河口开始，为真保镇管辖地段。经过涿鹿县、涞水县、涞源县，入山西省灵丘县。长城由灵丘再入阜平县，向西南沿河北、山西交界南行，进入灵寿县、平山县、井陉县、元氏县、赞皇县、邢台县、武安市的数道岩口。真保镇长城至此为终点。另从山西左权与武安交界的摩天岭向南，沿太行山脊还有一道长城，经武安、涉县，进山西黎城县。墙体总长约1278公里，设敌台2049座、烽火台2665座、马面637座、关堡302座。河北境内的明长城许多地段保存较好，以蓟镇长城的修筑质量最高，墙体内为夯土，外包砖石，底宽3.5～10米、高4.5～8米。沿墙体设空心敌台、马面，两侧设烽火台。宣府镇长城的修筑质量则明显低于蓟镇长城，大部分为毛石所砌，底宽2～4米、残高0.5～7米，现多数坍塌严重。昌镇、真保镇长城除怀来、涿鹿、

▽ 河北省赤城县明宣府镇独石口长城　严欣强摄

涞源等部分地段墙体保存较好外，许多地段是山险墙，墙体亦砌筑简单，保存情况较差。

蓟镇长城东起河北省山海关老龙头的渤海岸边，西止于北京市怀柔区的其连口关（今莲花池）。设镇城1座、路城12座、关城和堡城约270座。

昌镇长城东起北京市怀柔区慕田峪东界与蓟镇长城相接，西南止于河北省怀来县水头村西南永定河北岸的挂枝庵（今挂子庵）。设镇城1座、路城3座、关城和堡城约74座。

真保镇长城北起北京市门头沟区沿河城西北永定河南岸的沿河口，南端止于太行山区的河北省沙河市、武安市交界的数道岩口。设路城3座、关城和堡城约300座。

△ 河北省涞源县明真保镇隋家庄长城　黄东晖摄

宣府镇长城东起北京市延庆区四海冶口南，西止于河北省怀安县与山西省天镇县交界的西洋河堡西北的镇口台。设镇城1座、路城8座、关城和堡城约72座。

河北境内的明代古长城具有很高的建筑价值，明代隆庆（1567～1572）至万历（1573～1620）初年，谭纶、戚继光对蓟镇长城墙体进行了改建，简单的土石墙体改为外包砖石的宽厚高墙，墙体加筑敌台、马面、障墙、垛口墙、射孔、瞭望孔、排水孔、暗门等设施，凡在平原或要隘之处修筑得十分高大坚固，而在高山险处则较为低矮狭窄，一些最为陡峻之处无法修筑的地方，便采取了"山险"、"山险墙"的办法。

石砌墙体大部分属于三等边墙，可分为毛石干垒和白灰勾缝两种类型，所用石料有未经打制的毛石、片石和经过打制的条石、块石，墙芯有石砌和土石混砌，外包经过打制的较规整块石、毛石，墙体收分明显，剖面呈方锥状。顶部有石砌或砖砌垛口、女墙、瞭望孔、排水沟等。砖墙是指在石砌墙芯、夯土墙芯、土石混砌墙芯外侧包砌青砖，出现于明代中后期。主要分布在蓟镇，其他军镇比较少见。其中双面包砖者为一等边墙，单面（外侧）包砖者为二等边墙。墙体平均高约7～8米、底部宽约6～7米、顶部宽约4～5米。条石砌基，单面或双面包砖，顶部内侧有女墙，外侧有垛口墙，石砌或砖砌。垛口墙的上部设有瞭望孔，下部有射孔和擂石孔、排水沟和出水石咀等。在蓟镇长城重要地段墙体顶部，还建有横向的障墙，墙体外侧缓坡和易于攀爬之处还设有

△ 河北省怀来县明昌镇水头村长城　黄东晖摄

△河北省涞源县明真保镇狼牙口　本页照片由严欣强摄

挡马墙。

　　墙体之上，明代普遍增筑马面和敌台。敌台原为骑墙墩台，是凸出于墙体的高台，有实心和空心两种。戚继光镇守蓟镇长城时，创设了空心敌台。谭

△ 河北省万全区明宣府镇长城遗址

△ 河北省迁西县榆木岭长城 严欣强摄

纶、戚继光在蓟镇创建的空心梯柱式敌台类型多样，平面方形或长方形，剖面为方锥形，条石砌基，夯土或土石混筑台芯，外包青砖。顺长城墙体方向开1～2座券门，四壁设箭窗、射孔等。中层为方形或长方形券室，各券室有通道相连，通道内有登顶台阶或者开天井通往台顶。上层为顶面，四周有垛墙、瞭望孔、吐水嘴等，部分中间有楼橹（铺房）。依中层券室形制分为单券室、双券室三通道式、三券室三通道式等。空心敌台、马面的设置，将长城的防御功能发挥到了顶峰，是长城墙体防御功能科学性、合理性的完美结合。

关堡，包括关城和堡城，是守防和屯兵的中心。关城是出入长城的通道，大者称"城"，小者称"口"。关城设置，均是选择在有利防守的地形之处，有极冲、次冲之分。关城与长城是一体的，城墙建砖砌拱券门，上筑城楼和箭楼。一般关城都建两重或数重，其间用砖石墙连接成封闭的城池。堡城即屯兵城，根据防御体系和兵制要求配置在长城内侧。砖砌城墙，开1～4座门，外设马面、角楼、护城河，有些根据防御需要在城门外建瓮城，重要地段的关城、堡城合二为一。

烽火台作为传递军情的设施，称"烽燧"、"烽堠"，明代又称作"烟墩"、"墩台"，多建于长城内外的高山顶，易于瞭望的岗阜或道路折转处。烽火台形式是一座孤立的夯土或砖石砌高台，大部分是实心，台上有守望房屋和燃放烟火的柴草、报警的号炮、硝石、硫磺等，部分烽火台四周有围墙、壕

▽ 河北省涿鹿县明长城敌台　严欣强摄

沟，以护卫守军住房、羊马圈、仓房。

烽火台的设置方式有四种：一是紧靠长城两侧，称"沿边烽火台"；二是向长城以外延伸的，称"腹外接火台"；三是向内侧关城、堡城伸展联系的，称"腹里接火台"；四是沿交通线排列的，称"加道烽火台或路墩"。在蓟镇长城沿线烽火台近旁，还发现了火池、烟灶的遗存，内有灰烬和烟熏痕迹。

李文龙

3. 北京、天津地区的长城

北京与天津（以下简称"京津"），位于华北平原北部边缘，毗邻渤海湾，上靠辽东半岛，下临山东半岛。西部是太行山余脉，北部是燕山山脉，两山相交于南口关沟，诚如古人所言："幽州之地，左环沧海，右拥太行，北枕居庸，南襟河济，诚天府之国"，历来是兵家所争的战略要地。现存京津境内的长城按时代划分，可分为北魏长城、北齐长城与明长城，其中保存较好的主要是明代长城。

北魏长城——"畿上塞围"北京段。太平真君七年（446），拓跋焘部署长城之役，"筑畿上塞围，起上谷，西止于河，广袤皆千里"（《魏书》卷四·世祖记）。"畿上塞围"起于八达岭，向西南延伸，经昌平、门头沟进入河北与山西。

北齐长城京津段。北齐文宣帝于天保六年（555）"诏发夫一百八十万人筑长城，自幽州北夏口，西至恒州，九百余里"（《北史·齐本纪》）。这条长城东端起于在北京昌平南口附近山岭，顺山势西北而去，经过北京延庆，而进入张家口、内蒙古境内（尚珩：《北齐长城考》）。天保七年，为了进一步加强晋阳防御，"自西河总秦戍筑长城东至海，前后所筑，东西凡三千余里，六十里一戍，其要害置州镇，凡二十五所"（《北史·齐本纪》）。这条长城西起山西兴县的魏家滩，沿着恒山主脉进入河北省后又延伸进入北京境内，与先前修建的"幽州北夏口至恒州"的长城相接，从而构成完整的防线。天统元年（565）"夏五月，羡以北虏屡犯边"（《北齐书·列传第九·斛律金》），"自库堆戍东拒于海，随山屈曲二千余里，其间二百里凡有险要，或斩山筑城，或断谷起障，并置立戍逻五十余所"（《北齐书·列传第九·斛律金》）。这条长城起于古北口一带，沿着燕山主脉的走势逶迤而东到达海边。

明长城京津段。明朝自立国之始，一直重视北方边防。洪武年间（1368~1398），便开始"宜谨烽火，远斥堠，控守要害"（《明实录·北

△ 游客云集的北京市延庆区八达岭明长城旅游区　严欣强摄

京史料》），此后一直不断地"修关隘以固藩屏……或斩削偏坡，或填塞狭隘，或挑浚濠堑，或增筑台堡"（《明实录·北京史料》）。永乐二十二年（1424）明仁宗即位，命都督谭广充总兵官"镇守宣府"（《明仁宗实录》卷一），宣府镇守总兵官设置从此开始。嘉靖二十七年（1548），始"蓟之称镇"（《明史》志第六十七"兵三"）。嘉靖三十年，为了加强京城和帝陵的防务，又增设昌镇和真保镇，逐渐形成了宣府、蓟、昌、真保四镇并辖的长城防御体系。自嘉靖中叶到万历初年，为了加强京城的边防，一改明初"宣

▷ 北京市密云区古北口卧
　虎山北齐敌台，明代被
　维修并利用　严欣强摄

谨烽火，远斥堠，控守要害"的防御策略，于关隘间陆续修筑边墙与增筑台堡。嘉靖二十一年起，王仪巡抚宣府，多次"寻以筑边垣"（《明史》列传第九十一）。翁万达任宣大总督之后，自嘉靖二十五年到嘉靖二十八年，又数次请奏修筑宣大边墙。嘉靖二十九年，"庚戌之变"促使朝廷加强戎务。嘉靖三十年，黄花镇至横岭段边墙成；嘉靖三十四年，横岭至镇边城挂枝庵边墙成。隆庆二年（1568），谭纶督师辽、蓟期间，命戚继光担任蓟镇总兵。戚继光在原有长城基础上，重新砌筑砖石和修建空心敌台。明长城作为当时拱卫京都的屏障，历经嘉靖（1522～1566）、隆庆（1567～1572）与万历（1573～1620）年间的不断修缮，在京津境内外长城和内长城达到了千里，形成了完整的宣府、蓟、昌、真保四镇长城防御体系。

宣府镇长城大规模修建与成形，主要集中于嘉靖年间（1522～1566）。北京境内的宣府镇长城分属东路与南山所辖，主要位于延庆区境内，东路与

◁ 北京市怀柔区慕田峪
明长城 严欣强摄

193

南山皆东起四海冶九眼楼所在的火焰山。东路向北上黑陀山后顺山势而西，经今永安堡、黑汉岭、刘斌堡、白河堡的北部山区，止于与赤城县的交界处，边垣130里，城墙以碎石垒砌，坍塌严重。南山自九眼楼起一直向西南，经今海字口、四司、柳沟后，由西向南偏至岔道城，垣长220余里，并辅以联墩形成防御体系；这一段城墙以碎石土垒砌，坍塌严重。

蓟镇长城大规模修建工程主要集中于隆庆至万历初年。京津境内的蓟镇长城，分属马兰路、墙子路、曹家路、古北路、石塘路五路所辖，主要位于今天津蓟州区北部、北京平谷东部与密云东部及北部山区。即从蓟州区北部的赤霞峪，向西经古强峪、船仓峪，西北折向常州，过黄崖关，经前干涧，由黄土梁大松顶到达北京平谷区进入北京境内；然后向西北经平谷的彰作关、将军关、黄松峪，向北后进入密云境内；顺着密云东界偏向东北，过墙子路、米铺、小黄岩、大黄岩、曹家路、黑关，然后西拐，过大角峪、司马台、金山岭、古北口、白马关；然后向西南方向，过冯家峪、黄峪口，沿着白河大峡谷，到达鹿皮关，再经石城、黑山寺、牛盆峪、小水峪，进入怀柔境

▽ 天津蓟州区黄崖关关城　严共明摄

内；再经大水峪、河防口，止于莲花池（亓连口）与昌镇接界。这一段长城，蓟州区境内东部多以毛石砌筑或山险为墙，黄崖关两侧以砖包墙体；平谷境内多以毛石垒砌，大多坍塌严重；墙子路一段砖包墙体，至米铺又以毛石砌筑；自小黄岩后，进入雾灵山区，多以孤楼建于山脊顶，间或有几段石垒墙或包砖墙体；司马台、金山岭、古北口、卧虎山这一段包砖墙体；白马关前后多以孤楼建于山脊顶。冯家峪、黄峪口、鹿皮关、石城这一带，以毛石垒砌；黑山寺、牛盆峪、小水峪这一带位于云蒙山区，又多改建孤楼；大水峪、河防口至莲花池这一带又多建包砖墙体。

昌镇长城大规模修建工程主要集中于隆庆与万历初。昌镇分为黄花路、居庸路、横岭路。这三路中只有横岭路位于延庆与门头沟之间的河北省怀来县境内。昌镇东起怀柔的慕田峪与蓟镇接界，向西过箭扣，翻越内外长城的分界点——北京结，经大榛峪、铁矿峪、黄花城，止于龙泉峪。向西南方向越过十三陵北部约20公里的天寿山脉后，再起于西侧延庆境内的川草花顶川字一号台，过石佛寺、青龙桥，至八达岭、石峡，再顺着昌平与怀来县交界的白羊沟、长峪城西

▽ 北京市密云区墙子路明代长城 刘鼎武摄

◁ 北京市怀柔区慕田峪明
代长城雪景　严欣强摄

◁ 北京市怀柔区旺泉峪
明代长城　钟永君摄

　　侧山脊向西南，然后向西拐入怀来境内的横岭路。这一段墙
体基本上是高等级的包砖墙，只有局部地段由毛石垒砌。
　　真保镇长城大规模修建工程主要集中于隆庆与万历初，
北京境内的真保镇长城位于门头沟区的东灵山东南侧。敌台
以"沿字×号台"编号，共计编号15座，另外2座未予编号。
其中，沿河城西北永定河两岸2座，为沿字1~2号台；沿河
城西三里石岩沟口（沿河口）3座，为沿字3~5号台；黄草

梁（天津关）7座，为沿字6~12号台，另有实心楼1座未编号；洪水口3座，为沿字12~14号台；梨园岭口1座，未予编号；小龙门口1座，为沿字15号台。为了进一步加强防御，依山势险要，或以山险为墙，或建以数百米的短墙，构成一道完整的防御体系。万历六年（1578），又于永定河畔修筑沿河关城1座。

京津地区，明前长城（即北魏与北齐）遗存总长度为73公里。明长城北京段总长度为526公里，天津蓟州区境内总长度为41公里。明前长城，历经1500多年，从怀柔北京向东，除古北口尚有数段遗存外，基本上被明长城所叠压利用，西部昌平境内，大村、老峪沟与禾子涧一段

▽ 北京市门头沟区明真保镇沿河城长城　严欣强摄

▽ 慕田峪长城　汪意云摄

距明长城较远，尚有遗存。京津地区明长城经过500多年的自然坍塌与人为损毁，墙体与敌台坍塌严重，但总体来说保存比较完整。北京段墙体保存完整的累计长度67公里，基本完整的56公里，较完整的116公里，残损严重的295公里；沿线城台（敌台、附墙台及战台）827座，保存较好的391座，残损严重的436座。天津段蓟州区境内，沿线敌楼52座、墩台14座，只有4座保存下来。

关沟防御体系：关沟位于北京西北方的军都山，是"太行八陉"中的军都陉，自古便是兵家必争之地。关沟全长约20公里，其北端称"北口"（亦称"上口"），即今八达岭长城所在地；其南端称"南口"（亦称"下口"），即今南口镇。北魏、北齐所筑长城皆起于关沟一带。明朝作为京都西北的屏障，居庸关逐渐成为重要的关镇，在关沟内从南至北建成了南口关城、居庸关、上关城、北口关城（即八达岭）四座关城，辅以八达岭两侧的边墙与所辖隘口、关城，形成了关沟内完整的防御体系。嘉靖三十年（1551），巡关御史曾佩又增修岔道城，并辅以两侧的联墩，增加了关沟的防御纵深。关沟内外防御体系，充分体现了关城与边墙相结合的长城防御思想，是长城沿线上保存最为完整的防御体系之一。

慕田峪—北京结—九眼楼：位于怀柔区境内，既是蓟镇与昌镇的分界点，又是内、外长城的分界点（宣府镇与蓟、昌两镇），是拱卫京师、皇陵的北方屏障，被称为"危岭雄关"。长城多建在外侧陡峭的崖边，依山就势，以

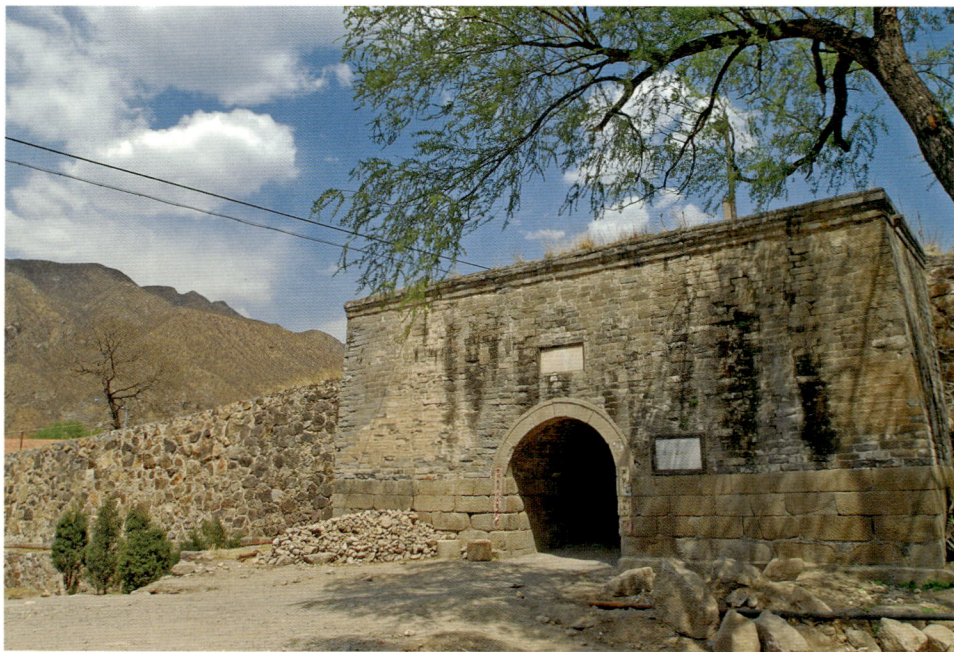

△ 北京市门头沟区沿河关城　窦佑安摄

△ 航拍北京市密云区小口子堡 赵妍摄

险制厄。墙体建筑材料以花岗条石为主,雄伟坚固。墙顶上两边都建有矮墙垛口,可两面拒敌,外侧还挖掘有挡马坑,使防御功能更加完善。

古北口—司马台:这一段长城位于密云区北部,横跨潮河两岸,各朝各代皆为军事重镇。这一带西起潮河关关城所辖的八大楼子,东至司马台关城所辖的仙女楼,由古北口路城、三关口关城、水关、边墙等构成了一道完整的防御体系。这一段长城构筑复杂,敌楼密布,墙体以巨石为基,高5～8米,形式多样,各具特色,设有障墙、垛墙、战台、炮台、瞭望台、擂石孔、射孔、挡马墙、支墙、围战墙等,层层设防,可谓固若金汤。垛墙下端密布的擂石孔,也是一大特色。城墙上更有数不清的带文字的城砖,文字砖上记载着烧制城砖的年代和部队番号,如"万历五年山东左营造"、"万历六年振虏骑兵营造"等字样。

程长进

4. 山西的长城

山西境内现存长城遗迹按朝代可分为战国、北魏、东魏、北齐、北周、隋、五代、宋、明、清长城。其中以明代修筑的长城规模最大。其中明外长城由河北省怀安县进入山西最北部的天镇县,向西经阳高、新荣区、左云、右玉、平鲁、偏关,直达黄河东岸;内长城由河北省涞源县延入灵丘县,向西再

△ 北京市昌平区居庸关关城　严欣强摄

向西北，经繁峙、浑源、应县、山阴、代县、原平、宁武、神池、朔城区，至偏关柏杨岭与外长城会合。另外还有沿黄河修筑的河防长城，即从偏关老牛湾到河曲县石梯隘口。沿太行山修筑的北起灵丘县牛帮口经五台、盂县、平定、昔阳、和顺、左权至黎城东阳关的太行山长城。按照明朝沿边"九边十一镇"

△ 1930年，长城古北口的壮丽景色　南京城墙保护管理中心藏

△ 北京市密云区司马台长城明代敌楼　严欣强摄

△ 20世纪30年代，万里长城古北口 南京城墙保护管理中心藏

的军事划分上讲，主要是大同镇、山西镇以及真保镇长城。2007年的长城调查显示山西明长城全长896.53公里。

（一）大同镇

大同镇长城东起宣府西阳河镇口台（今河北怀安县），迤逦而西，经天镇县、阳高县、大同市新荣区、左云县、右玉县、平鲁区、内蒙古清水河县到达偏关柏杨岭（今偏关县东北）。大同镇以其特殊的地理位置决定了它在以京师防御为中心的北边防御体系中有着重要的政治和军事地位。它"北捍胡虏以控带幽燕，南总三关以招徕晋魏，翼卫陵寝，屏捍神京，屹然甲九塞"（明·王士琦：《三云筹俎考》）。作为明朝首批军镇，到万历

△ 山西省阳高县长城乡明长城遗址 万戈摄

（1573～1620）时辖九个防区：大同巡道辖不属路、北东路；阳和道辖东路、新平路；大同守道辖井坪路、西路；左卫道辖中路、北西路、威远路。

大同镇外早在洪武年间（1368～1398）便已修建长城，主要在今内蒙古境内，即位于明代中后期长城以北地区。其东端起自兴和县平顶山，西至清水河县黄河东岸，全长约350公里，墙体均夯土筑成（《中国文物地图集·内蒙古分册》）。这条长城过去史无记载，只是1980年在内蒙古乌兰察布盟丰镇县隆盛庄镇东山长城边上发现一块石碑，上刻铭文为："大明洪武廿九年岁次丙子四月甲寅吉日，山西行都指挥使司建筑"（《中国文物地图集·内蒙古分册》）。其修建目的也是很明确的：巩固洪武二十一年与北元决战的胜利果实。之后的宣德（1426～1435）、正统（1436～1449）、成化（1465～1487）、弘治（1488～1505）年间均对这段边墙加以维修。

到了嘉靖年间（1522～1566），大同镇长城开始全面修建，其中贡献最大的当属宣大总督翁万达。首先，为增强大同镇城北面的防御，于嘉靖

△ 山西省大同市天镇县李二口明长城　卢子愈摄

二十三年修筑二边长城。"西自大同左卫马头山起，东至阳和柳沟门止，沿长一百五十余里"（《翁万达集》），"即用防秋官军，自大同左卫二边马头山起，东由黑山门、宣宁、水口至榆沟，补修边墙一百五十余里"。同时，在"旧有墩台三十一座"的基础上"添筑新墩台八十二座"（《翁万达集》）。这道二边长城主要位于今新荣区和左云县境内，走向与大边平行，自宏赐堡村东，由宏赐堡村向西，经新荣镇、破鲁堡、西入左云县界，经管家堡乡，至徐达窑村与大边合而为一（《中国文物地图集·山西省分册》）。

△ 1930年，山西大同前方古长城之阳和台 南京城墙保护管理中心藏

　　二边修筑完之后，在总督翁万达、总兵周尚文的建议下，开始大边的修筑和维修。嘉靖二十五年（1546），周尚文奏："东自宣府西阳河起，由天城、阳和、左、右、威、平、井、朔至山西丫角山止，修筑边墙六百五十余里，隔进虏占地土四万余顷，倚地召军一万五千有余，分给各军士耕种，以资养赡"（《明实录》）。

　　按照文献记载，这道边墙通高、底阔均为1.5丈，收顶9尺，墙上另筑有高5尺的女墙，墙外开挖口阔1.5丈、底阔1丈的一道外壕，墙内则开挖口阔8尺、底阔5尺的一道内壕。经过实地调查，除内外壕年久被风沙填平外，其墙体均保存有一定高度。

　　嘉靖三十七年（1558），右卫城保卫战胜利后，再度掀起修边之役。这次修边由杨博、江东等人主持。从嘉靖三十七年开始，直到嘉靖三十九年竣工，"兵部覆：巡按直隶御史王汝正勘报大同修边工竣，计中、西二路修边墙一百六十余里，增筑墩台一百二十余座……"（《明实录》）。

　　万历年间（1573～1620），在王崇古、方逢时的主持下"用银三十七万五千余两，以万历四年起，十年讫工"（《明实录》），共用六年时间才修筑完毕。至此，"西起丫角山，东止阳和，边长六百四十余里。东北与诸胡连袂，西接套虏，在九边中称绝塞焉"（《九边图说》）的大同镇长城正式形成，其东端起点在宣府镇西阳河堡西北境的西阳河口镇口台，经过怀安县进入山西境内，自东向西途经天镇、阳高、大同市新荣区、左云、右玉、平鲁，进入内蒙古清水河县，再进入山西偏关县，终止于井坪路将军会堡尽境的丫角山墩，整个边墙经过今三省九县（区）。

（二）山西镇

山西镇，亦称"太原镇"或"三关镇"。长城从平型关开始，向西延伸，经雁门关、宁武关、偏头关，直达河曲县黄河岸边的石梯隘口。全镇分为五路：雁平道辖东路、北楼路；宁武道辖中路；岢岚道辖西路、河保路。统管整个山西镇的总兵驻扎在处于居中位置的宁武关城。

山西镇长城的肇建始于洪武年间（1368～1398）。"洪武六年五月戊申，诏山西省都卫于雁门关、太和岭、武、朔等州县山谷冲要之处凡七十有三，俱设戍兵以防胡寇"（《明太祖实录》）。到了弘治年间（1488～1505），一度掀起修边小高潮：首先，"弘治七年三月丁巳，修筑偏头关边墙一百二十五里，补黄河边墙

▽ 山西省大同市阳高县明代长城遗址　严欣强摄

△ 1930年，山西省内长城风化的城壁 南京城墙保护管理中心藏

二千六百余丈。添筑宁武墩堡十座，挑浚横山壕堑长二里，添筑雁门关墙及铲削壕堑共八十五处"（《明太祖实录》）。其次，弘治十四年四月，"巡抚山西都御史魏绅等奏，偏头关西路及宁武关最为要害，其胭脂铺以南三十余里路皆平漫，墙多沙麒，虽常年修葺终易倾圮，虏乘河冻所以易入。请仍于旧墙外随逐河曲相度地方增筑大边一道，务极坚厚，墙内每三里筑一墩，增军守之。其减会等营城堡狭小，宜广之"（《明孝宗实录》）。这项工程进展很快，同月"山西守臣以修筑边墙及偏头、宁夏墩堡事竣闻，命通政司右通政陈瑁往阅之"（《明孝宗实录》）。经过弘治年间的修缮，山西镇边墙防御体系初具规

△ 山西省偏关县老营堡东门，明代老营堡由山西镇管辖 黄东晖摄

模。至嘉靖年间（1522～1566），对于边墙的修建主要是在前朝的基础上加以重修和扩建，直到嘉靖二十五年三月"辛酉，山西镇修三关边墙五百里成"（引自《明世宗实录》）。

"俺答封贡"后，明廷继续修边，主要是对嘉靖隆庆年间所修筑的边墙加以维护，主要有以下几次：首先，万历十年（1582）三月"庚午，修山西西、中、东三备所属唐家会、石岩铺等紧要边墙墩堡，用银七万七百八十三两

有奇"（《明神宗实录》）。其次，万历十二年五月"癸巳，修岢岚等处边墙"
（《明神宗实录》）。最后，万历三十八年五月"庚戌，先是宣大山西总督马
鸣銮言，该镇西路逼近虏穴，边垣三百余里在要冲，而水泉、楼子营、草垛山
等处更甚，土牖低薄，建议包修，其水泉、常梁、土墼等处土边共长八百丈，
楼子营、小沙墼等处土边共长九百五十丈。勒令本年闰三月始九月中告完。又
水泉、乾沟楼土边长一百三十七丈，草垛山、驴皮窑等处土边长七百五十一丈
七尺，楼子营、吴峪、石墩等处土边长一千二百一十二丈。勒令次年四月起至
九月终告完"（《明神宗实录》）。山西镇的边墙最终形成。

△ 航拍山西省山阴县广武明长城　顾蕾摄

现存山西镇长城主要位于今忻州、朔州两市境内。东起繁峙县与灵丘县
交界的平型关，迤逦而西，经过繁峙县、浑源、应县、山阴、代县、原平市、
宁武县、朔城区、神池县到达偏关县黄河岸边，之后顺黄河南下，经过河曲
县，到达保德县石梯隘口而止。

（三）真保镇

山西境内的真保镇长城位于太行山区。明初时这一地区处于"腹里"，
尚无边患问题，因而军事设施修建相对滞后。

"土木之变"后，明廷意识到"言昨紫荆、居庸等关，既不能御敌之
路，又不能遏敌之出，虽名关塞，实则坦途，盖士伍单敝，亭障缺贬，隧纵横
而然，非朝夕之积也"（《四镇三关志》）。于是逐渐重视居庸关以南，经紫

荆关至倒马关一线的长城防御体系建设。此时真保镇的战略地位日趋突显。

据《四镇三关志》记载："真保镇之图南自马陵诸山至紫荆复东而抵居庸，其险隘有疏密，因之防守有冲缓，要以紫荆为之要害，马匹年增，曾置障靡所不周，譬之不能御，盗于野犹幸内之严有足持焉，释此不图将使斩关之盗入我室掘我藏而后已乎。"由此条文献可知真保镇设立的地段及目的，马陵诸山即太行山系，而设置的目的是为了加强京城的防务和保护陵寝（即今十三陵）的需要。设置的背景是在"庚戌之变"之后对外战争失利，威胁日近，而原蓟镇防线又过于庞大，不利于兵力快速的集结等综合因素。

嘉靖二十九年（1550），"设总兵镇守三关，为真保镇云"（《四镇三关志》）。总兵驻保定，标志着真保镇正式建立。其疆域，"东自紫荆关沿河口连昌镇镇边城，西抵故关鹿路口，接山西平定州界，延袤七百八十里"。全镇下设马水口、紫荆关、倒马关、龙泉关路四路分管（《四镇三关志》）。所辖长城东北自沿河口（北京门头沟区沿河口村）连昌镇，西南至故关数道岩口（河北武安市与沙河市分界处），延袤780里。长城从北至南经过今北京市门头沟区，河北省怀来县、涿鹿县、涞水县、涞源县、易县、唐县、阜平县、灵寿县、平山县、井陉县、元氏县、赞皇县、内丘县、邢台县、沙河市、武安市，山西省平定县、盂县、和顺县、左权县等地（《河北省志·长城志》）。

真保镇长城防御体系主要为嘉靖时修建。现存长城大多修筑于崇山峻岭之间，其地位虽说重要，但远不及宣大二镇，因而许多地段以山险为障，不修城墙，但关隘众多，300多个关口构成一条南北连贯的防线。山西境内的真

▽ 山西省和顺县明真保镇黄榆关 严欣强摄

保镇长城主要由倒马关路和龙泉关路管辖。倒马关路长城东北起自涞源县插箭岭，西南至山西繁峙县竹帛口，与太原镇长城连接，南部则与龙泉关路长城相连。龙泉关路长城北起阜平县西北部，南至沙河数道岩，长城沿太行山脉南下，基本上位于河北、山西两省交界地带（《河北省志·长城志》）。长城过繁峙县后进入五台县，之后一路向南经过盂县、平定、昔阳、和顺、左权、黎城而止（《中国文物地图集·山西分册》）。

（四）边墙五堡

"边墙五堡"指大同城北面的镇边堡、镇川堡、弘赐堡、镇虏堡、镇河堡。五堡归属大同巡道辖不属路管辖，其战略地位十分重要，翁万达云："五堡为云中腹背之地，北逼沙漠，南翼镇城，东亘阳和，西连左卫"（《翁万达集》）。

镇边堡，位于大同市阳高县。本堡"初名镇胡，嘉靖十八年更筑之，砖包于万历十一年。周三里八十步，高连女墙四丈一尺"（《宣大山西三镇图说》）。现存镇边堡平面呈长方形，南北长约450米、东西宽约350米。北墙基本完整，东墙残长约260米，南墙残长约50米，西墙残长约230米。基宽约5米、顶宽0.5～3米、残高1～8米。墙体夯筑，包砖不存。有东、西两座堡门。东门外侧有瓮城遗迹，瓮城门在北墙靠西一侧，仅有豁口残迹（《中国文物地图集·山西分册》）。

镇川堡，位于大同市新荣区花园屯乡。本堡"创建于嘉靖十八年，万历十年砖石包修。周二里五分零，高连女墙四丈一尺"（《宣大山西三镇图说》）。现存镇川堡平面呈长方形，东西长约320米、南北宽约300米。北墙基本完整，东墙残长约255米，西、南墙各残长约100米。基宽4～5米、顶宽0.5～2米、残高1～9米。墙体夯筑，包砖不存。原有西门1座，现不存。存角台4座。马面仅存北墙的2座。西墙外接关城，南北长约300米、东西宽约110米，西墙残长约90米，北墙残长约100米。未见关城门遗迹（《中国文物地图集·山西分册》）。

弘赐堡，位于大同市新荣区宏赐堡村。本堡"土筑于嘉靖十八年，万历二年包砖，周四里三十二步，高三丈六尺"（《宣大山西三镇图说》）。现存弘赐堡平面呈方形，边长约450米。东、南墙基本完整，西墙残长约400米，北墙残长约250米。基宽约5米、顶宽1～3米、残高2～8米。墙体夯筑，东墙尚存部分包砖。原有东、南二门，现不存。存马面12座（《中国文物地图集·山西分册》）。

镇虏堡，位于大同市新荣区西村乡。本堡"土筑于嘉靖十八年，万历十四年始议砖包，周二里九分，高四丈"（《宣大山西三镇图说》）。现存镇房堡平面呈长方形，东西长约350米、南北宽约300米。东墙残长约250米，西墙残长约270米，南墙残长约210米，北墙残长约330米。基宽4～8米、顶宽1～1.5米、残高2～7米。墙体夯筑，包砖不存。西墙中部设一门，现为豁口。西门外侧有瓮城遗迹，东西长约30米、南北宽约30米、基宽约5米、顶宽约2米，残高2～7米。堡墙上存角台4座、马面2座（《中国文物地图集·山西分册》）。

镇河堡，位于大同市新荣区西村乡。本堡"设自嘉靖十八年，万历十四年始议砖包，周二里八分，高连女墙四丈"（《宣大山西三镇图说》）。现存镇河堡平面呈长方形，东西长约350米、南北宽约300米。西墙基本完整，东墙残长约285米，南墙残长约347米，北墙残长约320米。基宽5～9米、顶宽1～4米、残高4～10米。墙体夯筑，东、西墙尚有部分包砖、基石遗留。东墙中部设一门。堡墙上存角台4座、马面3座。东门外侧有瓮城遗迹，南墙残长约5米，北墙残长约20米。瓮城原有南门1座，现不存（《中国文物地图集·山西分册》）。

（五）杀虎口

杀虎口又名"杀胡口"、"西口"，位于朔州市右玉县杀虎口村。杀虎口天然成关，东临塘子山，西傍大堡山、北依雷公山、庙头山。长城沿着杀虎口由东北延伸向西南，苍头河自北而南川流而过，形成天然隘口（《山西关隘大观》）。其地势险要，自古为兵家必争之地。

据《宣大山西三镇图说》记载，杀虎堡为"嘉靖二十三年土筑，万历二年砖包，城周二里，高三丈五尺。到了万历四十三年在杀虎口堡外另筑新堡一座，名平集堡，其长、宽、高、厚与旧堡皆同，两堡之间又于东西筑墙相连，成倚角互援之势"，其战略地位十分重要。本堡"当西北之极边，兔毛河直通塞外，川流平衍，墙难修筑，虏易长驱，昔年大举，多从此入，盖要害处也"。

现存杀虎口指杀虎口堡，包括三个部分，由北向南依次为旧堡、中关城和新堡。旧堡平面略呈方形。东西长约220米、南北宽约210米。墙体保存基本完整，基宽3～5米、顶宽0.5～3米、残高7～10米。墙体夯筑，包砖不存。南墙中部设一门，现为豁口。南门外有正方形瓮城，边长约20米。瓮城门在西墙，现为豁口。城墙存角台4座、马面3座。中关城位于旧堡南侧，紧接旧堡南瓮城。平面呈长方形，东西长约220米、南北宽约130米。现存西墙残长约75米，余皆基本完整。堡墙基宽3～5米、顶宽0.5～3米、残高约7米。墙体夯筑，包砖不

△ 山西省右玉县杀虎口堡内景　严欣强摄

存。有东、西二门，东门不存，西门为砖券顶。堡墙存马面4座。新堡位于中关城南侧。平面呈长方形，东西长约220米、南北宽约160米。墙体基本完整，基宽3～5米、顶宽0.5～2.5米、高6～10米。墙体夯筑，包砖不存。南、北二墙中部各设一门，南门外侧有瓮城遗迹，东西长约22米、南北宽约16米。瓮城门在东墙，现为豁口。堡墙存角台2座（《中国文物地图集·山西分册》）。

（六）雁门关

雁门关位于今忻州市代县西北的雁门山上。从战国赵武灵王起，历代都把此地看作战略要地。赵置雁门郡，此后多以雁门为郡、道、县建制戍守。西汉置关，以防匈奴。"雁门关"之称，始自唐初。因北方突厥崛起，屡有内犯，唐驻军于雁门山，于制高点铁裹门设关城，戍卒防守。

明洪武六年（1373），"诏山西省都卫于雁门关、太和岭、武、朔等州县山谷冲要之处凡七十有三，俱设戍兵以防胡寇"（《明太祖实录》）。到了洪武七年，因其地"密迩云朔，接壤沙漠"（《舆图志》），"外壮大同之藩卫，内固太原之锁钥，根抵三关，咽喉全晋"（《太原府志》）。故而依山就险，重建雁门关，并置雁门守御千户所。景泰（1450～1456）初年，由巡抚都御史朱公监修复了雁门关，同时修复附近的城墙。弘治七年（1494），山西镇守刘政等人再次添筑雁门关墙。到了嘉靖年间（1522～1566），再次重修。

万历二十六年（1598）包砖。此时的雁门关砖城部分"周二里零三百五十步，高三丈五尺，据山无壕堑，垛口六百，东西城门二，曰雁门，曰雁塞，铺舍九。石城高一丈五尺，周围二里三百四十余九步，垛口五百，城门一（《三关志》）。此时的雁门关壮丽至极，素有"天下九塞，雁门为首"之称，其防务归属山西镇雁平道辖东路管辖。

现存雁门关关城平面呈不规则形。南北最长约500米，东西最宽约200米。现存东墙残长约200米，西墙残长约250米，南墙残长约300米，北墙残长约50米。墙基宽0.5～5米、顶宽0.5～3米、残高0.5～5米。墙体土砖石混筑，

△ 重新修缮后的山西省代县雁门关南门及关楼 严欣强摄

外侧包砖。有东、西二门。西门外侧有道南北向包砖墙体，与城墙相接。墙体中部有一门（《中国文物地图集·山西分册》）。

（七）固关

固关，又名"新关"，在今山西平定县新关村。据《畿辅通志》载："唐长庆初，裴度出故关讨王庭凑。元末为故关山寨。明初大军取真定，徐达师度故关，遣别将取乱柳寨而还。"

洪武三年（1370），"置故关巡检司于龙泉关，有巡检一员，弓兵五十名"（《明史》）。正统二年（1437），"于井陉南界平定州故关地方，创筑城垣，防守官军，隶于正定。故关旧城建有砖城一座、城门二座，因其旧为关隘，名曰故关"。后因"嘉靖年间虏寇太原，密迩故关，其关虽地处冲要，而

旧城扼险不足，遂将关城西迁十里筑隘口，改故为固，即今固关"。固关新城竣工于嘉靖二十一年（1542），建有正关城1座，周围23.5丈，高厚不等。北门1座，重门1座，水门1座；瓮城墙1道，长15丈；东梢墙1道，长1157丈；西梢墙1道，长128.5丈；护城墩6座。至此，固关的防御体系最终形成，隶属真保镇管辖。

现存固关城址的墙体已无存，故平面形状不详。现存城门1座，系西门外瓮城门，与此门衔接有新建瓮城及关门，此门东南约300米处，有水门的东门（《中国文物地图集·山西分册》）。

（八）娘子关

娘子关，又名"苇泽关"，位于今阳泉市平定县娘子关村。娘子关的关城，据《四镇三关志》记载，修建于明景泰二年（1451）。到了嘉靖二十一年（1542），"增置官兵。明年，筑城为固，与故关相唇齿"（《山西通志》）。此时的娘子关有"堡城，南北二门"（《西关志》）。

现存娘子关城建于桃河南岸高地上，随地形而曲折，平面呈不规则形，总体上是东西很窄，南北狭长。东西长度不详，南北宽约190米。西墙不存，南墙残长约30米，东墙残长约230米，北墙残长约50米。墙基宽约6米、顶宽约3米、高约5米，外有新近包砖。有东、南二门（《中国文物地图集·山西分册》）。

△ 山西省繁峙县横涧乡平型关遗址　梁汉元摄

（九）平型关

位于忻州市繁峙县平型关村平型岭上，又名"瓶形寨"、"平刑关"，因山势形似瓶而得名。宋筑寨，明置关。

平型关的战略地位十分重要。本关"外通畿辅，内达省会，东路之门户，全晋之咽喉也"（《宣大山西三镇图说》）。洪武六年（1373）"置巡检司"，并"缭以土城，周围一百三十步，高一丈五尺，东、西二门"（成化《山西通志》）。正德六年（1511）重修。嘉靖（1522~1566）时设关增成，于"嘉靖二十四年重修，始称关"。到了万历九年（1581）包砖，此时的平型关城"周二里五分，高三丈"。建成后的平型关"东控紫荆，西协雁门，势若常山之蛇，所为东路之屏翰殷矣"（《宣大山西三镇图说》）。

现存平型关城平面呈长方形，南北长约320米、东西宽约200米。堡墙基本完整，基宽3~9米、顶宽0.5~6米、残高4~9米。墙体夯筑，北墙尚存部分包砖。有东、南、北门各一门。南门外侧瓮城，现存西墙约40米。北门外侧瓮城东西长约20米、南北宽约18米。墙基宽约6米、顶宽约0.5米、残高6~8.5米。瓮城门在东墙北侧。存角台4座、马面2座。堡内为现代民居（《中国文物地图集·山西分册》）。

尚珩

5. 陕西的长城

陕西省地跨中国西北和西南，古为雍州、梁州之地（陕北、关中属雍州，陕南为梁州），位于中国地理版图的中心区，处于黄河中游和汉江中上游，历史悠久，古老神秘，又称为"三秦大地"。

经文物部门勘查，陕西省至少17个县、市、区分布有长城，包括战国、隋、明等历史时期修筑或使用的长城墙体及附属设施。其中已认定的有：战国秦长城东起神木县，经榆林市榆阳区、横山县、靖边县、志丹县，南迄吴起县；战国魏长城分布于富县、黄陵县、宜君县、黄龙县、韩城市、合阳县、澄城县、大荔县、华阴市；隋长城分布于神木县、靖边县、定边县；明长城东起府谷县，经神木县、榆林市榆阳区、横山县、靖边县、吴起县，西迄定边县（国家文物局：《关于陕西省长城认定的批复》）。陕西省部分边墙、堑洛遗址的建成年代和属性，尚处于学术争议中。

陕西的明长城是在防范蒙古势力侵扰过程中逐渐发展起来的。陕西的明长城分属九镇之中的延绥镇管辖，延绥镇又称"榆林镇"。永乐东胜卫内撤后，河套地区外失其险，内无强有力的防御力量，蒙古鞑靼部遂逐渐南侵。正统（1436~1449）以后蒙古开始入套抄略，威胁明边。正统初叶，延绥地区军机事务从陕西镇分离，延绥镇署都督府驻绥德。正统八年与宁夏镇等重新界定防区（《明英宗实录》卷一〇八）。天顺二年（1458），设镇守总兵官一员，统辖延安、绥德、东胜、庆阳四卫军政。绥德地理位置偏南，距边甚远。成化以后，边防形势日渐严峻。成化七年（1471）建置榆林卫，时延绥镇巡抚统辖延安、绥德、榆林三卫和延安府之军政。成化九年，明军红盐池之战胜利后，鞑靼部遭受严重打击，暂时退出河套。延绥镇巡抚余子俊将镇治北迁榆林，抢修边墙、增筑砦堡，加强了边防安全，形成了新的局面。

榆林城，正统二年（1437）延绥镇守都督金事王祯始筑。王祯同时建沿边营堡24座，调延安、绥德、庆阳三卫分戍，列营积粮以为固（《明史》卷四十二）。

成化九年至十年期间（1473~1474），巡抚延绥都御史余子俊修筑延绥边墙。东自清水营紫城砦，西至宁夏花马池营界牌，铲削山崖及筑垣掘堑。因地制宜，以筑小墩、对角敌台、崖砦、箕状墙体等增加瞭望防御之所。三山、石涝池、把都河俱，"凡修城堡一十二座，榆林城南一截旧有北一截创修安边营及建安、常乐、把都河、永济、安边、新兴、石涝池、三山、马跑泉八堡俱创置。响水、镇靖二堡俱移置。凡修边墙东西长一千七百七十里一百二十三步，守护壕墙崖砦八百一十九座，守护壕墙小墩七十八座，边墩一十五座"

△ 榆林沙漠中的明长城　克拉克探险队1908年拍摄　李炬供图

▽ 陕西省神木县水头沟花墩　严欣强摄

（《明宪宗实录》卷一三〇）。这道长城贯穿于陕西的府谷、神木、榆林、横山、靖边、吴起、定边七县、市，并在沿线设置了38个营堡，常驻兵的有36个营堡，通称为三十六营堡。

弘治（1488～1505）中，抚臣文贵以屯田多在边外，于是修筑"大边"，防护屯田，而以子俊所筑者为"二边"（《读史方舆纪要》卷六十一）。

在之后的100多年间，延绥镇对长城进行了数次重建、改造。嘉靖十年（1531）起，延绥分三段次第重修"大边"。万历（1573～1620）初，延绥巡抚张守忠对延绥镇长城及附属设施全面进行了修缮，总共修墩堠104座、城寨59座，30000军夫历时三年完成。万历三十五年到三十七年，延绥巡抚涂宗浚又调集人力和财力对陕西长城的中路诸城进行了包砖加固，万里长城第一大台镇北台即为万历三十五年涂宗浚建。

经文物部门勘查，明长城现存大边遗址约620公里，二边约590公里，单体建筑及关堡约1500座。经调查发现，史传明长城"三十六营堡"实际上共存

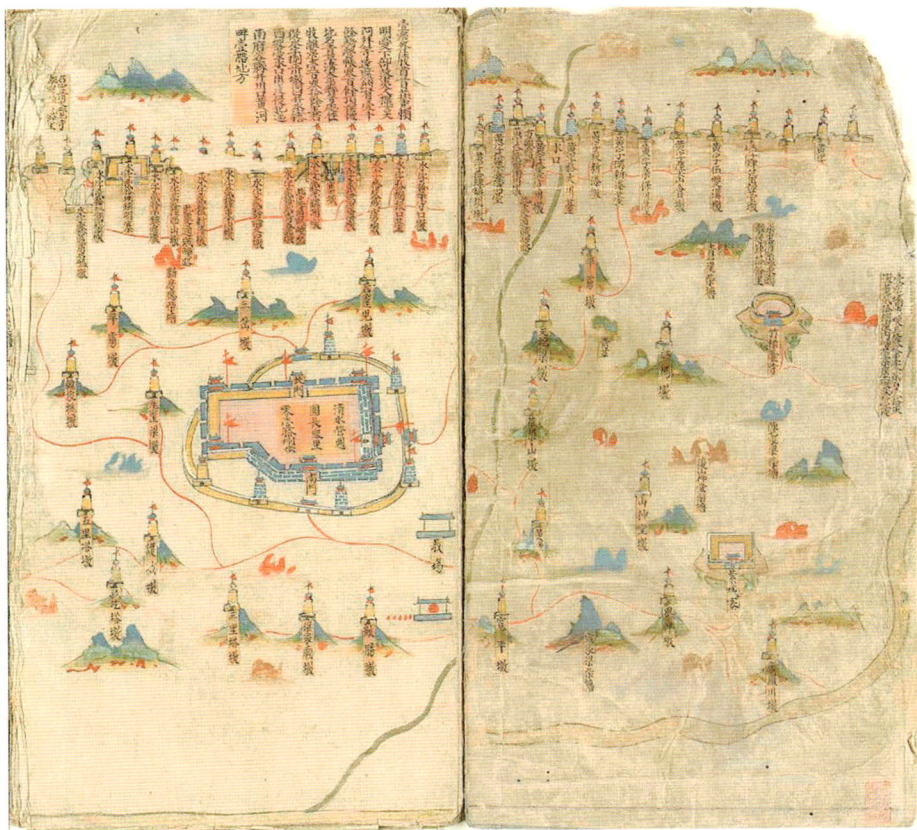

△ 明代延绥东路地里图本局部（原图藏于台北国立中央图书馆） 长城小站提供

△ 陕西省府谷县海则庙乡明代长城　尚珩摄

有44座，外加绥德城1座，共计45座营堡。营堡所处的自然地理环境，可分为山坡型、河川型、草原型和山坡河川型四大类；其平面形制，可分为方形、长方形、圆形、不规则形三类；其平面格局则可分为一条或两条主要街道型、十字街道形、棋盘方格型等。陕西明长城一带主要河流有黄河、清水川、孤山川、窟野河、秃尾河、榆溪河、无定河、芦河，靠近水源筑营堡也不意外。在已调查清楚的陕西明长城营堡中，有28座城堡的选址与河流有密切关系，多选在河流边缘、一二级台地等地，以扼守交通要冲。

张俊

▽ 航拍陕西省府谷县府州旧城　关琪摄

6. 宁夏的长城

宁夏回族自治区，秦属北地郡，汉、唐时期以黄河灌溉为主的农业便已十分成熟，成为西北地区的富庶之地。

宁夏地势南北狭长，从自然地理上可划分为南、北两部分。北部大致在黄河以北、贺兰山以东的平原，黄河两岸有灌溉农业，向南逐渐进入山区川地，主要以银川为中心；南部大致在黄河以南、六盘山以东的山地，其中间隔有南北向的大川，向北通往黄河、银川平原、盐池一带，主要以固原为中心。历史上，每当游牧部落南侵，进入银川平原后会沿川南下，直至固原周边。因此，长城在南、北两个地区均有出现。

西周时期，宁夏主要遭到猃狁等游牧部落的侵扰。《诗经·小雅》中便有"天子命我，城彼朔方，赫赫南仲，猃狁于襄"之语，可理解为西北地区最早出现的城墙。战国以降，分别有义渠戎、匈奴、蒙古等游牧部落觊觎宁夏一带，不断南侵，因此，战国、秦、明等朝代在宁夏修筑了长城。

根据2008年宁夏长城资源调查的情况，宁夏长城墙体的总长度为1033.35公里。其中战国秦长城195.77公里，设敌台170座、烽火台14座、城址37座；明长城837.58公里，设敌台481座、烽火台366座、关堡49座、相关遗存13处。

一、宁夏北部的明长城

宁夏北部，黄河环绕其东，贺兰山耸峙其西，东西相距极窄，最宽不过五六十公里。贺兰山阻挡了腾格里沙漠，黄河的灌溉农业使银川平原成为富庶

△ 宁夏回族自治区青铜峡市北岔口长城遗址　于彪摄

之地。明代在银川建立了宁夏镇，负责防守北部的长城，其中包括东长城、西长城、北长城。

（一）东长城

宁夏黄河以东，有毛乌素沙漠。明代在沙漠南缘先后修筑了两道东西向长城，并在黄河东岸南北修筑了陶乐长堤，以防蒙古游牧的南下和西进，现统称为"东长城"。

陶乐长堤因史料欠缺，修筑情况不很具体。其在黄河东岸由北向南通过陶乐镇抵达黄沙嘴，故名。长城从黄河东岸的黄沙嘴（也称为"黄河嘴"，横城堡以北约700米处）开始向东偏南行走，在清水营城以东约900米处分岔，出现两道南北并行的长城，继续向东南延伸至盐池县城北部一带结束，与陕西定边县接界。明代时与延绥镇定边营所辖区域接界。该两道长城，外侧（北侧）被称为"二道边"，内侧（南侧）被称为"头道边"。

1. 二道边

明代亦称为"河东墙"。根据《嘉靖宁夏新志·宁夏总镇·边防》介绍，该墙"自黄沙嘴起，至花马池止，长三百八十七里。成化十年（1474），都御史余子俊奏筑，巡抚都御史徐廷章、总兵官范瑾力举而成之者"。

长城由黄河东岸向东偏南延伸，在明代清水营城以东偏北900米处分岔，两道长城平行，间距极近，有几十米至百余米不等。向西南行至明代兴武营城时，两边开始分开，间距5～10公里不等。二道边继续向东偏南延伸，过盐池县夏记墩村，至双井子村东，与陕西定边县接界，继续向东南过定边县的东畔村、周窑子村，而后逐渐失去踪迹。

经实地调查，二道边的墙体相对于内侧头道边低矮窄小，骑墙墩台稀疏。因处于毛乌素沙漠边缘，墙体采用黄沙土夯筑而成，部分地段墙体风化严重，仅残存墙基痕迹。根据《宁夏长城资源调查工作报告》，其残墙高出地面约0.3～0.7米，一些地段墙体遭受到严重的自然破坏，消失不存或被沙丘掩埋或只能看出大致的走向。墙体基宽约4米、顶宽0.9米、残高0.9～2.7米左右，墙体版距1.9米，夯层为0.14～0.19米。

游牧部落逐水草而居。从长城的走向可以看出，该墙除扼险守塞功能之外，还将草木繁茂、水源湖泊密集之地全部圈入墙内，如清水河、苟池等10余个河流湖泊，意图使游牧部落不能南下放牧。

2. 头道边

头道边在二道边内侧（南侧），明代又称为"深沟高垒"。根据《嘉靖宁夏新志·宁夏总镇·边防》称，该墙"自横城起，至花马池止，长三百六十里。嘉靖十年（1531），总制尚书王琼弃其所谓河东墙而改置之者。夫重关叠

△ 宁夏回族自治区明河东墙遗址　夏冬摄

险，用以御寇"。放弃二道边的原因，一是"城离军营远，贼至不即知"，二是许多地段近于沙漠，墙体"土沙相半，不堪保障"。

横城，即横城堡，长城依然是从横城堡以北的黄沙嘴起向东南延伸，与二道边共用同一墙体。花马池，即今天的盐池县城，明代花马池城是宁夏后卫的所在地。

嘉靖十年（1531），修筑头道边时，沿用和重新加固了黄沙嘴至清水营的墙体。从清水营向东，头道边与二道边分离，往东南经盐池县城北侧，至东郭庄以东结束，墙体开始进入陕西定边县境。

头道边之内布满了直接戍守长城的大小军堡，除宁夏后卫所在地花马池城之外，自西而东有横城堡、红山堡、清水营城、毛卜喇堡、兴武营城、永兴堡、安定堡。这些军堡与长城紧邻，从十数米至数百米不等。头道边骑墙墩台密集，每隔二三百米便会有墩台出现。值得一提的是，许多地段的墙体不但外侧开挖有壕堑，内侧依然开挖有壕堑，蔚为壮观。根据《嘉靖宁夏新志·宁夏总镇·边防》记载，嘉靖"十六年，总制尚书刘天和沿边内外挑壕各一道，延长五十三里二分，深一丈五尺，阔一丈八尺"，故称"深沟高垒"。

与二道边相较，头道边墙体除人为破坏和风沙掩埋之外，保存相对较好，纯黄土夯筑的墙体高大宽厚。根据《宁夏长城资源调查工作报告》，保存较好的墙体高7米、底宽10米、顶宽3.5米。部分地段的墙体尚存垛墙和女墙遗迹。垛墙基宽1.1米、残高0.8米，女墙残宽0.5米、残高0.4米，墙体顶部夹道宽3.5米，夯层厚0.13～0.15米。保存较差的墙体，残高4～6米不等，墙体顶部残宽在0.4～2.7米之间。

3. 陶乐长堤

陶乐长堤，修筑于嘉靖十五年（1536）。它修筑在黄河东岸，以防游牧部落冬季踏冰越过黄河，西进银川平原。因此可以说是东长城向北延伸和补充。

该道长城由于比河东墙低矮，犹如河堤，故而被称作"长堤"。长城北起内蒙古乌海市的巴音陶亥村，向南进入宁夏境内，沿黄河东岸南下，经平罗县陶乐镇，直抵横城北黄沙嘴。这段长城修筑工程比较简单，因靠近黄河岸边，不断被河水冲刷坍塌，遗迹保留很少。

根据《宁夏长城资源调查工作报告》，目前可见墙体约7886米，沿途分布敌台3座、烽火台10座，整体保存状况较差。在红崖子乡王家沟村东残存墙体长度为331米，墙体建在南北走向的沙梁之上，用黄沙土及少量石块混筑，形如堤坝。墙体最宽处宽42米、窄处宽23米、顶宽8米左右、高4米。在月牙湖乡至横城保存有两小段，一段是横城村陶灵园艺场果园内，自南向北的一段墙体长2862米、残高2米，墙体夯土均已被人为取土挖掘破坏严重。另一段是月牙湖乡，由二道墩至头道墩，尚存夯土墙基长4693米，已修成一条渠道，被称为"长城渠"。

（二）北长城

宁夏银川平原东有黄河，西有贺兰山脉，地势南北狭长。明代在银川以北最狭窄处修建了长城，以阻挡蒙古游牧部落由北向南进入银川平原。从地图上可以看到，最窄处在石嘴山市以北的惠农区一带，山、河之间只有10余公里宽，最易筑墙防守。明代在这里先后修筑了两道长城，称为旧北长城和北长城。

1. 旧北长城

由于缺乏史料，明代的旧北长城修筑情况很模糊。据明代《九边考》载："宁夏北贺兰山黄河之间，外有旧边墙一道。嘉靖十年，于内复筑边墙一道，官军遂弃外边不守。"据分析，这道长城从洪武（1368～1398）至弘治（1488～1505）年间修筑，时间十分宽泛。长城属于夯土墙体，因临近红果子镇，又称为"红果子长城"。它西起贺兰山以东的扁沟门子，向东直行，穿石嘴山市，至黄河西岸的惠农农场结束，东西长度约18公里。

目前，该长城除西部上贺兰山一段约两公里尚有遗迹外，其他地段基本无遗迹可寻。

2. 北长城

北长城始筑于嘉靖九年（1530），由总制尚书王琼"东自黄河，西抵贺兰筑墙，以遮平虏城者"，其线路"由沙湖西至贺兰山之枣儿沟，凡三十五里，皆内筑墙，高厚各二丈，外浚堑，深广各一丈五尺"。嘉靖十九年，杨守礼曾奏请维修。

北长城属于夯土墙，西起大武口以西两里许，向东通往黄河西岸，全长约19公里。目前墙体破坏严重，断断续续有迹可寻。

（三）西长城

贺兰山是银川平原以西的天然屏障，其外侧（西侧）是腾格里沙漠和内蒙古阿拉善左旗。而腾格里沙漠南缘、黄河的北岸水源丰沛，有许多大小湖泊，适于农耕和放牧。

贺兰山之内有许多大小通道内外相通。为防止蒙古部落由贺兰山东进或由黄河南下，明代在贺兰山东麓冲积扇地区和中卫市黄河北岸修筑了长城墙体和隘口墙体，这些墙体统称为"西长城"。西长城可分为隘口墙体和长城墙体两部分。

1. 隘口墙体

根据《嘉靖宁夏新志·宁夏总镇·关隘》所载，贺兰山大小隘口共33处。这些隘口中，贺兰山中部的赤木口（三关口）、北部的打砲口（现大武口）、南部的北岔口是较宽大的通道，可容大股骑兵进入，因此最为重要。

贺兰山高大险峻，是阻隔内外的天然屏障。从贺兰山中部的赤木口向北，基本都是以山险为墙。明代在许多大小通道形成的隘口处修筑墙体防守。这些隘口墙体只封堵能够出入的山沟，长度一般较短，数百米不等。目前大部分隘口墙体基本被毁，个别沟口内还保留有隘口墙体。

石嘴山市以西有韭菜沟口、大风沟口、归德沟口。大水沟镇以西的大水沟口等处，目前保留的隘口墙体十分明显。值得一提的是，白头沟口内约一公里处有隘口墙体和墩台，口外400余米处有一墩台，墩台旁建有10座小烽燧用以传警，保存较好。目前墩台旁修筑的小烽燧尚未有统一的名称，可以称为"十连墩"。

2. 长城墙体

关于西长城的修筑情况，史料所载十分简略，一些地点甚至无载。总的

△ 宁夏回族自治区永宁县赤木口〔三关口〕明长城遗址 夏冬摄

来讲，西长城最早修筑于成化九年（1473），最晚修筑于天启（1621～1627）初年，其间不断拓展和加固。

红果子镇雁窝池村西北王泉沟口有一道夯土墙体，向西南延伸至燕子墩乡简泉农场西侧，全长约10公里。此段长城墙体属于封堵红果子镇至大武口以西的贺兰山内外通道。

从大武口向南至三关口，间距约105公里，主要以贺兰山为险，其间有插旗口、贺兰口、苏峪口、拜寺口、滚钟口、马莲口等众多隘口，无长城墙体。三关口是明代重点防守的关隘。《乾隆宁夏府志·地理·边界》云："赤木口尤冲，口宽八丈，通车舆，容千骑，明巡抚杨守礼扼险筑关。"

长城墙体从三关口开始向南过北岔口继续向南，在黄河以北转至胜金关，总长约120公里。其中黄河以北墙体并不连贯，一些地段只有隘口墙体。该段墙体最早于成化十年（1474）由宁夏巡抚贾俊主持修筑，随后又于成化十五年对部分地段进行改造。

长城从胜金关沿黄河北岸向西，过中卫市北继续向西延伸，最终到达迎水桥镇黑林村黄河北岸的西沙嘴。这段墙体最早修筑于成化九年（1473），部分地段复修于万历十四年（1586）。根据《宁夏长城资源调查工作报告》，该段墙体全长49506米，消失的墙体26465米。除382米石墙以外，其余皆为土墙。

长城从西沙嘴向南过黄河，在南岸断续有墙体出现，一直到南长滩村以西的黑山峡结束。这段长城墙体断续出现，黄河渡口建筑有小堡和墩台。如汉河口渡口的小堡目前保存尚好。根据《宁夏长城资源调查工作报告》，此段墙体的总长度为74251米。其余属于山险、河险。

二、宁夏南部的明长城

宁夏南部在六盘山脉以东，以山地为主，山与山之间形成的川地大多南北走向，通往北部的黄河、银川平原和盐池一带。

周宣王时（前827～前782），猃狁经盐池一带南下至于陕西泾阳；汉文帝时（前179～前157），匈奴14万南下至固原以南的萧关；唐太宗时（627～649），突厥10万南下至西安渭水桥。

弘治年间（1488～1505），蒙古诸部多次窜入河套内，由花马池等处沿川南下，抢掠固原、平凉一带。弘治十四年固原卫升级为固原镇，开始在固原镇以北约300里的下马关东、西一线修筑长城，被称为"固原内边"，又称"固原旧边"、"内墙"。《皇明经世文编第三册·巡边总论》："弘治十五年，总制尚书秦纮奏筑固原边墙，自徐斌水起迤西至靖虏营花儿岔止六百余里，迤

▽ 宁夏回族自治区南长滩村黄河岸边断续出现的墙体建筑　夏冬摄

东至饶阳界止三百余里，以上即今固原以北内边墙也。嘉靖九年（1530），总制王琼修筑秦纮所筑内边墙，西至靖虏卫花儿岔起，东至饶阳界，开堑斩崖筑墙各因所宜。又自花儿岔起西至兰州枣儿沟止开堑三十四里。总制刘天和加倍修筑，于是内边之险备矣。"

饶阳，指延绥镇饶阳水堡，今陕西定边姬塬镇辽阳村，为延、固二镇分界处；徐斌水堡，今宁夏同心县东北徐冰水村。靖虏卫，即今甘肃靖远县城；花儿岔，位于今靖远县西北水泉镇黄河东岸。经实地调查，该道长城东端从麻黄山乡松记水村杏树湾自然村东南三省区交界处进入宁夏境内，向西依次穿越盐池县、甘肃环县、同心县、海原县，进入甘肃省靖远县境。现存墙体总长112904米，其中夯筑土墙长23801米、山险墙长21253米、山险长67850米。

三、宁夏南部的战国秦长城

战国时期，西周的朔方之地大部被义渠戎等游牧部落占据。秦国为防止游牧部落继续南下，开始修长城以拒胡。

最早开始修筑此段长城的是秦昭襄王。长城在宁夏境内的走向是从甘肃省静宁县向东进入宁夏西吉县，沿葫芦河东岸北行，经西吉县将台乡的东坡、保林、明荣村后，于将台乡的东南侧折而向东，进入马莲乡，又沿马莲川河东北上，经红庄乡，穿滴滴沟，至孙家庄南，折向东，过海子峡于吴庄北，绕固原县城西北10里的长城梁、明庄、郭庄，到达清水河西岸。长城在此分为内、

△ 宁夏回族自治区海原县箭杆梁明代烽火台，墩台周围修有四道坞墙　林漫摄

△ 宁夏回族自治区固原秦长城遗址　夏冬摄

外两道：一道由海堡开始，绕乔洼，过清水河，至郑家磨，又沿河岸南下到陈家沙窝，与前道长城合并，尔后进入固原东山，经城阳、孟源等城进入甘肃镇原县，总长近200公里。

战国秦长城是夯土墙体，间隔数百米便会有一个大墩台。长城之内建有戍城。戍城一般建筑在墙体内侧数百米处位置较高地点。戍城有一亩见方，只开一小门。戍城与戍城之间相距数里。根据长城专家考证，固原北部的战国秦长城曾经被明代利用。

近些年，在宁夏中卫市黄河的流经地黑山峡内坡之上，发现有数百米石砌长城和夯土墙的遗迹，山脊之上可见数公里的烽燧线。有专家考证为秦代长城，目前还没有得到最后的确认。

洪峰

7. 甘肃的长城

甘肃，是我国古代内地与西北地区交通的重要通道、丝绸之路的必经之地，更凭借其特殊的地理位置和战略意义，成为兵家必争之地。因此，自公元前4世纪以来，先后有战国秦、秦、汉、明等四个朝代曾在甘肃境内修筑长城，且各代长城的西部止点均位于甘肃境内。

自2007年起的全国长城资源调查工作结果显示，甘肃境内共有各类长城遗存3974处，其中组成长城主线的墙体、壕堑总长度超过3900公里，单体建筑（包括敌台、烽火台、马面等）2237座，关隘、城堡155座，另有其他相关遗存30处，共穿越甘肃省38个县、市、区，成为我国长城线路分布最长、遗存数量最多的省份之一。

甘肃境内现存最早的长城遗迹为战国时期秦国所修。据调查，甘肃境内战国秦长城东起华池县，经环县、镇原县、静宁县、通渭县、陇西县、渭源县，西迄临洮县，历八县，总长度400余公里，现存单体建筑376座、关堡35座。

秦汉以来，沿用甘肃境内的战国秦长城，并有大规模增修。随着张骞打通河西走廊，汉朝疆域扩展至西域，为保护河西走廊的新土地和资源，保证丝绸之路畅通，长城线路随之向西延伸，几乎穿越甘肃全境。据统计，甘肃境内现存秦汉代长城东起永登县，经天祝县、古浪县、武威市凉州区、民勤县、金昌市金川区、永昌县、山丹县、张掖市甘州区、临泽县、高台县、金塔县、玉门市、瓜州县，西迄敦煌市，历15个县、市、区，总长约1500公里，现存单体建筑402座、关堡42座。

汉代以后直至14世纪之前，或因国家分裂战乱，或沿用前代长城，未发现具有时代特点的典型长城遗存，史籍亦罕见甘肃地区修筑长城的记载。直至明洪武五年（1372）复通河西走廊，设置甘州、肃州、庄浪诸卫所，这是甘肃

▽ 甘肃省敦煌市西南阳关烽燧遗址　李炬摄

明长城兴筑的开端。

明人称长城为"边墙"。关于甘肃明边墙修筑,《明史卷九十一兵志·边防》及边墙所经各县方志记载较为详实,调查结果也与文献多能相互印证。《皇明九边考》记载,明代长城分"九镇"(或称"九边")防守,甘肃明边墙主要分属固原、甘肃二镇。

固原镇,始建于明弘治十四年(1501)。《皇明九边考》卷十载:"总制秦肱筑内边一条,自饶阳(堡名,即今陕西定边姬塬镇辽阳村)界起,西至徐斌水(堡名,今宁夏同心县徐冰水村),三百余里,系固原地界;自徐斌水起,西至靖虏(靖虏卫,及今甘肃靖远县城)花儿岔(今靖远县西北黄河东岸)止,长六百余里,亦各修筑,……屹然为关中重险。"全线东西走向,史称"固原内边"。嘉靖年间(1522~1566),内边西部的烽火台之间又加筑墙体,并向西南延伸至岷县境内,因全线沿黄河支流洮河东岸修筑,因此又称"黄河一条边墙"或"洮州十关"。

明前期,甘肃地区边防相对稳定。至15世纪后期,军事压力逐渐增加。嘉靖十六年至二十年(1537~1541),甘肃巡抚赵载主持了甘肃民勤、永昌至嘉峪关一线百余里的边墙,包括嘉峪关关城(《边政考》卷四)。嘉靖二十六至二十七年,时任巡抚杨博又主持了高台县黑河沿岸的五坝堡至九坝堡、山丹

▽ 甘肃省金塔县汉代长城墙体　张依萌摄

△ 甘肃省金塔县　明代长城墩台　张依萌摄

县奉城堡（今山丹丰城堡）至东乐驿（今山丹西东乐镇），以及东乐驿至板桥堡（今临泽县板桥镇）的三段边墙，将河西走廊北部的边墙连为一体。隆庆五年（1571），时任巡抚廖逢节主持了甘肃镇长城的修缮和改建工程，包括整修城垣、水关，深挖壕沟等。万历二年（1574），又在原有夯土墙体外侧包砌青砖（《秦边纪略》卷一），万历二十六年，三边总督李汶剿灭盘踞大、小松山（今甘肃景泰县寿鹿山、昌林山）一带的蒙古鞑靼阿赤兔等部，并修筑"新边"400余里。

　　根据2007～2011年国家长城资源调查数据显示，甘肃境内现存明长城东起环县，经白银市平川区、靖远县、白银市白银区、景泰县、榆中县、皋兰县、兰州市城关区、七里河区、安宁区、西固区，永靖县、永登县、天祝藏族自治县、古浪县、武威市凉州区、民勤县、永昌县、金昌市金川区、山丹县、民乐县、张掖市甘州区、临泽县、肃南裕固族自治县、高台县、金塔县、酒泉市肃州区，西迄嘉峪关市。历28个县、市、区，总长1800余公里，现存单体建筑1535座、关堡85座。

　　甘肃地区的长城建筑采用了因地制宜的建造原则，材质与形式十分多样。墙体主要有土筑、石砌、沙土与木材间筑等三种类型。土筑墙体在甘肃长城建筑中最为常见，即用黄土分段分层版筑而成，墙体基宽4～8米，现存高度不超过6米；模板长度在3～5米之间，夯层厚度在

0.15～0.3米之间。墙体顶部推测原有垛口等设施，但基本不存。文献记述万历年间（1573～1620）曾对明代边墙的土筑墙体进行包砖，但调查中并未发现包砖遗存。石砌墙体即以碎石、沙土等垒砌而成的墙体保存较差，形制不明。沙土与木材相间的建筑类型是甘肃地区秦汉长城的特色，该类墙体多位于沙漠腹地。秦汉时代，甘肃北部地区气候与环境较现在要好，水草丰美，胡杨遍布，因此甘肃地区汉长城具有保卫水源的作用。时人以胡杨木、梭梭木为筋，与沙土分层砌筑长城墙体。保留至今者，基宽大于2米，最高处可达1.5～2米。由于环境恶化，这种类型的墙体所在地大部分已变成沙漠，不适宜人类居住，且风蚀严重，有些地区的汉长城墙体中沙土部分已全部被吹走，仅剩木材堆砌，景观苍凉独特。

除墙体外，壕堑是长城主线的另一重要组成部分，即在地势较平坦地区

▽ 甘肃省乌鞘岭至今仍是连接东西方的交通要道　陈淮摄

△ 甘肃的长城——峡口滩上的汉明长城与远处的焉支山　陈淮摄

深挖壕沟，并将沟中填土堆砌于两岸，以阻挡草原骑兵的冲击。甘肃境内共有各时代壕堑700余公里，现存宽度平均可达8米以上，平均深度则大于5米。

此外，长城沿线分布有烽火台数千座，烽火台多为实心台，剖面为梯形，底宽顶窄，平面又可分为方形和圆形两种。台下往往有夯筑而成的高台基础，四周有围墙，内部原有居住址。台体基宽（或直径）不一，小者3～5米，大者可达20～30米，现存高度多在6～12米。一些独立于墙体之外的烽火台排列有序，组成一系列"烽燧线"，沿长城墙体分布，或连接墙体与关堡、指挥机构等。除上述几种建筑材质与方法外，部分烽火台采用了土坯或"墼子"砌筑的方式。土坯即未经烧制的砖坯，尺寸在5厘米×15厘米×30厘米左右。"墼子"即在河床底部切出的方形土块，尺寸约30～40厘米见方。

关堡，包含两个概念。关，即长城上的重要关口，明代嘉峪关，是甘肃长城最为典型的关城代表。共有二层城圈，内城平面为方形，东、西二门，城门外有瓮城；外城形状不规则，与长城墙体相连，把控河西孔道。堡，即军队驻扎的城堡，平面多为方形，边长100～500米不等。每堡驻军300至数千人不等。

嘉峪关，位于今甘肃省嘉峪关市区西4.5公里处，因关城建于嘉峪山西麓，故名"嘉峪关"，素有"河西重镇、边陲锁钥"之称。自古以来就是丝绸之路上的交通要冲，也是明长城的西端起点，古称"河西第一隘口"，号称"天下第一雄关"。

先秦时，其境为西羌地，秦为乌孙地，西汉初为匈奴昆邪王地。汉武帝元狩二年（前121），骠骑将军霍去病将匈奴逐出河西地区，置酒泉郡，此后，嘉峪关一带历属酒泉辖地。宋为回鹘所据，后属西夏；元属肃州路；明洪武五年（1372）筑城设关。洪武二十七年设立肃州卫嘉峪关所，并设游击、千总、把总及马战兵、步战兵和守兵。清代属肃州直隶州。中华民国时为酒泉县辖地。1959年，属酒泉市嘉峪关区。1980年，属嘉峪关市。

明洪武五年（1372），征虏大将军冯胜率兵追击残元势力，大破元兵于甘州（今张掖），进军肃州（今酒泉），直达居延海、玉门关外。回师途中，因嘉峪山一带地形险要，是内地通往西域的交通咽喉要道，为巩固西北边防，遂在九眼泉西北坡上筑城设关，此为嘉峪关建城之始。经历了四个阶段的建设，至嘉靖十八年（1539），嘉峪关建成为规模宏大、体制完备的一座关城，防御体系不断完善。

第一阶段：洪武五年（1372），初建土城，次年建成。

△ 甘肃省嘉峪关　严欣强摄

此时建造的关城周220丈、高2丈余、阔厚丈余。墙体为黄土夯筑，夯土层12~14厘米、高约6米。开东、西二门，门外有瓮城。但此时门上尚未设门楼，城外也没有护城河。

第二阶段：弘治年间（1488~1505），修建关楼，加固城墙。

弘治七年（1494），因吐鲁番侵扰，明廷下令闭嘉峪关、绝吐鲁番贡使，并要求加固嘉峪关，严加设防。肃州兵备副使李端澄在西门瓮城外修筑了一道凸形重城，即西罗城。次年由在罗城正门城台上建起关楼。弘治十四年，增高加厚内城城墙，为后来建内城东、西二楼及城上角楼、箭楼等奠定了基础。

第三阶段：正德元年（1506），修筑东、西两座城楼及关城附属建筑。

这一年八月，肃州兵备副使李端澄按照弘治八年（1495）所筑嘉峪关关楼的样式、规格，主持修筑了内城东、西二楼，即光化楼和柔远楼，以及官厅、夷厂、仓库等附属建筑物，并维修加固了内城城墙200丈。全部工程于次年二月告竣。原在关城内、现存酒泉市博物馆的《嘉峪关碣记》碑详细记载了此次修建的情况。

第四阶段：嘉靖十八年（1539），加固关城，修筑明墙暗壁。

这一年九月，兵部尚书兼右都御史翟銮奉旨巡边，认为"嘉峪关最临边境，为河西第一隘，而兵力寡弱，墙壕淤损，宜加修茸"，提出加固嘉峪关关城，增筑两翼长城。于是命肃州兵备道李涵添筑敌楼、角楼、墩台等；修筑外墙一道；墙外挖护城河一道。嘉峪关城自此定型（参见高凤山《嘉峪关及明长城》，文物出版社，1989年；边强《甘肃关隘史》，科学出版社，2011年）。

嘉峪关现存的关城总面积33万平方米，由内城、瓮城、罗城、外城、城壕等部分组成。

内城是关城的核心，居于关城正中。平面布局西宽东窄，略呈梯形。南北城墙各长160米，东、西墙分别长154米、166米，总周长640米。墙体高9米，连垛口总高10.7米，基底阔6.6米、顶宽2米。墙体6米以下的部分为黄土夯筑，6米之上为土坯加筑，外面包砖。内城开东、西二门，分别为光华门、柔远门，其外有瓮城，各开一门，分别名曰"朝宗"、"会极"。东西瓮城平面均为正方形，面积550平方米，城墙黄土夯筑，外包砌砖石。城门和瓮城门上均修建有城楼。

西门及瓮城外因为地处迎敌一面，故又加筑罗城一道。罗城总长191米、高10.5米、基厚25米、顶阔5.3米，墙体为黄土夯筑，外侧包砌砖石。罗城上筑垛口133个。南北两端建有角台，上有箭楼。墙的正中开辟关门，上有乾隆御

书"嘉峪关"门额。关门之上有关楼，木结构，三层三檐式，面宽3间，进深2间，周围明柱回廊，高17米，底面积556平方米。

内城的东、南、北三面之外环有夯筑城墙，构成了外城，为嘉靖十八年（1539）增筑。外城的西端与罗城相连，南北连接肃州西长城，与长城互为犄角，利于防守。外城墙长1100米、残高3.8米、底宽1.5米、顶宽0.65米。外城东北的高岗边缘开门，又称"东闸门"。门洞高4.2米、宽3.8米、进深10.6米。门上建闸楼，单檐歇山顶，面宽3间，进深2间。

外城外侧还有一道城壕，距离外城不足一米。现残长300多米、顶宽10.6米、下底宽2.2米。壕外还修建有一道一米高的壕墙，以增强防御能力（参见国家文物局主编《中国文物地图集·甘肃分册》，测绘出版社，2011年）。

清朝时，随着新疆的收复和安定，嘉峪关的军事地位下降。《肃州新志》称："肃州西通戎寇，北迫鞑虏，南逼羌番，孤悬绝边，三面临虏，故历代控制，莫不扼要据险，周防严密。今蒙汉一家，羌戎服化，新疆外包，此为腹里，从前隘防、斥堠似无所用。"但是，清代对嘉峪关的维修一直没有停止过。乾隆三十一年（1766）、乾隆四十年有过两次较大规模的维修，乾隆五十六年维修加固内城东、西二门及城楼。嘉庆十四年（1809）肃镇总兵李廷臣视察时题写"天下雄关"四字并勒石为碑。咸丰三年（1853）重修嘉峪关城墙，次年竣工。同治十二年（1873），陕甘总督左宗棠重修关城和门楼，并亲书"天下第一雄关"六字匾额，悬于关楼之上。

清末和中华民国时期，嘉峪关城年久失修，不断颓败，两侧的长城也遭到严重破坏。

1949年后，嘉峪关得到了保护和修复。1950年、1957年、1978年、1984年、1986～1989年进行了多次大规模修缮。对周边的长城墩台也进行了修复。2010年，《万里长城——嘉峪关文物保护规划》通过国家文物局评审。2011～2014年，被列入国家文物局"十二五"重大文物保护工程的嘉峪关文化遗产保护工程实施，整个保护工程包括嘉峪关长城本体保护维修工程、嘉峪关

△ 甘肃省嘉峪关　王金摄

世界文化遗产监测系统工程、嘉峪关世界文化遗产保护与展示工程三部分，总投资达20.3亿元。

1961年，万里长城嘉峪关被国务院公布为第一批全国重点文物保护单位。1987年，包括嘉峪关在内的长城被联合国教科文组织列入《世界文化遗产名录》。

张依萌

8. 青海的长城

青海位于我国西部青藏高原东北部，拥有国内最大的内陆咸水湖青海湖。是长江、黄河、澜沧江的发源地，青海东部素有"天河锁钥"、"海藏咽喉"、"金城屏障"、"西域之冲"和"玉塞咽喉"等称谓，可见地理位置之重要。

西宁边墙始建于明代中叶，主要是为了防御正德年间（1506~1521）游牧于青海湖地区的蒙古卜儿孩部，以及明嘉靖三十八年（1559）从内蒙古河套地区进入青海湖的土默特部俺答汗部署对明西宁卫的侵扰。洪武（1368~1398）初年，明军进入青海，招降纳叛，剿抚并举，社会秩序迅速稳定。从明初到正德四年（1509）的140年间，虽有一些蒙藏部族滋事侵扰，然皆旋即讨平，不致酿成大患，故正德二年有罢西宁兵备官之事。自正德四年起，河套蒙古首领阿尔秃斯·亦不剌部屡次攻入青海湖地区，史称"海虏"。明军虽几经争剿，却难以彻底除患，还诱发一些藏族部落群起效尤。至嘉靖年间（1522~1566），"海寇"多次侵扰，"诸番"也屡屡为患。这时，加强西宁防御就成了当务之急。

综合清·苏铣《西宁志》卷四"兵防·隘口"、清·杨应琚《西宁府新志》卷十三"建置·关隘·附塞垣"等文献的记载，青海明长城大体修建时间如下：

第一阶段：始建阶段。明嘉靖二十五年至隆庆六年（1546~1572）。此阶段只是在西海蒙古进犯的要道上修建长城，阻止其进攻。先后在今大通县、互助县、湟中县修筑。

第二阶段：扩建阶段。从隆庆六年至万历二年（1572~1574）进入大规模修建时期。在今湟中县、乐都区都修建了长城主线。还修建了化隆县的杏儿沟、大通黑林榨、湟中县香林口等长城附属设施。西宁卫长城基本框架形成。

第三阶段：万历二十四年（1596），最后修建西石峡口到娘娘山南麓长城，使西宁北部与西南部长城连为一体，青海明长城最终形成。

△ 青海省湟中县新城村明长城　郝术新摄

　　青海省明长城分为主线和辅线两道：其主线主要分布于湟中、大通、互助、乐都、湟源县，修建的主要目的是护卫西宁卫、防御西海蒙古鞑靼海寇；辅线主要分布于互助、民和、化隆、贵德、门源县，修建目的为控扼关隘。

　　青海省长城东端由甘肃省永登县连城镇楼子坪，经边墙岭沿山脊，大致由西北方向进入乐都区芦花乡转花湾村。由转花湾村开始，经冰沟向西北延伸，大致以山险与隘口为主，与互助县松花顶相接。由互助县通过娘娘山山险经雪石岩滩、康烈尖山、卡藏台、花石峡、龙王山等山险，抵达柏木峡口。柏木峡口向西经山险，与水洞村长城在一山腰烽火台连接。长城为夯土所筑，经水洞村、边墙根、马家村、泉湾抵达黑墩山山险，沿山险主脊到南门峡水库。由摩尔沟沿山险至扎板山，在麻家庄一带，山腰荆棘丛中有一道壕沟，在一处较低山脊与夯土所筑城墙连接。经西坡村、毛家寨、老营庄到达大通县城，过河后经下庙沟、上庙沟、元树尔到娘娘山沙尔岭。过娘娘山山险到湟中县香林口，由此沿山险西行三里沿主脊转南，山势见低处有一道壕沟向南到后河村，中途经山口一段20余米石墙。由后河村转西残存几百米土墙，高1～2米，再向西为断续的壕沟到西拉科。由此大致向南经民族村到拉沙乡（已并入多巴镇和拦隆口镇）峡口，西南到南门村有残存夯土墙，向东南沿山脊壕沟到中村（原拉沙乡）。继续向南到拉卡山村有一道宽约50厘米、存高不过2米的夯土墙，长约4里。经一壕沟转折下山进入拉隆营，东南方到加拉山村存夯土墙几百米，沿壕沟到扎麻隆凤凰山脚。自国师营西南经山险到转嘴，经上大柴沟、下马申、李家庄、下扎扎、坡西村、马圈沟转南到丰台沟。由元山尔向南经李九村、下营村进入班沙尔、南门村，边墙从塔尔寺西侧环绕而过，到红崖沟、新城村、上新庄，由上新庄南为一道长约10里的壕沟止于拉脊山马鸡岭口。

依照2008～2010年全国明长城资源调查结果，青海省除门源县境内有一小段汉长城外，在12县（区）内存在明长城建筑遗址。青海境内长城本体总长323141.1米。从目前保留下的遗址来看，青海明长城大致可分为山险墙、边壕、堑墙、石榨、水关、暗门、夯土墙（部分有随墙壕）等形式，局部有石墙。目前发现敌台共10座，分置于大通县、互助县，整体保存程度一般。烽火台112座，分置于乐都区、互助县、湟中县、大通县、平安县、民和县、贵德县、祁连等县，均为黄土夯筑，夯层厚度0.10～0.25米。关、堡共计47座，其中关3座，分别位于大通县、湟源县、门源县，关内设施均已荡然无存；堡44

▽ 青海省大通县明长城　杨越峦摄

座，分置于乐都区、互助县、大通县、湟中县、门源县、贵德县、祁连县、民和县、平安区。这些堡所处位置，只有少数在长城本体一公里范围，大多远离长城主体，分布于平川之中、重要通道处，以加强防御和管理，属于长城防御体系的重要组成部分。另在大通县发现取土坑4处，湟中县发现题刻1块，该题刻是在人为砍削的石壁上墨书而成，共有20个字，推测题刻内容记述了当时几个民工修筑壕堑的长度（详见任晓燕主编《青海省明长城资源调查报告》，文物出版社，2012年）。

郝术新 张俊

9. 内蒙古的长城

内蒙古自治区现存有多条不同时代的长城，累计全长约11200公里（《中国文物地图集·内蒙古分册》）。长城的现存遗迹按朝代可分为战国、秦、汉、北魏、金、明长城，其中以汉和金代修筑的长城规模最大。

战国时期，赵、燕、秦三国为防御北方游牧民族南下，分别修筑赵北长城、燕北长城、秦昭襄王长城。

由赵武灵王兴筑的赵北长城，其目的是为了巩固北破林胡、楼烦的战争成果，防止其南下收复故地。长城东起代郡延陵县北境，向西沿灰腾梁（阴山东段）、大青山、乌拉山南麓的平缓地带伸延，经兴和县、察哈尔右翼前旗、卓资县、呼和浩特市、土默特左旗、土默特右旗、包头市，至乌拉特前旗大坝沟口终止，全长约500公里。墙体因地制宜，用土夯筑或石块垒砌，基宽6米、残高1～2米，沿线分布有障址（《中国文物地图集·内蒙古分册》）。

燕昭王兴筑的燕北长城，现存两条，南北相距30～50公里，称作燕北内长城和燕北外长城。内长城的西端，在喀喇沁旗姜家湾村始见明显遗迹，东行至敖汉旗贝子府镇王家营子村中断，遥与辽宁北票市境内的长城遗址相接，全长约150公里。外长城西端起点在滦河东岸，南行经河北丰宁、围场县境，再东行至赤峰市松山区曹家营子村才见明显遗迹，东行经敖汉旗、奈曼旗，至库伦旗西南部伸入辽宁阜新市境内，全长约300公里。墙体大多用土夯筑，基宽3～4米、残高0.5～2米；少数用石块垒砌或土石混筑（《中国文物地图集·内蒙古分册》）。

战国秦昭襄王长城的修筑主要与征伐义渠有关。内蒙古境内的秦昭襄王长城，现残存有两段，总长约120公里。南端自陕西神木县进入伊金霍洛旗，向东北方向伸延，经准格尔旗西部，至东胜区辛家梁中断，再在库布齐沙漠北缘出现，自达拉特旗王二窑子村向北偏东方向伸延，至准格尔旗十二连城西的沙漠中消失。墙体一般用土夯筑，基宽约5米、残高1～1.5米，仅伊金霍洛旗东北部有石块砌筑者。

内蒙古境内现存的秦长城，西起自乌拉特中旗石兰计山谷北面小山，向东沿狼山、查石太山至大青山北麓，经乌拉特前旗、固阳县，再自武川县南部穿越大青山至呼和浩特市北郊，与赵北长城相接；再东行利用了一段赵北长城，在卓资县西部另筑墙体，自灰腾梁西南部向南则利用东西横亘的大山险阻防守，再东行伸入河北尚义、张北、沽源，至丰宁县森吉图村南与燕北外长城相接，再东全是利用燕北外长城。东西横跨约1400公里，其中秦代兴筑的长约600公里。墙体大多用石块垒砌，保存较好的地段，墙身两壁陡直，基宽4～5米、高达6米。沿线分布有障址，所见烽燧址为汉代沿用时加筑（《中国文物地图集·内蒙古分册》）。

汉代，仍利用战国和秦的长城防御匈奴的侵扰。武帝（前141～前87年在位）时，为阻止匈奴南侵收复"河南地"，进一步加固阴山地带的长城，沿线增筑了一系列障、塞。在南北交通要隘的山梁上加筑列隧，间距在500米以内；在非交通要道的山梁上加筑有少量烽燧，间距1～5公里。武帝时还主动放弃了上谷郡造阳地方，在燕、秦长城南面另筑长城。原属右北平郡的长城，西端自河北承德进入内蒙古宁城县，东北行经喀喇沁旗，再伸入辽宁建平县境内，长约120公里；在宁城县西北部还分出一条支线，先向西北行再折向东北与主线相合，长约15公里。墙体均用土夯筑，沿线分布有障址5座、烽燧址77

△ 内蒙古自治区乌拉特中旗乌不浪口秦始皇长城烽燧遗址 曾傲雪摄

△ 内蒙古自治区固阳县秦始皇万里长城 郑严摄

座（《中国文物地图集·内蒙古分册》《史记·匈奴列传》）。

　　汉武帝对匈奴的征伐持续了20多年，取得胜利后为防止匈奴句黎单于南下，保护之前战争成果，在五原郡外兴筑外长城。现存有两道，称北线和南线。大部分为土筑墙体，基宽3～5米、残高0.5～3米，南北相距5～50公里。北线，东南端起点在武川县后石背图村山顶，向西北横贯阴山北面的草原地带，经达尔罕茂明安联合旗、乌拉特中旗，至乌拉特后旗西北部伸入蒙古国境内，全长约527公里。南线，东南端起点在武川县陶勒盖村北山顶，向西北横贯阴山北面的草原地带，经固阳县、达尔罕茂明安联合旗、乌拉特中旗，至乌拉特后旗西北部伸入蒙古国境内，再西行与居延塞相接，全长约482公里（《中国文物地图集·内蒙古分册》，以下数据基本参考本书）。

　　汉武帝时，除了修筑外长城外，还在内蒙古西部的居延地区修筑障塞。《史记·匈奴列传》载："使强弩都尉路博德筑居延泽上。"《史记正义》引《括地志》："汉居延县故城在甘州张掖县东北一千五百三十里，有汉遮虏鄣，强弩都尉路博德之所筑。李陵败，与士众期至遮虏鄣，即此也。"遮虏鄣，后世称之为"居延塞"或"居延边塞"，其修建主要是屏蔽西汉河西四郡的张掖郡，加强其北面防御能力。其主线自额济纳旗东北部向西行，再折向西南行至居延海西南方时，与自居延海东南向西南方伸延的支线会合，再沿弱水（额济纳河）向西南伸延，进入甘肃金塔县境内，全长约250公里，其中只在中间地段有墙体和烽燧，长约100公里，其余地段均为列隧。

上述内蒙古地区汉代长城遗址，东西绵延总长约2800公里，其中汉代兴筑有墙体和列隧的总长度约1600公里。墙体基本上用土夯筑，基宽3～5米、残高0.3～3米。

内蒙境内北魏长城，主要为六镇长城。经过文物工作者的调查，六镇长城西南端起自武川县，向北伸延至达尔罕茂明安联合旗南境，折向东北方向，至四子王旗东部折向东南行，经察哈尔右翼中旗，至察哈尔右翼后旗西北部折向东行，至商都县二吉淖尔村西中断；其中段被改筑为金界壕南线，经化德县、河北康保县、太仆寺旗境，至正蓝旗黑城子种畜场南再现东段，经多伦县，至河北丰宁县乌孙吐鲁坝西麓终止。全长约305公里。墙体用土堆积为主，少数地段经夯筑，基宽2.5～3米、残高0.3～1米，形似一条土垄。

金王朝在与北方游牧民族的战争中，每次向南撤退后便重新掘壕筑堡，或经切直或补筑，因而形成了岭北线、北线、南线三条主干线和北线西支、东支及南线西支三条支线，是内蒙古境内现存最长的长城遗迹，除去重复利用的地段外，境内总长约3816公里。

金界壕岭北线，东起自额尔古纳市上库力村附近，西行至根河口折向南行，至陈巴尔虎旗红山嘴越过额尔古纳河伸入俄罗斯境内，再自满洲里市北进入中国境内，西行至新巴尔虎左旗北部伸入蒙古国境内，终止于乌勒吉河与鄂嫩河发源的沼泽地带，全长约700公里，在中国境内长约256公里。

金界壕北线，东北端起自莫力达瓦达斡尔族自治旗七家子村附近，沿大兴安岭东南麓西南行，经阿荣旗、扎兰屯市、扎赉特旗、科尔沁右翼前旗，至科尔沁右翼中旗穿越大兴安岭，再西经霍林郭勒市，至东乌珠穆沁旗西部伸入蒙古国境内，再自阿巴嘎旗北部进入中国境内，西南行，经苏尼特左旗、苏尼特右旗，至四子王旗鲁其根中断；自鲁其根以西，经达尔罕茂明安联合旗，至武川县上庙沟终点，长约235公里的地段已改筑为金界壕南线。总计金界壕北线在中国境内全长约1545公里。北线西支线，东端自扎赉特旗额尔吐北面从主线上分出，西行经科尔沁右翼前旗北部，至东乌珠穆沁旗东北部伸入蒙古国境内，消失在贝尔湖西南方，全长约500公里，中国境内长约270公里；北线东支线，东北端自扎赉特旗吉日根从主线上分出，西南行经科尔沁右翼前旗，至突泉县北岗村与金界壕南线主线相合，全长约125公里。

金界壕南线，东北端起点在莫力达瓦达斡尔族自治旗七家子村南，即北线起点之南3.5公里，西行15公里至北边墙村与北线相合，自此西南行至科尔沁右翼前旗满族屯乡，长约500公里地段全部利用金界壕北线补筑，只将部分地段改造为双壕和双墙。南线自满族屯西南行,经突泉县、科尔沁右翼中旗、扎鲁特旗、阿鲁科尔沁旗、巴林左旗、巴林右旗,至林西县凌家营子,其间长约480公里的地段为明昌年间(1190~1196)所筑。再西南行,经克什克腾旗、翁牛特旗、赤峰市松山区,伸入河北省围场和丰宁县境,再进入多伦县西南部,经正蓝旗、太仆寺旗、康保县(河北省)、化德县,至商都县冯家村,其间长约705公里的地段为承安年间(1196~1200)兴筑,其中内蒙古境内长约405公里。自商都县冯家村西行,经苏尼特右旗、察哈尔右翼后旗折向西北行,至四子王旗鲁其根与北线相合,再折向西南行,经达尔罕茂明安联合旗至武川县上庙沟村终止,长约365公里,这段界壕是承安年间在原北线和南线基础上改建补筑而成。合计金界壕南线和承安年间补筑改建的全长1945公里。金界壕南线上的西支线为明昌年间所筑,东自林西县凌家营子村北从主线上分出,西行至克什克腾旗达里诺尔折向西南行,经正蓝旗、正镶白旗、镶黄旗,至商都县冯家村与主线相会,长约590公里。

△ 内蒙古自治区太仆寺旗贡宝拉嘎草原上的金长城 单玉瑛摄

△ 内蒙古金界壕南线 张依萌摄

　　金界壕一般分布在山麓或较平缓的川地上，掘壕时将土堆积在内侧形成长墙，墙基宽3～5米、残高0.5～3米，一般未经夯筑，个别地段曾经补筑或夯筑。金章宗明昌、承安年间，曾在重要地段增筑副壕副墙。因界壕所经地区土质不同，有黄土或土石混杂或砂砾等各种墙体。沿线在转折处加筑若干处凸出墙外且高于墙体的望台（马面），间距200～500米；每隔5～10公里兴筑边堡或关隘一座，有的利用壕墙为其一面墙，有的则在壕墙内外另筑小型边堡，再在边堡内侧10～20公里兴筑较大型的城堡，为其指挥中枢（《中国文物地图集·内蒙古分册》）。

　　明王朝建立后，为防御蒙古南下，亦修筑长城。内蒙古南部边缘现有明长城遗址，分别隶属明代大同镇、山西镇、延绥镇、宁夏镇。

　　大同镇管辖的长城，东起自河北省怀安县镇口台，向西行经兴和、丰镇、凉城、和林格尔县南境，至清水河县丫角山为止。山西镇所辖边墙，东起自清水河县丫角山，西行至黄河东岸的老牛湾墩为止。两镇边墙多数地段为今内蒙古与山西的分界线，总计长约380公里，基本上用土夯筑。山西镇所属内长城的北端起点亦在丫角山，现存遗址长约5公里。据口子上村发现的石碑铭文可知是嘉靖三十七年（1558）修缮的。延绥镇所辖长城，其东端起点在准格尔旗大占村的黄河西岸，长约10公里，墙体土筑。宁夏镇管领的长城，在今内蒙古与宁夏交界地带共有三段，分别位于鄂托克前旗南部、乌海市巴音陶亥镇、银川市与阿拉善左旗交界的三关，合计长约70公里。墙体都是土筑，沿线筑有墩台。

△ 内蒙古自治区清水河县的明代长城遗址 严欣强摄

在明大同镇长城北面还分布有另一条明长城，全在今内蒙古境内。东端起自兴和县平顶山，西至清水河县黄河东岸为止，全长约350公里，墙体均为夯土筑成。据丰镇市隆盛庄东山角发现的石碑铭文，这道长城是洪武二十九年（1396）兴筑的（《中国文物地图集·内蒙古分册》）。

尚珩

10. 新疆的长城

新疆维吾尔族自治区境内的长城与其他省份的长城在建筑上的显著区别是，新疆地区的长城以连绵的烽燧线为主，而非连续的墙体，其作用主要是保障丝绸之路畅通，是古代西域交通线上的重要军事设施。新疆地区现存长城主要是汉、唐时期修筑的烽燧和关堡。

新疆地区的汉长城是汉"河西"地区长城的重要组成部分，主要是出罗布泊向西的西域长城烽燧线。"河西"是一个历史地理概念，因位于西河以西而得名。汉代河西地区是东起汉代金城郡的西河以西部分，西到西域三陇沙（今新疆库姆塔格沙漠东北），北山（龙首山、合黎山、马鬃山一线）以南，南山（祁连山）以北的这一个狭长地带。河西汉塞是随着汉朝的扩张分段修筑的，是与武帝时期（前140～前87）采取的一系列对河西战争的胜利以及对河西地区的经略相配合的（《西汉拓边与长城修建》，下同）。

河西汉塞的修建，并非与元狩二年（前121）汉取得对匈奴战争的胜利同步进行，而是与汉廷沟通西域的政策直接关联。由于开拓西域的步骤采取了分段分期进行，因此处于河西最西端的新疆境内的长城的修建与武帝晚年征伐大宛关系最为密切：太初四年（前101）"贰师将军伐大宛之后，西域震惧，多遣使来贡献，汉使西域者益得职"。武帝乘伐宛之余威，"自敦煌西至盐泽，往往起亭，而轮台、渠犁皆有田卒数百人，置使者校尉领护，以给使外国者"（以上引自《汉书》）。至此，河西长城防御体系延长至今新疆罗布泊附近。具体来说汉武帝时期修建的长城止点位于罗布泊榆树泉附近。

在此之后，廷臣并没有满足于现状，欲将长城继续向罗布泊地区以西延伸。征和三年（前90），廷臣桑弘羊建议在轮台屯田，"故轮台以东，捷枝、渠犁皆故国，地广饶水草，臣愚以为可遣屯田卒，诣故轮台以东，置校尉三人分议……益垦溉田，稍筑列亭，连城而西，以威西国，辅乌孙为便"（《汉书》）。但由于武帝对之前的征伐之事颇悔而并未准许。最终实现则是到了昭帝时，"乃用桑弘羊前议，以杆弥太子赖丹为校尉将军，屯轮台"（《汉书》）。与轮台屯垦相配合的是军事设施的修建，所以轮台一地的亭燧当建在昭、宣之世。即宣帝神爵二年（前60），修建了东起盐泽（罗布泊）西至渠犁（库尔勒）的西域长城烽燧线，其主要目的是为了配合西域屯田而建设。西汉在西域的屯田基本分布在轮台、渠犁、车师、伊循、赤谷城等地，时间最早始自李广利伐大宛之后，最晚到王莽时期，前后约一个世纪左右。

今日考古调查已经证实，西域地区的汉代烽燧在塔克拉玛干沙漠的边缘不断出现，延伸到焉耆、龟兹等西域古城之中，止点当在库尔勒、阿克苏一带。出玉门关向西的资料更加丰富：从新疆东部的营盘西北，又发现绵延不断的烽燧线。这条烽燧线沿库鲁克塔格尔南麓、孔雀河北岸，西北经沙漠至库尔勒的丝绸古道旁，并直至库车西北为止，在170公里以上的古道旁，是烽火台分布最为密集的地区，东西长达200公里（《中国早期长城的探索与存疑》）。并且这一带与烽燧线并行的还有若干城址，如在吐鲁番至阿克苏的途中，以及库车、拜城一带均有发现汉代烽燧和城堡遗址；如拜城东北的喀拉达格山也有汉代列燧；奇台县石城子有汉代城址，遗址中出土云纹瓦当、板瓦、筒瓦、五株钱等典型汉代遗物。这些亭障在某种意义上可以看做是河西汉塞的发展和延续，它们不仅构成了一条军事防御线，而且还构成了交通线和供给线。更为重要的是，这些亭障还为汉朝向更西的远方传播政治、经济、文化影响提供了军事上与经济上的双重保障。

根据最新全国长城资源调查结果，新疆地区与长城有关遗迹主要是200座烽燧、370多座城池、22座戍堡，其中阿克苏地区的长城包括关堡类12处，烽火台41处（《阿克苏地区长城资源调查工作圆满完成》）。

△ 新疆维吾尔自治区巴里坤汉代烽燧 汪亚萍摄

　　唐朝时的河西地区因得天独厚的地理位置以及优越的自然和社会资源成为唐王朝所锐意进取和经略的战略要地。就当时的形势而言，自唐开国以来，最大的威胁是来自北方的突厥以及河湟地区的吐蕃。而河西诸州正处于北抵漠北，南达河湟，西进西域，隔绝羌胡的战略要冲，因此加强河西地区的军事防御成为唐王朝拱卫关陇、经略西域、巩固其统治的重要组成部分。故唐廷在河西地区设置了诸多军事机构。西域地区作为经略河西的后方，其战略地位也因河西地区战略地位的升高而逐渐突显出来，因此唐朝统治者亦不放弃对这一地区的争夺和统治。贞观十四年（640），唐灭高昌后设西州，之后又设庭州。后来在交河城设立安西都护府，负责西域的行政事务。长安二年（702），又在庭州设立北庭都护府，与安西都护府共同管理天山南北的西域广大地方。在西域逐渐建立起统治秩序之后，为了加强对西域的控制，保护丝绸之路的畅通，便将建国之初的烽堠制度在西域推广。

　　地处西域地区东北部的伊、西、庭州，处于中原与西域的连接地带，故三州境内所设烽堠数量较多。天山南北丝绸之路的中、北两路沿线，所设烽堠也不少。从玉门至安西"路南废城烽燧，迤俪小绝，皆汉、唐间古长城以及障塞之遗址也"，从敦煌西行，"沿途胡桐树甚多，往往成林，汉唐烽燧掩映其间"（《唐代长安与西域文明》）。从文献记载和近人考察证实，肃、瓜、沙州及丝绸之路沿线都存设有烽燧。

　　北庭至伊州沿线也设置有烽堠。天宝十年（751），岑参《题苜蓿烽寄家人》诗："苜蓿烽边逢立春，胡芦河上泪沾巾，闺中只是空相忆，不见沙场愁杀人"（《全唐诗》卷一九八）。茗蓿峰上设置有茗蓿烽，位于北庭东南500里，隶属于伊吾军。天宝时，岑参巡视到此而作。可知，天山以北，以北庭为中心，西至碎叶，东至伊州，都设有烽燧。西州即高昌故城，位于今吐鲁番盆地，是丝绸之路的中道枢纽。岑参在此看到的情景，在《武威送刘单判官赴安西行营便呈高开府》诗中也有反映："热海亘铁门，火山赫金方，……曾到交河城，风土断人肠。寒驿远如点，边烽互相望，赤亭多飘风，鼓怒不可当"（《全唐诗》卷一九八）。这里很多烽燧的情况在李颀的《古从军行》诗中也有反映："白首登山望烽火，黄昏饮马傍交河"（《全唐诗》卷一三三）。

至于吐鲁番地区的烽燧，《吐鲁番出土文书》中有详细记载。敦煌文书S0367号《唐光启元年书写沙州伊州地志残卷》中也记载了伊州的伊吾、职纳、柔远三县，和庭州、西州的烽燧分布情况。具体说，在今鄯善县境的烽火台主要有赛克散尧里迪给巴希土尔，为唐代赤亭古城北约40公里处。三十里大墩烽火台，在今县东北15公里。汉墩阿克墩烽火台，在连木沁镇汉墩村阿克墩庄。东湖烽火台，在鄯善县东郊10公里，还有阿萨协亥尔烽燧及迪尕乐烽火台。在吐鲁番市的有七泉湖萨依烽燧、煤窑沟烽燧、木尔吐克萨依烽燧、胜金口烽燧、乌江布拉克烽燧、胜金烽燧甲、木头沟东土墩烽燧、胜金烽燧乙、胜金烽燧丙、七康湖烽燧、干沟烽燧、恰特喀勒烽燧、雅尔湖烽燧。另外在吐鲁番市有盐山烽燧，在托克逊县有阿拉沟烽火台等。这些烽燧主要分两条路线：从赤亭向西沿天山南麓直至柳谷、白水、银山镇，向西南沿着库鲁克山北麓西去银山碛。除了天山南北的丝绸之路的北、中道外，在丝绸之路的南道也布设

△ 新疆维吾尔自治区五工台烽火台　刘铉摄

有烽堠。崔融有诗曰："南山至于葱岭为府镇，烟火相望焉。"近来，考古工作者在于阗、楼兰及罗布泊南沿也发现不少唐代烽堠（《浅谈唐代的军警预报制度、烽堠制度兼谈唐代西域的烽堠分布》）。

由此可见，唐统治者在沿丝绸之路的南、中、北三线均设有烽堠，因北、中线为传统的丝绸之路，故而这一地区的烽堠数量较多。西域地区烽堠的布局特点主要有：一是以交通要道为径，因地制宜，不拘一格，30里设一烽；二是设置在高地即土岭高峻处；三是"若临边界，则烽火外周筑城障"，烽火置高处险处，"无山亦于平地高迥处置，下筑羊马城"（《通典》卷一五二）。四是多设置于临水草之处。西北干旱，水于生命至关重要。《西州图经残卷》载："银山道，右道出天山县界……唯近烽是水草，通车马行。"

尚珩

11. 其他地区的长城或类长城城墙遗存

中国境内现存多条不同时代的长城。同时在与中国接壤的国家境内，由于历史上这些国家或部分地区曾属于中国版图的一部分，因而境内也保存有部分长城并与中国境内的相关长城相连。但由于没有进行系统的田野调查，因此，境外长城走向、修建方式、遗迹保存现状均不得而知，只能从传世文献上加以简单说明。境外长城主要分布在朝鲜国和蒙古国等国家境内。长城的时代主要是秦长城、汉长城、西夏长城、金界壕。

（一）朝鲜

朝鲜境内的长城，主要是从中国辽宁地区延伸进入朝鲜境内的秦长城。据《通典》"高句丽传"云："碣石山，在汉乐浪郡遂城县，长城起于此山，今验长城，东截辽北而入高丽，遗址犹存。"文献中所记载的长城的位置，在现在朝鲜半岛平壤西北部平安南道之龙岗附近的清川江入海处。

（二）蒙古国

蒙古国由于在历史上一直属于中国版图境内，因此现存大量长城遗迹，其长城分布地域之广、长度之长、年代之多在众多邻国中当属第一。蒙古国境内主要分布有汉长城、西夏长城和金界壕。

（三）类长城

在我国南方地区的云南、浙江和湖北省境内部分地区有类长城建筑遗存，当地群众多命名以长城。但是这些建筑尚未得到学术界认可，仍存在很大争议。

1. 云南境内的类长城建筑。在万历《云南通志》卷三"路南州古迹"里

△ 内蒙古自治区锡林郭勒盟中蒙国境线上金长城　单玉瑛摄

记载："鞑子城，在州东三十里，夷语'底伯卢'，其城起自曲靖，抵于广西，绵延三百余里，昔奠长弟兄筑此以分地界。"顾祖禹的《读史方舆纪要》里亦有所记载且与此相同。这里的"州"指今石林县城鹿阜街道；其东30里即今石林县水塘铺一带；"曲靖"包括了今天的陆良县境；"广西"指今天的弥勒市境，文献中记述了这条古长城起始于今天的陆良县境，终止于今天的弥勒市境，也记述了这条古长城的长度"三百余里"。到了近代，有学者对这条"长城"进行了考察。1943年，李埏在《路南乡土地理》里记载："长城埂，长城东三十里，水塘铺附近，闻长约十里，为白石累成，高约三尺，厚二尺，并非砖城，成于何时，尚无考证，此埂工程颇不小，唯据考查结果，并非为军事目的而设，是否为田庄界墙，此时亦无定论，颇堪研究。"值得一提的是，李埏对这条"长城"持有非常谨慎的学术态度。到了1945年，楚图南的《路南杂记》中亦有相关记载。

2000年后，北京大学在《石林申报世界文化遗产研究》项目中开始系统调查踏勘这条类长城建筑。他们在云南省东部的马龙县、陆良县、石林县、宜良县和弥勒市的崇山峻岭之中，发现了用粗加工的石料堆筑而成的类长城建筑。自马龙县格里达古城至弥勒市金子硐坡，直线距离约160公里。这条类长城建筑的修建在地形选择上一般建于高山峻岭之上。在修筑上就地取材、因地制宜，在多石的山地则石砌，或石砌两侧、中填红土，或以石砌基础上建土石垣墙。遇高坡、峭壁则削成立面山墙或山险墙。建筑本体大部分是土石结构，石头是主要建筑材料，少数地方呈全部红土堆成，没有夯筑的痕迹。通常底宽3～4米、顶宽1.5～2米、高1.5米，基本呈南北走向，立面皆向西方，即东面皆缓坡，西方皆立面陡峻。东部易守，西部难攻，很明显是东面的部族修建以防范来自西面的进攻。城墙所经之处、险关要道，都有城堡、掩体、瞭望哨所、古道分布，且与洞和水结合在一起，依山就势，构筑工事，利用山险地貌，修建城堡，用险制胜。城堡亦在类长城建筑主体之东，为前线守城的指挥所和后勤补给基地。除此之外，在沿线还发现了古城堡、古石路、石堆、战时祭祀遗址、瞭望石哨所、烽火台、营盘、敌台、鱼鳞状分布的战墙掩体，大、小石房子，与古城堡相连的引水工程等（《云南古长城考察记》）。

关于这段类长城建筑的修建年代，董耀会先生根据《后汉书·西南夷·滇王传》中"以广汉文齐为（益州郡）太守，造起陂池，开通灌溉，垦田二千余顷，率厉兵马，修障塞，降集群夷，甚得其和。及公孙述据益土，齐固守据险，述拘其妻子，许以封侯，齐遂不降"的记载，认为云南境内的类长城建筑是由王莽时期益州郡太守文齐主持修建的，具体时间是在王莽地皇二年（21）前后。

关于这条类长城建筑是否可以确定为"长城"这一问题上，目前存在很大争议。2002年成大林、马自新两位先生在经过一个多月的实地考察后，从历史文献、历史地理、防御对象、布防和作战的基本要领、防御建筑和军事工程体系等方面提出质疑。

2. 浙江"明长城"。台州府城，即临海城，位于浙江中部临海老城区。抗倭名将戚继光在临海八年，会同台州知府谭纶改造了临海城墙的结构，将其加高加厚，并创造性地修筑了空心敌台，极大地增强了防守能力。使得临海城在明代抗倭斗争中发挥了巨大作用。可以说，临海古城堪称后来蓟镇长城的"示范"和"蓝本"。现存城墙长约5000米，东起揽胜门，沿北固山山脊逶迤至烟霞阁，于山岩陡峭间直抵灵江东岸，延伸至巾山西麓，依山就势，俯视大江，矫若巨龙，雄伟壮观，因此，台州府城墙民间又有"江南八达岭"之说。

3. 湖北宋长城。湖北省西北（襄阳）和河南省西南部（南阳）一带，在南宋时期是宋金的一段分界线。据《说岳全传》和《正德光化县志》上记载，南宋时期岳飞和金兀术统帅的大军，在今位于湖北省老河口市袁冲乡与河南省邓州市、淅川县的交界处进行过一场"三尖山战役"。得胜班师之际，岳飞觉得这里"上接关陇、旁通巴蜀、界连邓淅、屏蔽襄樊"，为兵家必争之地，于

△ 浙江省临海城城墙　杨越峦摄

是命令部将修筑边墙和营盘，派兵据险防守，并数次抵御了金兵南侵。

现存的长城防御工事共有三尖山、严寨、禹家寨、大山寨和朱连山（河南）五座山头城堡，城堡依山傍石而建，堡内现存有颇具规模的营房、大小石房共计60余间，全部用块石、片石等砌筑而成。城堡之间有城墙彼此互联，全长30多公里。城墙由薄层灰岩砌筑而成，石缝整齐交吻，墙面笔直坚固，残存墙面最高处约3米，低处仅辨踪迹，城墙宽约1.2～1.5米，每到转角处便筑有战台、烽火台。

如今这段宋长城已成为"河南省南阳市杏山旅游开发区"的标识。据河南老乡介绍，这个开发区的旅游开发目标为两省交界附近的宋长城、丹江口水库和南水北调中线源头。

尚珩

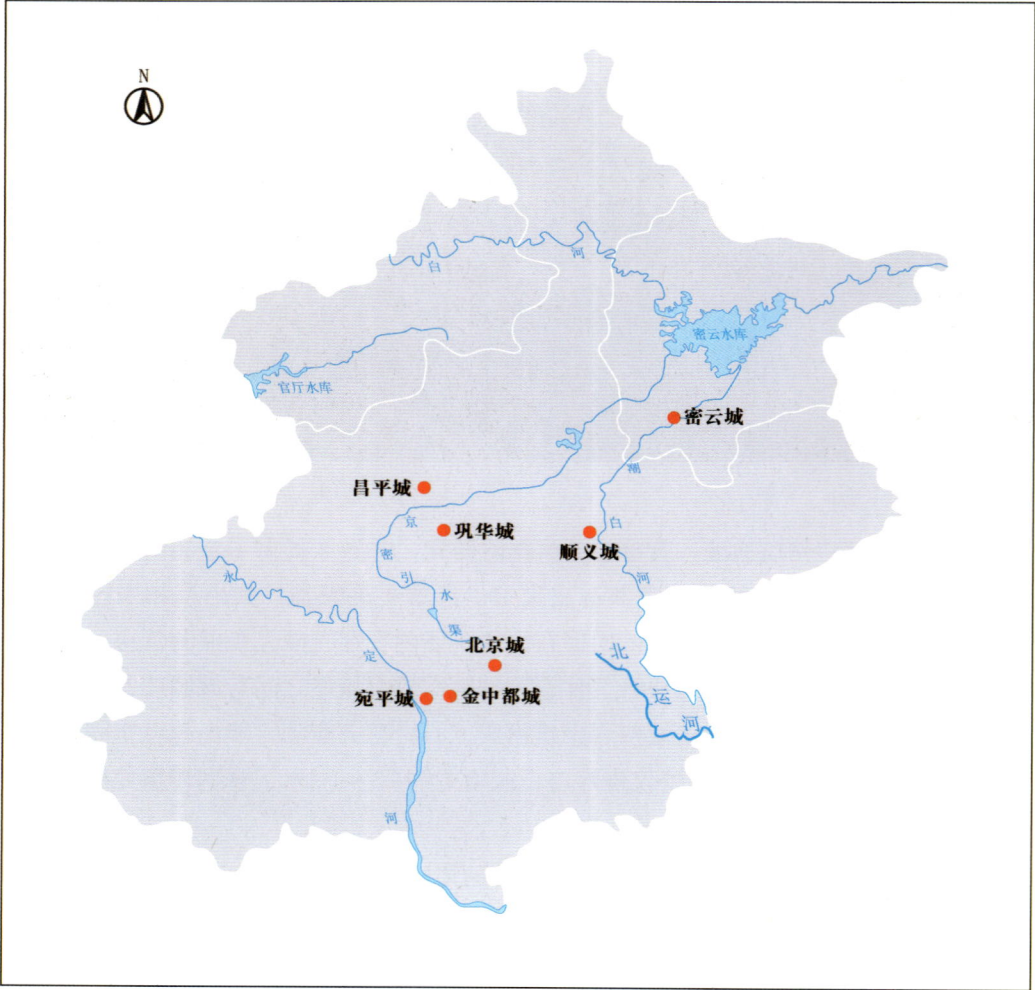

N

宫厅水库

白河

密云水库
密云城

昌平城
巩华城
京密引水渠
顺义城
白河

定河
北京城
宛平城 金中都城

北运河

河

北京

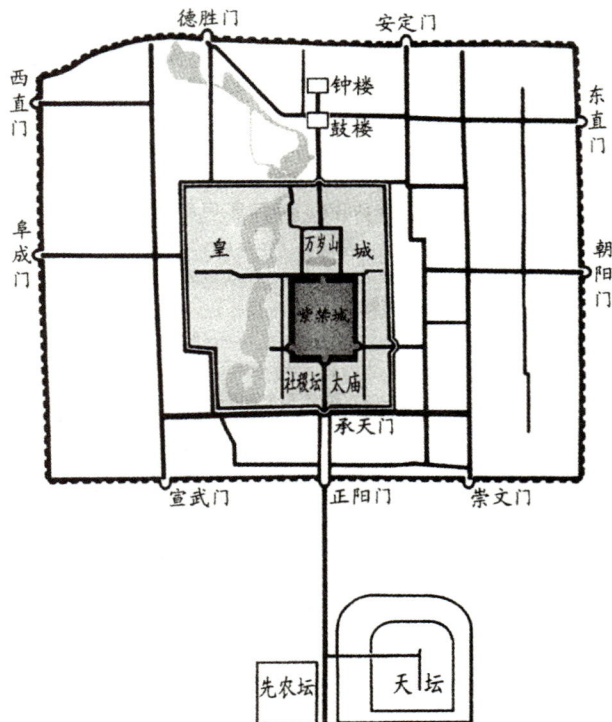

△ 明代前期北京城平面示意图　引自乔匀主编《中国古代建筑》（新世界
出版社，2002年）

　　北京，位于中国华北平原的北端，北枕居庸，西崎太行，东连山海，南
俯中原，是中华人民共和国的首都，是中国四个中央直辖市（北京、上海、天
津、重庆）之一，也是世界著名的历史文化名城之一。1982年，被列为国家历
史文化名城。

　　西周初年，周武王即封召公于北京及附近地区，称燕（都城在今北京房
山区的琉璃河镇，遗址尚存）。又封尧之后人（一说黄帝后人）于蓟（在今北
京西南）。后燕国灭蓟国，迁都于蓟，统称为"燕都"或"燕京"。秦时，
设蓟县，为广阳郡治所。辽会同元年（938），辽政权建立后，在北京地区升
幽州为南京，又名"燕京"，是为陪都。金天德五年（1153），金王朝迁都燕
京，改称"中都"，是北京建都之始。元朝时，北京称"元大都"。此后，
明、清、中华民国、中华人民共和国相继在此定都，其名先后有"北京"、"顺

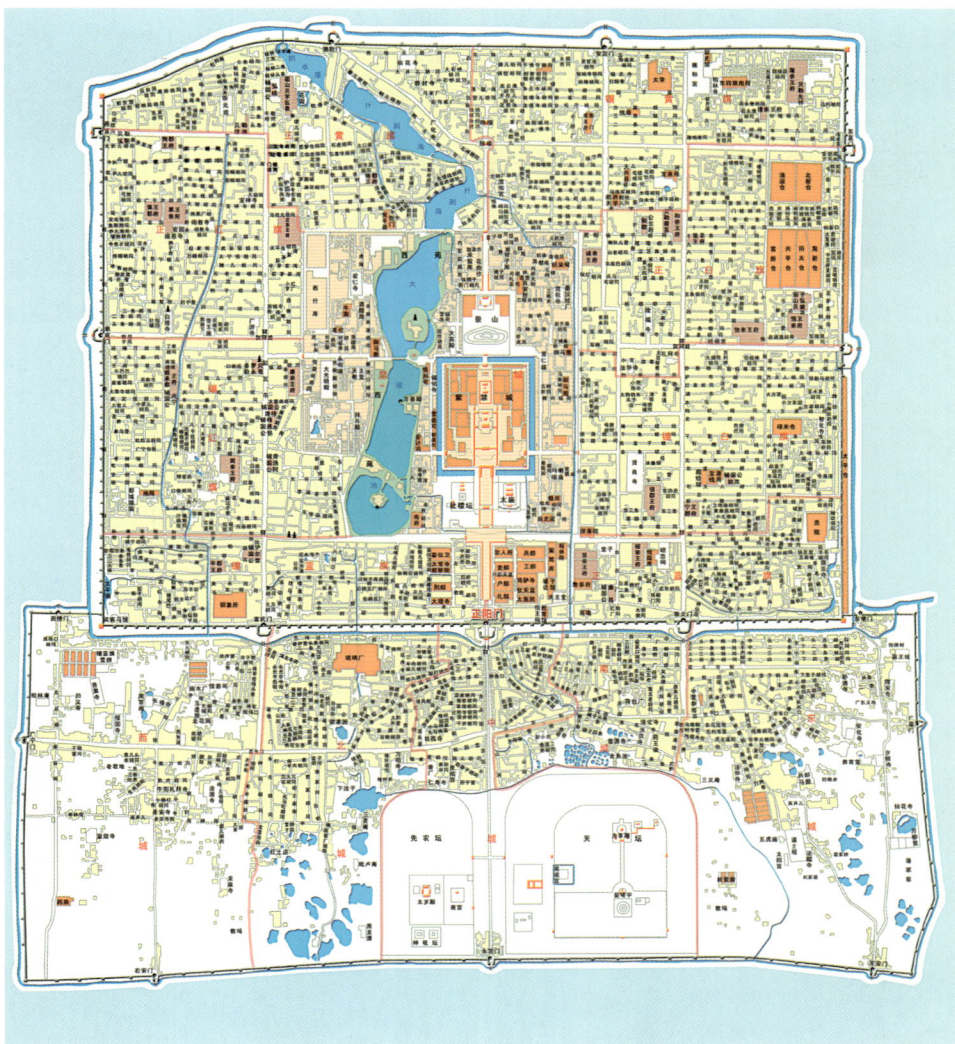

△ 北京城图　据清乾隆十五年版，张君重绘

天"、"北平"、"北京"。

　　北京最早建城，据考古部门对房山区琉璃河镇董家林商周都城城址发掘提供的资讯，是西周初年的分封国燕的都城（1988年，被列为全国重点文物保护单位）。其后，在北京城墙的历史进程中，金中都、元大都和明都北京城三个时期比较重要，尤其明都北京城墙对后世北京城影响较大。

　　金天德三年（1151），以辽南京城为基础，沿其东、西、南三面往外扩展，拓建金中都城垣。金中都由宫城、皇城、大城三重城垣组成，其大城周长18.69公里，城墙为夯筑土墙，设城门13座：曰"会城"、"通玄"（原辽南京通天门）、"崇智"（原辽南京拱辰门）、"光泰"、"端礼"、"丰宜"、"景风"、

△ 20世纪20年代北京城外汽车站 本文照片
除署名外，均由南京城墙保护管理中心藏

△ 明清北京城墙及护城河 杨国庆提供

△ 20世纪30年代北京城内中华门（明代称"大明门"、清代称"大清门"，均为皇城正南门）

△ 20世纪30年代北京城崇文门

▽ 清末北京正阳门全景　郭豹提供

◁ 清末北京内城东南角楼
王志远提供

◁ 20世纪20年代北京正
阳门瓮城外御河桥

△ 20世纪20年代北京故宫（原宫城）东华门　　△ 1930年阎锡山部队离开北京城

▷ 清末北京外城东北角楼
　郭豹提供

▷ 20世纪30年代北京郊
　外的宋城遗迹，传说
　为杨六郎所筑

△ 20世纪初北京紫禁城的角楼

△ 1930年进入北京城的张学良部队，仍背着
　传统长矛

△ 20世纪初北京城城墙

△ 北京正阳门箭楼东侧　郭豹提供

△ 20世纪30年代，北京北海团城下的骆驼商队

▷ 1930年，阎锡山部队
  进入北京

263

◁ 20世纪初，由中华门南望正阳门

▽ 20世纪50年代初，从正阳门城楼俯瞰天安门广场 郭豹提供

▷ 20世纪初，北京正阳门由
女警员检查出入行人

▽ 1937年8月8日，侵华日军牟田口廉也部队举行北平入城式。图为该部穿越正阳门的情景

◁ 北京内城东南角楼及城顶 殷伯冬摄

△ 北京德胜门箭楼 周子予摄

▷ 紫禁城南门——午门 袁学军提供

◁ 北京正阳门城楼 袁学军提供

▷ 元大都和义门瓮城城门遗址（北京西直门） 引自李泽奉、毛佩琦编撰《岁月河山——图说中国历史》（上海古籍出版社，1989年）

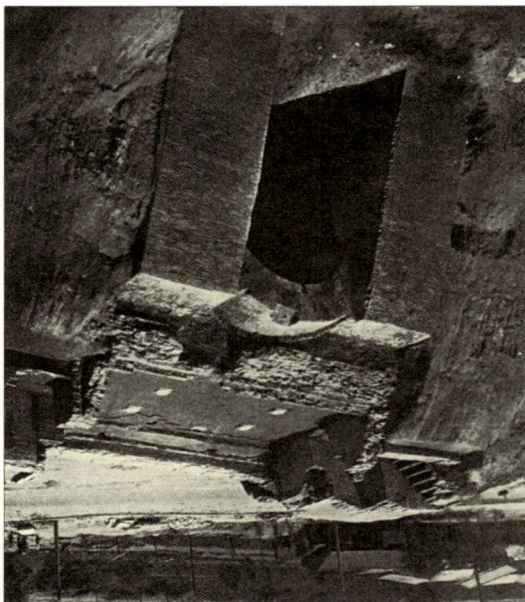

◁ 元大都北城垣水关
  窦佑安摄

◁ 修缮后的明代北京内城城墙
  窦佑安摄

◁ 修缮后的北京内城明
  城墙残段 殷伯冬摄

△ 明代北京皇城东安门遗址展示区　窦佑安摄

"施仁"、"宣曜"、"阳春"、"彰义"、"灏华"、"丽泽"。城墙外均有护城河环绕，城壕上架有石桥（1990年，在北京丰台区发现了金中都南城墙水关遗址。2001年，该遗址被公布为全国重点文物保护单位，现为北京辽金城垣博物馆）。

元至元四年（1267），刘秉忠依据《周礼·考工记》的建都原则，奉命规划设计并开始营造元大都城，它由宫城、皇城、外城三重城垣组成。外城实测周长28.6公里，为夯土版筑，在夯筑过程中，加入了"永定柱"（竖柱）和"纤木"（横柱），其作用与现代在水泥混凝土中置钢筋一样。城墙外部等距离修筑马面，城四角筑有角楼（今建国门南侧"明清观象台"即是元大都东南角楼旧址）。城外护城河环绕，城门外置吊桥。大都城共辟城门11座：曰"丽正"、"文明"、"顺城"、"崇仁"、"光熙"、"齐化"、"和义"（1969年，发现和义门瓮城箭楼下半部遗址）、"肃清"、"平则"、"健德"、"安贞"，城门外筑有瓮城和箭楼（元大都城墙仅存北城墙及西城墙北端，共约12公里。2006年被列为全国重点文物保护单位）。

明清北京城垣是以元大都城为基础，主要分五个时期改扩营建而成：（1）明洪武元年（1368），明军大将徐达攻占元大都，为加强防守，防止蒙古军队的反扑，随即将元大都北城垣向南缩五里，废其东、西城垣之北侧的光熙、肃清二门，改"健德门"为"德胜门"，"安贞门"为"安定门"。

△ 北京城皇城正南门——天安门 袁学军提供

（2）永乐四年（1406），明成祖朱棣为迁都北京，开始营建北京城。（3）永乐十七年，拓旧元大都的南城。将城垣由今长安街稍南一线南移近一公里，至今正阳、宣武、崇文三门一线仍开三门，名称依旧。加筑北城垣马面，并在城垣四周外壁加甃城砖。（4）正统元年（1436）开始修筑九门城楼、箭楼和瓮城及城门外牌楼、城四隅角楼，疏浚护城河，河两岸垒砖石，更换九门外木桥以石桥。（5）嘉靖三十二年（1553），为加强京城的防御，并以南京城设外郭的"祖制"为由，在财力不足情况下，仅在南城外增筑外郭，开七门并筑瓮城。至此，北京城垣形制由"口"字形，变为"凸"字形。

宫城即紫禁城，为一长方形城池，周长3428米，城墙高约10米，墙基厚约8米，设4座门：南曰"午门"，东曰"东华门"，西曰"西华门"，北曰"玄武门"（清称"神武门"）。城四隅各建结构精巧的角楼1座，城外由宽52米的护城河环绕（宫城现为"故宫博物院"，城池保存完好。1987年12月被列入世界文化遗产名录）。

皇城，城周约9000米，墙高约6米，墙身为红色，顶覆黄琉璃瓦通脊。皇城设4座门：曰"承天门"（清改称"天安门"）、"地安门"、"东安门"、"西安门"。承天门外有金水河，上建金水桥5座（皇城现仅存天安门及其东西两侧约900米的城墙。1961年，天安门被列为第一批全国重点文物单位）。

内城，周长约25.213公里，平面略呈长方形。城墙内外壁为下石上砖，内为土心，墙体高11.36米，雉堞高1.85米，通高13.21米。城墙基宽19.84米、顶宽16米。城墙雉堞共11038座，外侧筑马面172个，城墙上还建有铺舍。四角各设角楼1座，角楼平面呈曲尺形，各面筑砖墙，每座开箭孔144个。城墙外以护城河环绕，河之宽窄、深浅不一。河上置石桥，除正阳门外并列3座外，其余八门均为1座。石桥与箭楼相对。城墙下部设水关7座，以疏导或节制水流穿越城墙。

内城设城门9座：曰"正阳门"、"崇文门"、"宣武门"、"朝阳门"、"东直门"、"安定门"、"德胜门"、"西直门"、"阜成门"。城门上各建重檐歇山顶、三滴水式门楼1座。门楼两边靠城墙内壁一侧分别修筑马道与城内地面上下相通。城门外均筑瓮城，除正阳门箭楼设门外，其余八门均不设门，仅在瓮城一侧辟门1座，门上建单檐闸楼1座。正阳门瓮城设门3座（左、中、右，含箭楼门）。箭楼、闸楼四面筑砖墙，设箭孔，瓮城内还建有庙宇。

外城城垣周长约9.065公里，墙体高6.4米，雉堞高1.28米，城垣通高7.68米。城墙基宽6.4米、顶宽4.48米，内外壁为下石上砖，内为土心。开城门7座：曰"永定门"、"左安门"、"右安门"、"广渠门"、"广宁门"（清道光年间改称"广安门"），北端与内城连接，东西两侧宽于内城一余里处，各设东、西便门1座。七门均建单檐门楼1座，并筑瓮城、箭楼。城墙四角各设角楼1座，为十字脊单檐建筑，开箭孔20个。建有水关3座。城垣外侧周筑马面，城顶建铺舍43所、雉堞9487座。城墙外护城河环绕，并设吊桥，后为石桥。

明清时期，历代政府重视北京城的修缮。但是，自20世纪以后，随着火兵器的飞速发展，以及西方城市化运动的影响，为改善城市交通，北京从增

▽ 北京内城东南角楼　殷伯冬摄

开城门到拆除城门，最后大范围拆除城墙。1901年后，外国驻华使团在南城垣正阳门与崇文门之间开辟一座城门，以便随时自东交民巷直接搭乘火车。1915年，拆除正阳门瓮城，以利交通。1925年，在正阳门与宣武门之间开辟两连体门洞，称为"和平门"。20世纪40年代初，侵华日军在朝阳门南辟"启明门"（后改称"建国门"），在阜成门南辟"长安门"（后改称"复兴门"）。

1949年后，北京城市进入新的发展时期，建筑学家梁思成和陈占祥提出了《关于中央人民政府行政中心区位置的建议》（简称"梁陈方案"，其中对城墙予以保留）。遗憾的是，"梁陈方案"未被采纳（王军的《城记》中，对此有详述）。从1952年开始，外城城墙和内城部分城墙陆续被拆除。1965年，北京开始修地铁，内城拆除城墙工作随即展开。如今只残留部分内城城墙遗迹三处和正阳门城楼、箭楼，德胜门箭楼，东南城角楼。

20世纪80年代后，北京城墙受到保护与重视。内城东南城角楼，正阳门城楼、箭楼，德胜门箭楼，分别于1982年、1988年、2006年被列为国家重点文物保护单位。2004年，复建了明清北京城中轴线南端的重要标志——永定门及城楼。

袁学军

顺天府城池： 元至元四年建，名大都城。明永乐七年迁都于此。十九年，既营宫室，爰拓城墉。周围四十里，高三丈五尺五寸，广六丈二尺。门九：南曰正阳、曰崇文、曰宣武；东曰朝阳、曰东直；西曰阜成、曰西直；北曰安定、曰德胜。嘉靖二十三年，筑重城以卫之，即今外城。三面共二十八里，高二丈，广如之。门七：南曰永定、曰左安、曰右安；东曰广渠；西曰广宁。其拓出于东西隅而北向者，东曰东便；西曰西便。内城九门，各有月城及门楼一座。月城外面各有敌楼一座。三面各开炮门四重，四隅角楼与敌楼规制同，外城如之。池则玉河分流，环绕雉堞，入经大内，复出注大通河。水势蜿蜒，天然襟带。大兴、宛平二县俱附郭。

——清《考工典》第十八卷，引自《古今图书集成》

△ 昌平州城图　引自《光绪·昌平州志》民国二十八年铅字重印

　　昌平城在今北京市昌平区，位于北京西北部，被誉为"密尔王室，股肱重地"，素有"京师之枕"的美称。

　　西汉时期，始设昌平县，属上谷郡。此后，建置多有变化，驻地多有迁徙。后唐同光二年（924），改为燕平县，徙治曹村，后又徙于白浮屠城。后晋复名"昌平"，割地于辽。辽时，属析津府。宋时，属燕山府，沿用昌平县名。元时，改属大都府。明初，属北平府。永乐元年（1403），改属顺天府。景泰三年（1452），徙入永安城。正德八年（1513），为昌平州，直隶大都路。清朝沿袭之。1913年，撤州设县。1956年，划归北京市管辖，撤县设区。1960年，撤区复设昌平县。1999年，撤县设昌平区。

　　昌平建城始于汉朝。《括地志》称："昌平故城，在幽州东南六十里"，可推由汉至魏初，昌平城当在沙河店以东。《大明一统志》载，三国魏

◁ 昌平州城南门的明
信片 摘自小川一真
《庚子事变纪念写真》
（1901年版）郭豹提供

◁ 昌平州城南门"畿辅重
镇"石质门匾 邢军摄

文帝曾屯兵于此，位置在昌平州东南。文献记载较少，规模亦不可考。

元朝徙县治于州城西八里。皇庆二年（1313）冬，徙于新店，筑城，名"白浮图城"，城之规格待考。

据《明实录·代宗实录》记载：景泰元年（1450）春，命于天寿山之南筑城（即后世所称"永安城"），周围12里（清光绪版《顺天府志》载为：周1492.98丈）、高2.2丈（《考工典》记为：2.1丈），垛口2986座。开东、西、南三门，三门都修外瓮城，瓮城城门与主城门都修城楼。护城河深1丈、阔1.5丈。三门分别为：东门曰"太安"，南门曰"永安"，西门曰"平安"。徙长陵、献陵、景陵三卫官军于内，以护陵寝。因财力匮乏，土城建好即告竣工。

景泰三年十月，城毕，徙白浮图城昌平州治于此（据清光绪十二年《昌平州志》）。城址位于陵区禁地龙山脚下，东北为中山口，西北为大宫门。天顺三年（1459），天寿山守备廖镛奏建谯楼于城中（据明万历版《昌平州志》卷二）。万历元年（1573），因陵卫陆续增设，城小难容，遂在城南又筑一城与之相连。新城城墙比旧城矮4尺，只设南门，又称"小南门"，东、西、南三面城墙共84.5丈。之后二城皆以砖包砌。崇祯九年（1636），兵部侍郎张元佐拆旧城南墙砖石修补东门城楼，城遂合而为一，周长10里24步，护城河深、广各2丈左右。

清康熙十四年（1675），重筑新、旧城，城墙均高3丈，护城河深8尺、宽3丈。南门门额为"畿辅重镇"，新增东、西门门额，东门为"奠安燕蓟"，西门为"节控雄关"，规模形制由此沿用。乾隆三十三年（1768），知州舒□重修。嘉庆二十五年（1820），知州归景照重修。

其后昌平城基本保持完好，抗日战争及解放战争时期均未受大规模毁坏。

20世纪50年代，随着旱情严重，当地出现了打井热潮，一些部队、院校、工厂陆续迁到昌平。人口剧增，导致建筑材料供应紧张，许多单位拆走县城城砖以解燃眉之急，城垣遂遭破坏，时至今日，已荡然无存，只知城池的南城墙址位于今五街的营坊胡同的位置，其南为护城河，原城墙与清真寺隔河相望。

昌平区古城较多，由各版本《昌平州志》可见一斑，除昌平州城、巩华城外，其他列表如下：

序号	名称	时代	位置	形制	现存状况	是否为文保单位
1	昌平故城	汉	昌平州东南	不可考	无	否
2	万年故城	南北朝	昌平州西南	不可考	无	否
3	军都故城	汉	昌平州西17里	不可考	无	否
4	军都新城	南北朝	幽州西北95里	不可考	无	否
5	广武废县	南北朝	昌平州西	不可考	无	否
6	芹城	隋	昌平州东30里	不可考	无	否
7	孤竹城	唐	昌平州界	不可考	无	否
8	古疑城	辽	昌平州东南35里	不可考	无	否
9	沮阳城	不详	昌平州东南40里	不可考	无	否

续表

序号	名称	时代	位置	形制	现存状况	是否为文保单位
10	白浮图城	元	昌平州西8里	不可考	无	否
11	大口故城	不详	昌平州东南50里	不可考	无	否
12	宣中卫故城	不详	清州城内	不可考	无	否
13	南口城	明	昌平州西20里	周200.5丈，南北城门、城楼二座。	只有南城门、部分南城墙以及东、西二山两座护城墩保存	是
14	关城	明	南口北15里	周13里，高4.2丈，设南、北二门。	无	否
15	虎峪城	战国	今南口镇虎峪村	不可考	现存东墙残垣一段	是
16	上关城	明	今南口镇四桥子村	横跨东西两山，设南、北二门及城楼和水门。周长285丈，敌楼1座。	现存西墙残垣一段	是
17	白羊城	明	今昌平西南18公里，白羊城村	高2.5丈，周761丈余，有东、西二门，敌楼4座。	西侧墙体较完好，东侧只留残败墙体和墩台。	是
18	长峪城	明	今昌平西，长峪城村	城高1.8丈，周350余丈，设南、北二门，敌台32座。	大部保存完好	是

2003年7月，现存的南口城、虎峪城、上关城、白羊城、长峪城遗迹被列为北京市文物保护单位（区、县级）。

王腾

昌平州城池：始建莫考。设四营以守之。旧城周围六里，高二丈一尺，广一丈。池深一丈，阔一丈五尺。门三：东曰太安；南曰永安；西曰平安。新城接约四里余，高减旧城四尺，广略同。池深、阔如之。门一：曰小南门。二城皆内土外砖。

——清《考工典》第十八卷，引自《古今图书集成》

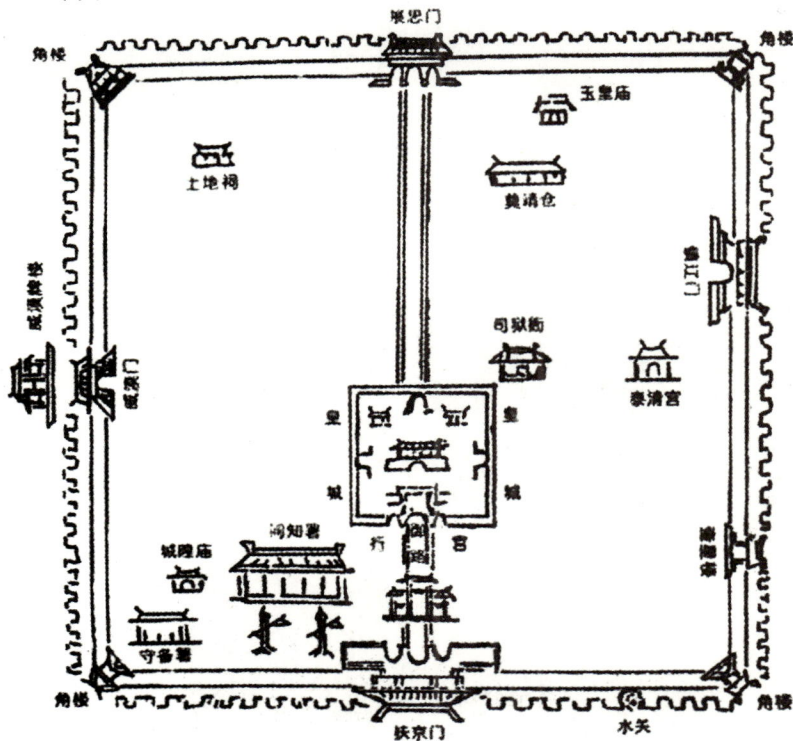

△ 明清巩华城和明行宫示意图　引自段炳仁《沙河》（北京出版社，2010年）

　　巩华城在今北京市昌平区沙河镇，位于北京西北部，因温榆河上游支流南沙河、北沙河在此交汇而得名。

　　巩华城的筑造起初并非为地方政府建置而设，仅是明成祖北伐时军队休息之处。其后因地理位置特殊，即近皇陵之故，巩华城逐渐成为谒陵巡狩必经驻所。

　　据清光绪十二年《昌平州志》记载："……旧名沙河店，明初北征多驻于此，有文皇帝行宫……"可见，永乐年间（1403～1424）已经有城存在，为行宫。正统元年（1436），为水所坏，其形制规模已不可考。嘉靖十六年（1537），明世宗驻沙河，面谕大臣复建，为久安之图。礼部尚书严嵩言："沙河为圣驾展视陵寝之路，南北道里适均……而封守慎固，南护神京，北卫陵寝，东可以蔽密云之冲，西可以扼居庸之险，联络控制，居然增一北门

△ 北门展思门及瓮城 本文照片均由张依萌2011年摄　　△ 西门威漠门及瓮城

◁ 北门瓮城残存墙体

△ 东门镇辽门及瓮城

△ 西门威漠门墙体及内部夯土

重镇矣……"（据《明实录·世宗嘉靖实录》）。次年动工，历时两年乃成，赐名"巩华"。城墙内夯土，外砌砖，顶铺砖。巩华城总长8里，呈方形：南北、东西长各2里。城墙高10米，共设垛口3602座。辟四门：南门曰"扶京"，北门曰"展思"，东门曰"镇辽"，西门曰"威漠"，分别取"拱护神京"、"展陵怀思"、"镇阀东辽"、"威镇大漠"之意。城外修浚池，离城约6.5丈，阔2尺、深1尺。并于四门浚池处设吊桥，门上建城楼。扶京、展思二门各有门洞3个，设闸门3座；镇辽、威漠二门各有门洞1个，设闸门1座，上均有闸楼。各门匾额均为汉白玉制成，除南门置在瓮城外，其余均置在主城门上，"巩华城"额匾设于南门主门，题字均为严嵩手书。

行宫位于巩华城中心偏南，东西长160米、南北宽150米，近似呈正方形。在行宫南墙上设有三门，曰"迎正门"，汉白玉石甬路直铺城下，东、西、北三面各辟一门。宫墙内正中建殿堂1座，制如长陵祾恩殿，为帝后灵柩停放之所。东西配殿为谒陵帝、后的寝宫。周围房舍为随銮文武大臣及太监歇宿之所。城工毕，始以勋臣所守。嘉靖二十八年（1549），设副总兵御之，后改守备（据清顾炎武《昌平山水记》卷上）。隆庆六年（1572），明穆宗调军士疏通城外安济桥至通州渡口温榆河长达75公里水道，并于城北门内建"奠靖仓"，于城外东南处修复临水泊岸，用以运送御用物资。崇祯十七年（1644），李自成攻打北京城，巩华城被毁严重。

清时，派兵戍守，称"巩华城营"。康熙十六年（1677），行宫设为"擀毡局"。乾隆八年（1743），设北路同知驻此。清朝末年，巩华城逐渐圮毁。光绪二十六年（1900），八国联军入侵，巩华城遭洗劫焚烧。

1932年，行宫被当地政府拆除变卖。1937年卢沟桥事变时，侵华日军炮击扶京门瓮城，城墙部分被炸毁。1939年，大部分城墙毁于洪水，仅存城门洞4个、瓮城及部分城墙。

1995年10月，昌平县人民政府在四门前分立石碑，以示保护。2004年，城墙遗存被公布划定了保护范围及建设控制地带。2014年，北京市文化委与昌平区文化委共同启动巩华城大修项目，计划分三期大修巩华城墙。

现存的拱京门俗称"大南门"，位于沙河镇的南门西街，即安济六条胡同深处的一片开阔处。拱京门保存较为完整，城墙残存高约9米，城墙破损处可窥视到青砖内的夯土。瓮城正中门洞上为一石制匾额，上书"扶京门"三字，字体漫漶模糊，难以辨认。瓮城东门已堵，由西门可入瓮城。西门门洞长约15米、宽约4.5米，门内千斤闸的沟槽部位保存较完整。瓮城内北部有一排几乎保存完整的硬山房，木质结构依然挺实，疑为明清时守备官兵营房。东边城墙下有土路可登城，城台多处塌陷，残存少量柱础。瓮城城墙也多处塌陷，西面城墙坍塌露出夯土处，已被新砌青砖围挡。东门镇辽门保存不佳，为四门中遗留状况最差。东门旁100余米南北走向的城墙为巩华城现有城墙中整体保留最好的一段，但表面城砖碎落严重。北门展思门现位于现北门西街以北，保存状况不及扶京门，留存不多。西门威漠门残存瓮城闸门，门内闸板尚存。行宫遗址绝大部分为今沙河中学校园，几乎没有遗存，难窥旧貌。

1995年，巩华城遗迹被列为市级（相当于省级）文物保护单位。

王腾

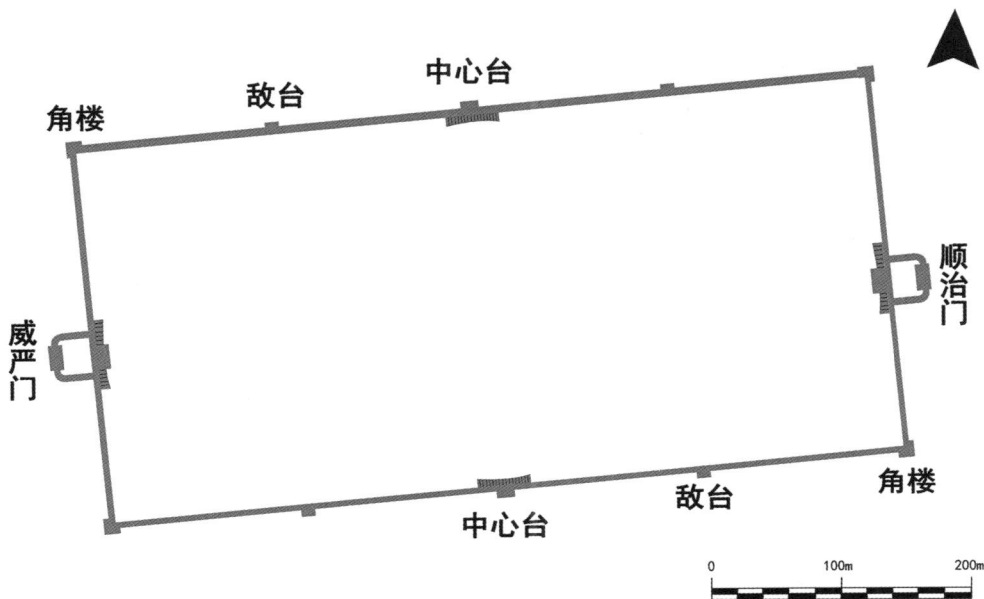

宛平城平面图

△ 宛平城平面示意图　郭豹提供

宛平，位于北京城西南、卢沟桥正东面，是古代北京进出内蒙古高原、南下中原的商旅必经之地。

此城原名"拱北"，建成于明崇祯十三年（1640），清代改为"拱极"，都是含有保卫京师帝都之意。明末，朝廷为防御李自成进京，命御马监太监武俊于崇祯十一年开始修建此城，属于军事卫城，其地属明代顺天府下辖的京城附郭县之一的宛平县。宛平从明代至清代均为京师顺天府治所，以北平中轴线为界，东为大兴，西为宛平，县城均设在北平的城内。1928年，宛平县划归河北省，当年12月31日宛平县公署正式迁至拱极城内，自此城名改为"宛平"。1952年，撤销宛平县，归入北京市。

据《日下旧闻考》引《破梦闲谈》载："卢沟畿辅咽喉，宜设兵防守。又需筑城，以卫兵。于是当桥北（当为"东"之误）规里许为斗城，局制虽

△ 1937年7月29日，被侵华日军焚毁的宛平县城楼
　南京城墙保护管理中心藏

△ 1937年7月，卢沟桥事变爆发后，
　宛平城守军在城外构筑防御工事，
　积极备战 南京城墙保护管理中心藏

小，而崇墉百雉，俨若雄关……"宛平城周长4里，每边长1里，今人称
"全城东西长640米，南北宽320米，总面积20.8万平方米"。城设东、
西二门：东曰"顺治门"，西曰"永昌门"（清代改为"威严门"）。
二门均筑有外瓮城和城楼等附属建筑，城的四角设有角台和角楼，以及
马面、旗杆石、垛口，每垛口都有盖板等。城墙基础为六层条石，墙体
内部为夯土和碎石，外部包砖，顶部铺砖三层。

▽ 七七事变后，戒备森严的宛平城城门 引自中共北京市委党史研究室、北京市
　档案局、北京市政协文史资料委员会编《北京抗战图史》（北京出版社，
　2005年）

城墙因属于军事卫城，故城内早期形制结构仅设参将衙署，未设一般县城的大街、小巷、市场、钟鼓楼等民用设施。直到清代以后，才在城内相继兴建酒肆、茶楼、驿站和祭祀庙宇，打破了单纯的军营卫城格局。

宛平城明清时屡有损毁，因地处战略要地，也均能得到及时修缮。1937年七七卢沟桥事变中，宛平城的城楼、闸楼、角楼和部分垛口遭到侵华日军战火的破坏。1958年，为缓解交通，拆除东、西城门及闸门。1984年在城中出土了"武俊碑"，碑文记载了当年营造拱极城的珍贵资料。此后，对宛平城实施了多次大规模修缮，并参照明代卫城的形制修复了城门。在2001～2002年的修缮中，还恢复了角楼、城楼各4座、中心楼2座，基本恢复了宛平城的昔日风貌。

1961年，宛平县城作为"卢沟桥"附属项目，被列为全国重点文物保护单位。

杨国庆

△ 宛平城墙及排水石槽 本文照片除署名外，均由杨国庆摄

△ 威严门主城门

△ 宛平城门及城楼 窦佑安摄

▷ 宛平城外瓮城及城门 窦佑安摄

◁ 从卢沟桥回望宛平城

▷ 宛平城墙及角楼

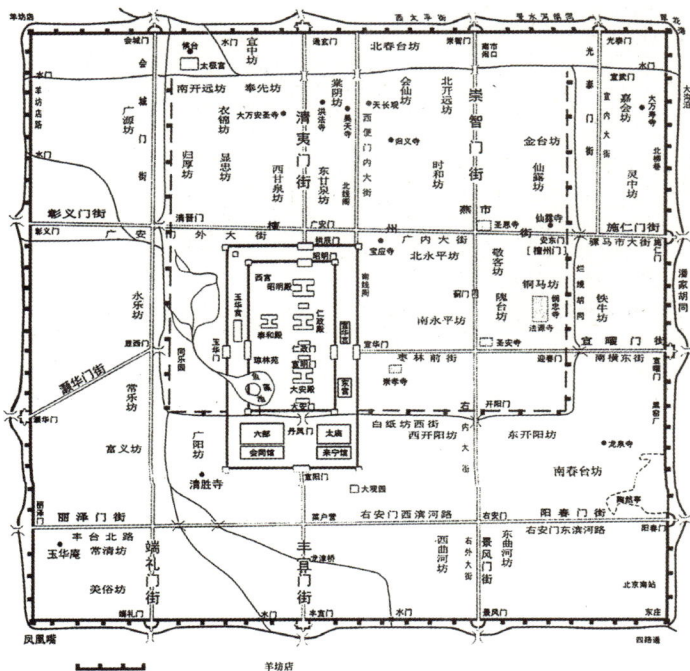

△ 金中都示意图　引自《白山　黑水　海东青——纪念金中都建都860周年特展》（文物出版社，2013年）

　　金中都遗址位于北京市城区西南部，今丰台区境内。

　　此地建城始自战国时期，燕国建蓟城。此后，朝代更替，燕蓟地区的军事重镇作用日益明显。隋、唐，朝庭十分重视燕蓟地区，将蓟城（幽州）作为经略辽东的基地。唐朝对幽州城进行多次修整，成为辽代陪都南京的前身。

　　辽南京城沿用唐朝幽州城旧址，城垣及城内布局没有重大变化。据《辽史·地理志》记载："南京析津府，……又曰燕京，城方三十六里，崇三丈，衡广一丈五尺，敌楼战橹具。八门：东曰安东、迎春，南曰开阳、丹凤，西曰显西、清晋，北曰通天、拱辰。大内在西南隅。"城内西南有子城，安禄山据幽州反叛时，即在城中建有宫阙；唐末刘仁恭据幽州称帝，也在城内建有宫阙，后为辽所沿用，为其陪都皇城，即子城。《乘招录》载，子城幅员五里，开城门4座：东曰"宜和"，南曰"丹凤"，西曰"显西"，北曰"子北"。

△ 北京辽金城垣博物馆外观 本文照片均由北京辽金城垣博物馆提供

文中记子城周垣之长"五里",疑为讹误,其总长当不止五里之数(据于杰、于光度《金中都》第二章)。辽南京城开城门8座:东南门曰"迎春";东北门曰"安东";南垣西门曰"丹凤";南垣东门曰"开阳";子城西门,亦为西垣南门曰"显西";西垣北门曰"清晋";北垣西门曰"通天",正对子城北门;北垣东门曰"拱辰"。

金天德三年(1151),金帝完颜亮下令迁都,并扩建燕京城(辽南京城),修建皇城、宫城。大城及宫城均仿北宋首都汴梁的规制建造,由张浩、苏保衡主持,梁汉臣、孔彦舟负责修建,三年而成。新城将燕京城的东、南、西三面扩展,增修宫殿,其后世宗、章宗时代继续增修,并建筑园林。天德五年(1153),金正式迁都燕京,改名"中都"。贞祐二年(1214),金中都被蒙古军队攻破,城池完全被毁。

20世纪50年代,开始对金中都进行考古工作,基本掌握了金中都遗址的形制结构。金中都由外郭、皇城和宫城组成,内土外包砖。皇城位于外郭之内中部偏西,宫城位于皇城中部,形成"三重城"格局。外郭近方形,东西长约4750～4900米、南北长约4510米。西城墙在广安门外约2000米一带,南北长4530米。南城墙在今右安门外凉水河以北,东西长4750米,其西端在凤凰嘴村,东端在永定门火车站西南。北城墙与东城墙遗迹尚未发现,但是对照历史文献记载与相关遗存,推测北城墙东端在西城区翠花湾,西端在羊坊店村,东西长约4900米；东城墙北端在西城区翠花湾，南端与南城墙东端相交，南北长约4510米。关于金中都城门数量，历史文献多有记载，但说法不尽相同。一般说法为城门12座（《日下旧闻考》卷三十七载）：东曰"宣曜"、"施仁"、"阳春"，西曰"灏华"、"丽泽"、"彰义"，南曰"丰宜"、"景凤"、"端礼"，北曰"通玄"、"会城"、"崇智"（《析津志》载："城门之制十有二，东曰施仁、宣曜、阳春，南曰景凤、丰宜、端礼，西曰丽泽、灏华、彰义，北曰会城、通玄、崇智，改门曰清怡，曰光泰"）。金代后期于东北部辟新门——光泰门。各门址今所在位置为：丰宜门在祖家庄南，石门村东；景凤门在右安门关厢南，端礼门在万泉寺偏西南处；会城门在今木樨地南河流向东拐弯处的河湾稍南处；施仁门，在今虎坊桥之西，骡马寺大街的魏染胡同南口处；彰义门在今广安门外大街湾子村；宣曜门在今西城区南横街东口与贾家胡同南口交会之处；灏华门应为金中都西城墙的中部城门。崇智门在今南闹市口的东太平街西口及西太平街东口的交会处偏南。通玄门在今白云观东北方、真武庙之南；阳春门在四路通以北东庄村处，永定门车站北，南岗子土垣之南；丽泽门在凤凰嘴以北（据于杰、于光度《金中都》第二章；刘庆柱《金中都考古学研究》）。

金中都宫城位于中都皇城之内中央偏东北，是在扩建大城的同时，在辽南京城内子城宫殿区的基础上进行扩建和增建而成的。据《大金国志》载，金宫城建成后，周长9里30步，面积与明清北京紫禁城的面积大致相仿。

元朝（1271～1368），在其东北方另建新城，称"南城"。城内除宫城被毁外，街市尚甚繁荣，其城垣到明初时尚有残壁保存。明初，大将军徐达经理元故都，"周围五千三百二十八丈"（据《明洪武实录》），

▽ 金中都水关遗址的地锭与衬石枋

△ 金中都水关遗址全景

明末《春明梦余录》也称，"元之南城周围五千三百二十丈，即金之故基"。两种记述大体吻合，即南城在明时仍存在较完整的残垣，但不复使用管理，其周长约30里左右。后逐渐废弃。

1990年，考古发现金中都水关遗址。其南北长43.4米，过水石构涵洞内宽7.7米、长18.7米（据北京辽金城垣博物馆《金中都水关遗址考览》）。金中都的水关构筑技术与宋代的《营造法式》基本相同，通过水关遗址进一步确认了金中都南城墙位置。今已辟为博物馆，成为金中都城垣重要遗存。

金中都在古都北京的都城发展史中有着极为重要作用，对元大都、明清北京城建设产生了极为重要的影响。

1984年，丰台区金中都城遗址被列为北京市文物保护单位；2001年，金中都水关遗址被列为全国重点文物保护单位。

王腾

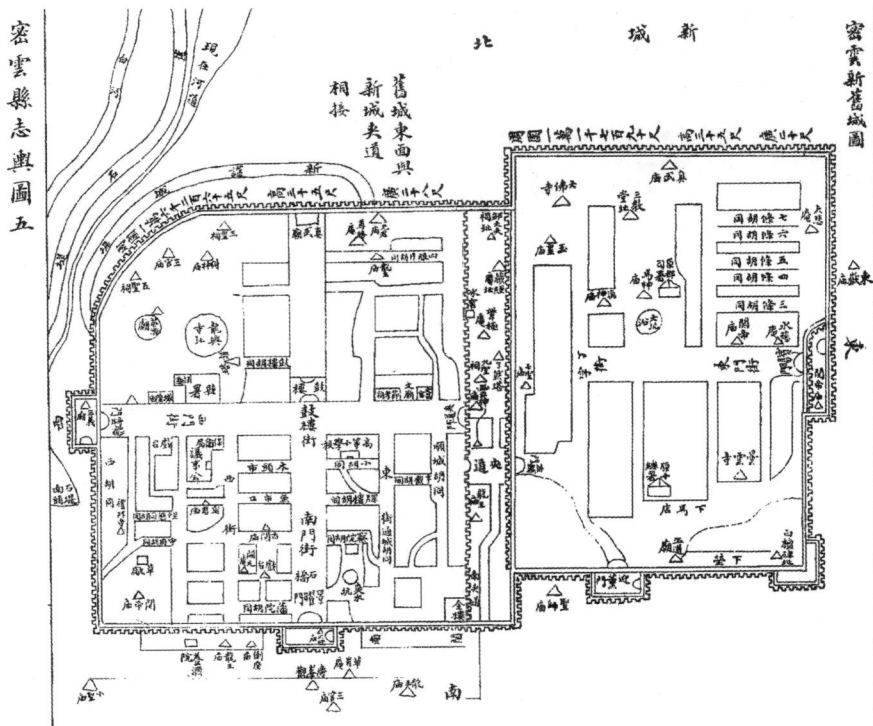

△ 密云新旧城图　引自《密云县志》民国三年铅印本

　　密云，位于北京市东北部，是北京市面积最大的区。其地处燕山南麓、华北平原北缘，是华北平原与蒙古高原过渡地带，战略地位十分重要，自古为兵家必争之地，有"京师锁钥"之称。

　　唐虞时期，密云地区属幽陵。春秋时期属燕国。战国时期或为燕，或为赵。秦王政二十二年（前225），置渔阳县，为密云建县之始。此后，建置多有变化，驻地多有迁徙。明正德九年（1514），属昌平州。清朝康熙二十七年（1688），改属顺天府北路厅。雍正六年（1728），直属顺天府。1928年，改隶河北省。1958年，改属河北省承德专署。1958年，划归北京市管辖至今。

　　有学者称，密云最早筑城时间距今4100年，其理由为《史记·五帝本纪》中载："舜请流共工于幽陵"，筑"共工城"。"幽陵"经考为今北京、河北北部地区一带，与今密云区位置相仿。故言"共工城"是北京历史上最早的古

◁ 密云城墙遗存 本文照片均由长城小站供稿

▷ 镶嵌在修缮后的密云城墙上的文物
保护标志碑

城。《括地志》云："故龚城（共工城）在檀州燕乐县界"，密云隋唐时属檀州，今密云水库北岸不老屯镇有燕落村（疑为"燕乐"之讹），又有距燕落村南八里处密云水库淹没区原有金沟村，该村东南有一方形土城，村民沿袭称之为"土城子"。此种种端倪，使人疑土城为"共工城"。今已淹于水下，不可考。

据文献记载，密云筑城最早的准确时间为明朝。洪武十一年（1378），筑城于京城东北130里，北倚冶山，面临黍谷，白河抱其西北，潮河夹其东南，是为密云旧城。城周9里13步（约1179丈，据清光绪版《顺天府志》卷二）、高3.5丈、厚2.8丈。城形西北微狭，置城门3座：东曰"夹道"（原名已佚），南曰"景曜"，西曰"瞻云"，西南二门有外瓮。城壕深2丈、宽1.5丈。万历四年（1576），于旧城东50步筑新城，夹道界之（清·顾炎武《昌平山水记》云：二城两端相连，疑误）。周6里198步、高3.5丈、厚2丈。城形正方，置城门4座：东曰"宾旸"，南曰"迎薰"，西曰"夹道"，北门因虚孤之说（预言）塞之（据1914年《密云县志》卷二）。城壕深、宽皆同旧城制。新城与旧城相错，稍偏北，包旧城东面，形制略同于京都，皆砖城。

清康熙中，旧城西北角为白河泛滥所圮。康熙五十二年（1713），奉旨重修，派旧城知县、典史及新城都司驻守。四年后竣工，并于城西筑一道石子堤，以护城垣，堤长803丈。康熙六十一年（1722），大雨，护堤塌百丈有余，城墙沉陷316.8丈。清圣祖亲临指示重修，手书"川流永奠"，镌于石堤之上。同治九年（1870），又大水，毁堤数十丈，无力修复，作罢。

其后城墙多毁于水灾。1949年之前，因战火等因，城垣损毁严重。

现残存城墙位于密云区新东路西，南、北、西三面已被现代建筑包围。这段老城墙原为古城东门门洞的南墙，底部东西长21.6米、南北宽15米、残高13米，墙心为夯土结构。城墙外部的城砖已不存，裸露出城墙内部夯土。

2005年，密云县政府投资20万对这段古城墙进行了修复。修复工程经过反复研究、科学论证，确定了在城墙地下筑50厘米混凝土层，地面上四周砌五层石条，石条上用灰砖按明代"一丁一顺错缝卧砌法"到顶，墙顶部用方砖铺面，将这段残存老城墙整个罩起来。在距离城墙一米的外围，设立1.5米高的铁栏杆，避免游人毁坏。

王腾

密云县城池： 旧城创于明洪武年间。周围九里十三步，高三丈五尺，广二丈八尺。池深二丈，阔一丈五尺。新城创于明万历四年，距旧城东五十步。周围七里，高三丈五尺，广二丈。池深、阔如旧池。

——清《考工典》第十八卷，引自《古今图书集成》

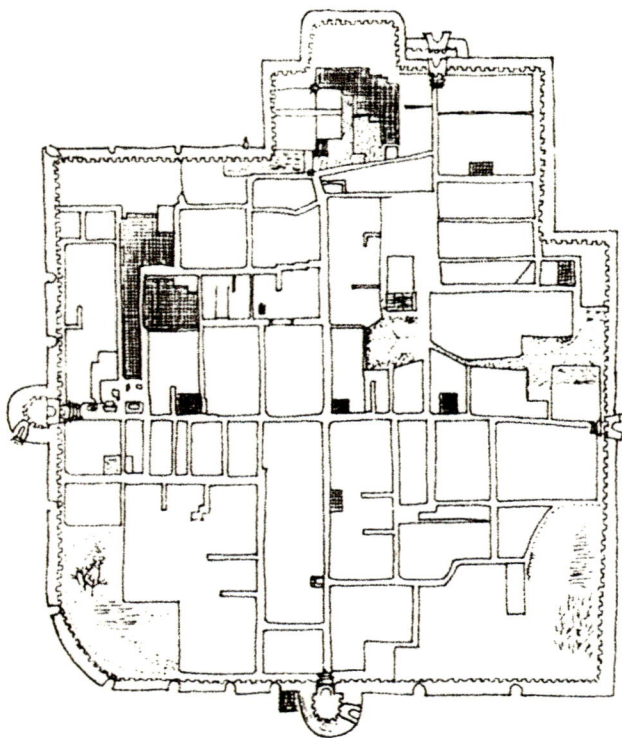

△ 顺义县城图　据《顺义县志》民国二十二年版，张君重绘

　　顺义城位于北京市顺义区城关镇北关，距市中心30公里。地处燕山南麓、华北平原北端，属潮白河冲积扇下段。东邻平谷，北连怀柔、密云，西接昌平、朝阳，南界通州区、河北省三河市。

　　春秋时期，顺义隶属燕国。秦一统后为上谷地，属蓟县。汉高祖五年至十二年（前202～前195），置狐奴、安乐两县属渔阳；后改称土垠县、安乐县等。隋，为顺州。此后，建置多有变化。明洪武元年（1368），降为顺义县，隶属北平府。1928年，直属河北省。1958年，划归北京市，设为顺义区。1960年，改为北京市顺义县。1998年，撤销县制，设立顺义区。

　　顺义城垣始建唐天宝三年（744），初为土城。城墙长约4里，南昂北俯，独东北突出一隅，"臂背四折入于河滨，宛如龟背形"。周1025.9丈、高2.5丈、台基宽1.5丈、顶宽8丈。城外置壕沟，周1052丈多、深1.5丈、沟面宽4

尺、沟底宽2尺（康熙五十八年《顺义县志》，疑误）。辟城门4座：东曰"平秩门"，南曰"迎恩门"，西曰"晴岚门"，北曰"叠翠门"。

明万历年间（1573～1620），以砖砌之，改建为砖城。面积约4平方公里，高2丈余，东、西、南三面较齐整，北部突出。四门都重建：东门"朝旭"，南门"阜财"，西门"庆城"，北门"挹翠"。并修水门2座，一在西门外瓮，一在北墙城根，以泄城中积水。时四城门城楼已圮，仅存遗址。

清康熙十七年（1678），顺义城曾重修。同治年间（1862～1874），再次重修。

1912年后，城墙顶面铺砖多被拆除，城垣坍塌严重，但整体面貌尚保存较好。后经城市建设，城墙多被拆毁，如今仅存今顺义区仁和镇太平村的一段。

2010年，顺义区城中村拆迁，发现残余城墙遗迹。城垣残长约6米、宽约16米、高约9米。从残破处可知城墙内为夯土，外砌二层城砖。经测量每块城砖约重24斤。城墙上方的垛口已经坍塌不存，裸露内部夯土。此段城墙中间尚留高约3米、宽约1米的一个门洞，非原城墙旧城门。据村中老人回忆，此门洞为侵华日军占领顺义城后，为方便出行在城墙上新辟的。残存城墙拟建成城垣遗址公园。

1984年，顺义古城墙被列为县级文物保护单位。

王腾

顺义县城池：唐天宝间建。周围六里一百一十步，高二丈五尺，广一丈三尺。池深二丈，阔一丈五尺。

——清《考工典》第十八卷，引自《古今图书集成》

▽ 20世纪30年代，位于顺义城东面的平谷城外观
　本页图片由南京城墙保护管理中心藏

▽ 1938年，侵华日军进入
　位于顺义城东面的平谷城

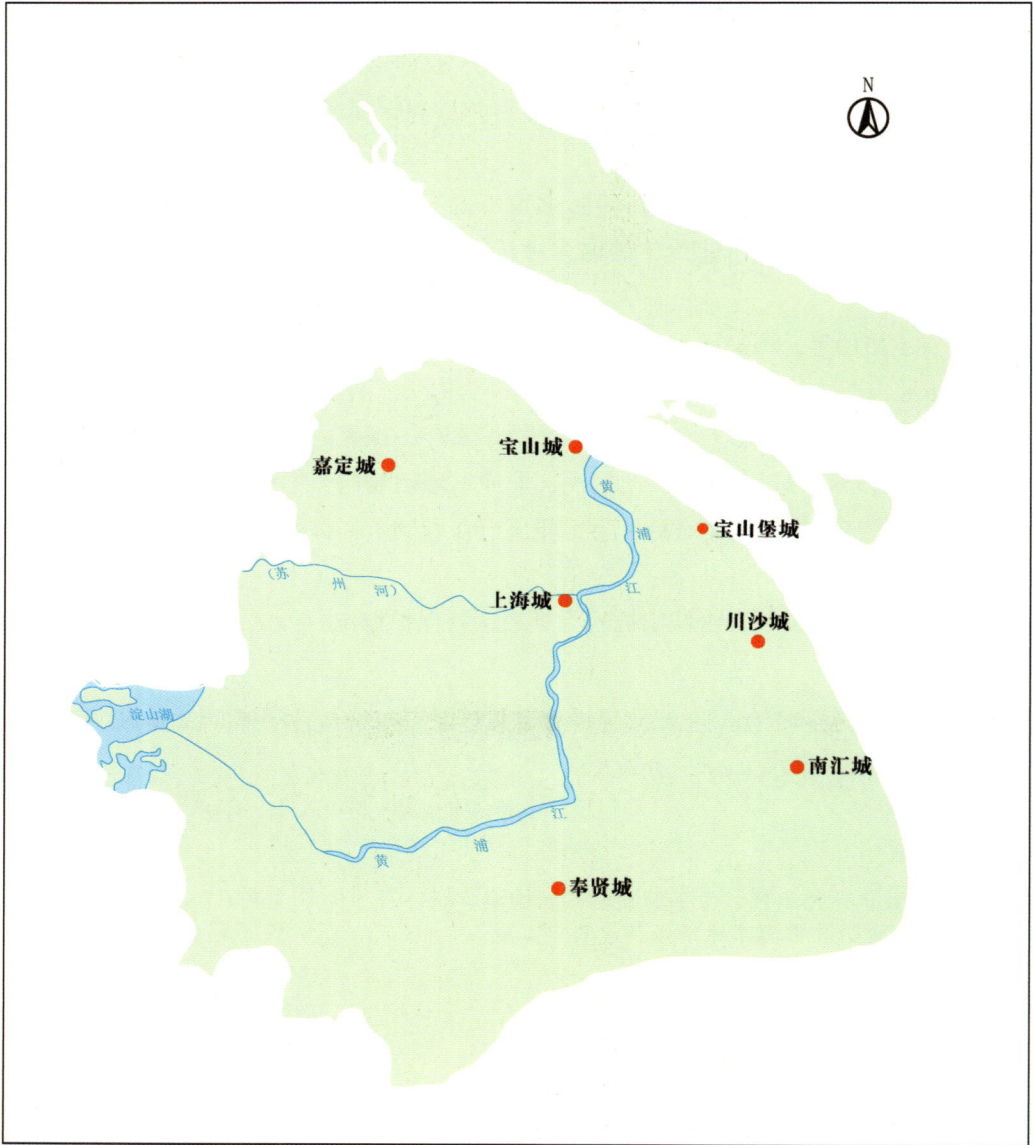

N

嘉定城
宝山城
黄浦江
宝山堡城
(苏州河)
上海城
川沙城
淀山湖
南汇城
黄浦江
奉贤城

上海

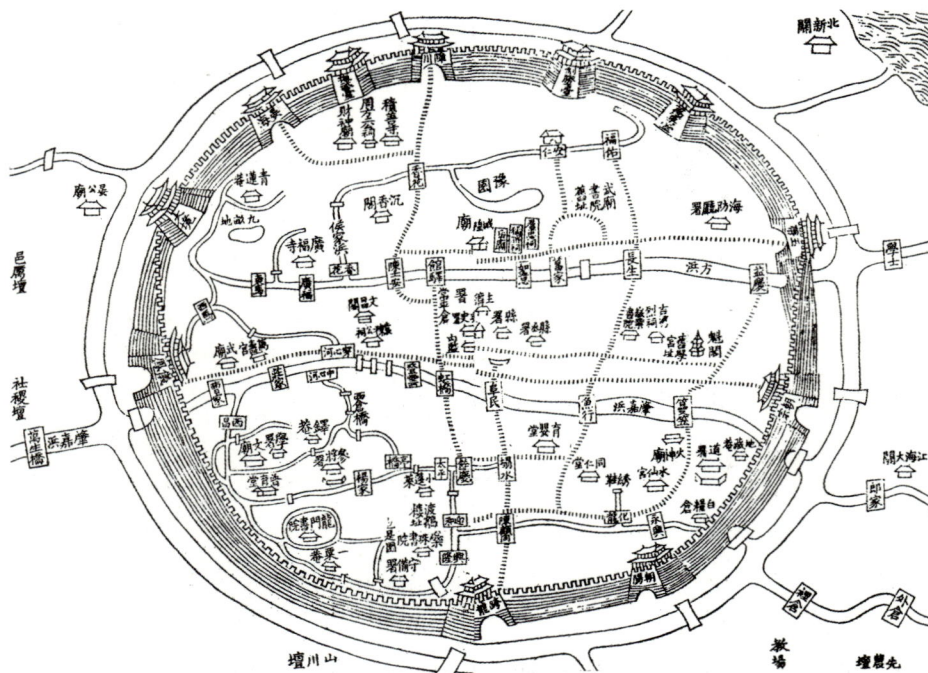

△ 上海县城图　引自《上海县志》清同治十一年刊本，载《中国方志丛
书·华中地方·江苏省（169）·上海县志》

　　上海，简称"沪"，别称"申"，位于长江入海口，是中国大陆的经
济、金融、贸易和航运中心，也是中国四个中央直辖市（北京、上海、天津、
重庆）之一。1986年，被列为国家历史文化名城。

　　春秋时，为吴国属地。战国时，为楚国春申君封邑（后世各地采取各种
方式祭祀、纪念春申君，其中上海简称"申"是其一）。此后，属地多有变
化，直至唐天宝十年（751）时，境内因设华亭县而逐渐得到发展。元至元
二十九年（1292），朝廷批准设立上海县，与华亭同为松江府属县。明清时，
上海县治未变，但隶属及辖区均多有变化。道光二十六年（1846），上海境
内划出1080亩地为"英租界"（后有扩增）。道光二十九年，又划出"法租
界"。同治二年（1863），美租界与英租界合并成立公共租界。1927年，上海
设为特别市。此后，建置、辖区及隶属均有变化。至2016年时，上海市共辖16

个区。

上海境内筑城有零星记载，如北武（又称"南武"）、沪渎（又称"袁公"）等城，但"盖古之城垣，今俱不可考矣"。元至元二十九年（1292）建县后，因上海"无城，故倭乱数蹒"（嘉庆十九年《嘉庆上海县志》卷六）。

明嘉靖三十二年（1553），上海地方官绅顾从礼奏请官府营造城池（详见《顾从礼奏疏略》），此议得到松江府知府方廉的认同"斯城不筑，是以民委之盗也"（引自潘恩《筑城记略》），遂组织大规模夯筑土城。该土城周长9里、高2.4丈、宽2丈。设旱城门6座：东曰"朝宗"（后称"大东门"），南曰"跨龙"（后称"大南门"），西曰"仪凤"（后称"老西门"），北曰"晏海"（后称"老北门"），东南曰"朝阳"（后称"小南门"），东北曰"宝带"（后称"小东门"），在朝宗门和宝带门上建有城楼。初设水城门3座：东、西2座跨肇嘉浜；小东门边1座跨方浜。全城设垛口3600多座、箭台20所。护城河长1500余丈、宽达6丈（清同治十年时，仅缩为3丈）、深1.6丈，"周回萦绕，以通潮汐"（嘉庆二十三年《松江府志》卷十三）。筑城资金主要由地方官吏、乡绅、百姓集资款，其中顾从礼捐米4000石，陆深（1477～1544，官至詹事府詹事。卒后，赠礼部右侍郎。上海陆家嘴也因其故宅和祖茔而得名）的夫人梅氏捐田500亩，捐银2000两。为建小东门城楼，还拆了陆氏祖室数百楹。嘉靖三十六年，同知罗拱辰在未建城楼的四门上补建城楼，又沿城增筑箭台，在"东北要害处"增建万军（丹凤楼）、制胜（观音阁）、振武（真武台）高台层楼3座。沿护城河内侧增筑护坡土墙（后圮）。万历二十六年（1598），巡抚赵光怀下文令上海知县许汝魁加高城墙5尺，增

▽ 19世纪80年代，上海城墙、城门及护城河　杨博超提供

▽ 20世纪80年代，上海古城外瓮城城门　南京城墙保护管理中心藏

◁ 上海古城墙西北段遗址保护展示
本文照片除署名外，均由杨国庆摄

开小南门边水城门（即水关）1座跨薛家浜引水以通市河，此举极大方便了周边百姓日常生活的需要。不久，在知县徐可求、刘一爌、李继周、吕濬相继主持增修城墙下，于万历四十六年终于完成城墙砖石（以巨石为主）构造的改建工程，并在城上建川（疑为"串"）廊80间（后圮）。万历四十六年，续修城墙竣工后，董其昌、吕侯撰有《续修城记》。

清康熙十九年（1680），因暴风雨毁坏大南门段城墙18丈。次年，知县史彩捐俸主持修复。雍正十年（1732），知县秦士申请库银重修。乾隆十八年（1753），知县李希舜主持疏浚护城河，"环城可通舟楫"。自乾隆二十六年至三十二年，暴风雨导致城墙多处损毁。乾隆三十七年，知县清泰自捐俸银主持修葺。道光元年（1821），巡道龚丽正等提议重修上海城墙，于西门增筑一座箭台，"即今大境（阁，关帝殿）"（同治十年《上海县志》卷二）。道光十九年，由地方官吏、乡绅及百姓捐资修城。咸丰三年（1853），因太平天国定都南京，又因小刀会起义，东南沿海局势不稳。巡道吴健彰遂主持重建上海各城门外瓮城里的营房，并增派兵力守护。同年八月，小刀会攻占上海，活捉吴健彰，城垣也受损数十处。咸丰五年七月，清军收复上海城后，巡道赵德辙等倡议捐资修缮城墙。咸丰十年，太平军再次兵逼境内，巡道吴煦于城上箭台置炮增兵加强防守，并于振武台右新开小北门（取名"障川门"），以便西兵（国外军队）出入。同治五年（1866），巡道应宝时在小北门增添外瓮城，并对全城的城墙及附属建筑进行修缮，耗费工料银8770余两，由潮州人郭郎中独自一人承担（参考应宝时《上海北城障川门记》）。应宝时在文中还引宋代包肃在雄州时也曾增开便门的旧事，为其新开城门立据。光绪六年（1880）十二月，两江总督刘坤一认为上海兵力单薄，由刘瑞芬招募丁勇500人，组成"抚标沪军营"，专职守城。清代，上海城门关闭有明文规定：逾时不关者，杖80下；非时擅开者，杖100下。每晚6时必须关门。

自清道光二十二年（1842）后，上海成为中国五个通商口岸之一，城池的功能逐渐出现衰退，过早关城门首先遭到商人和民众的反对。据1877年10月6日《申报》载：因城门关闭，至半夜12点北门外积聚有近千人，到处都是摊点，群情闹猛。县署以防出事，只得叫开城门。后来，将关门延迟到晚10点。光绪三十二年（1906）二月，由巡道袁树勋根据乡绅姚文枏等人的拆城建议，撰文正式向督抚提交拆城文书。袁树勋在文中称："城垣之设，所以防盗贼，而限戎马；表治所，而卫仓狱。欧洲古制亦复相同。近数十年，策军事海防者，多注重炮台，而不尚城守。埃及、罗马之名城，视同古器。柏林、巴黎之都会，即藉市场参互而可观，可为明证。且天津拆城而商市骤盛；汉口拆城而铁路交通。"最后的结论是：拆城"有利无弊"（详见巡道袁树勋《详督抚文》）。此议遭同僚巡道瑞澂的反对，他主张新开城门，以缓解交通压力，护城河（已是臭水沟）则可填塞筑路。两江总督瑞方、巡抚陈启泰同意瑞澂的设想，上奏朝廷获准，遂于宣统元年（1909）五月，开始增开尚文门（小西门）；六月，增开拱辰门（小北门）；九月，改建拓宽晏海门。宣统二年四月，改建拓宽宝带门；九月，增开福佑门（新东门）。宣统三年三月，改建拓宽朝阳门。至此，上海城共有城门10座。此次先后改建的城门，资金来源均为募捐所得（1918年《上海县续志》卷二）。

▽上海县古城墙（现大境阁）　朱立摄

△ 上海古城墙西北段遗址复原段

1912年，沪军都府民政总长兼江南制造局局长李平书根据姚文枬等人的呈请，经苏、沪两都督批准后，成立了"城壕事务所"（后归并"工巡捐总局"），具体实施拆城填壕工程。同年1月19日开始拆城（7月开始动工），至1914年拆城填壕工程结束。其中北半城850丈，在城址上筑起民国路；南半城890丈，在城址上筑起中华路。1914年5月～1916年1月，变卖昔日城河之间和护城河填塞形成的地块，收入为120余万银元，除工程费用外，镇守使郑汝成以工赈名义提取30余万银元，其余款交财政部。至此，上海城墙惟有大境阁30余米地段被保留。

1984年，"上海古城墙和大境道观"被列为市级（相当于省级）文物保护单位。1990年，上海市人大代表提出"修复开放古城墙大境阁"的议案，得到地方政府的支持，并于1993～1995年给予全面环境整治和修缮，投入动迁费和修缮费为862万元。1995年7月成立上海古城墙大境阁管理处，同年10月对外开放。此后，因城市建设中发现西北段城墙遗存，经考古发掘后，该段遗址得到保护并展示。

杨国庆

上海县城池：嘉靖间，知府方廉筑。周围九里，高二丈四尺，广二丈。池深一丈七尺，阔六丈。同知罗拱辰于四门益以敌楼、箭台，环濠增以土墙。万历中，知县许汝魁加筑五尺，开小南门水关，引薛家浜水以通市河，民深便之。又，知县徐可求、刘一燝、李继周相继甃石。

——清《考工典》第二十卷，引自《古今图书集成》

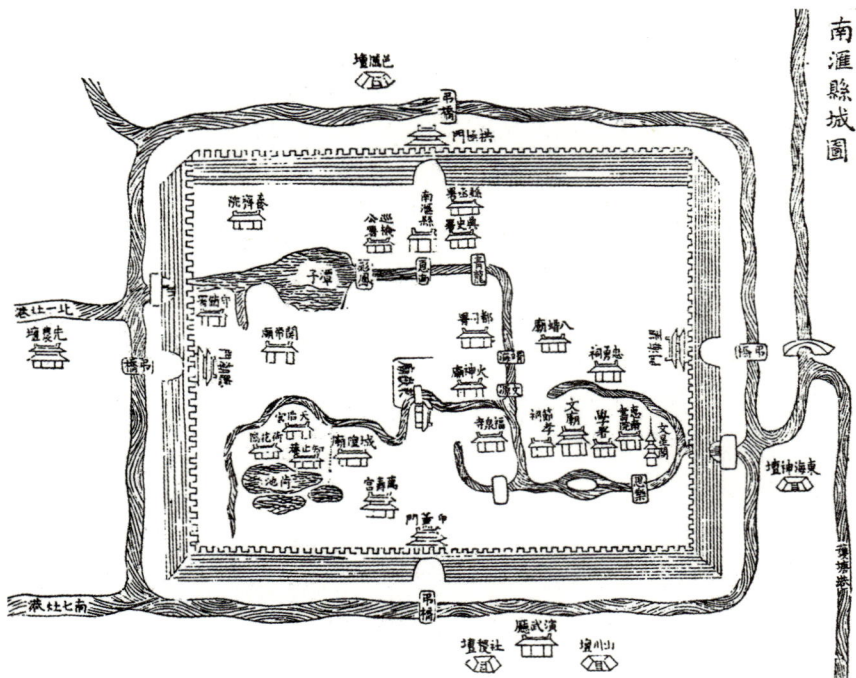

△ 南汇县城图　引自《松江府志》清嘉庆二十二年刊本，载《中国方志丛书·华中地方·江苏省·第十号·松江府志》

南汇，是长江三角洲冲积平原的一部分，是上海市郊成陆较晚的地区。南汇位于长江口和杭州湾的交汇处，东临东海，南靠杭州湾与浙江宁波相望，自古是拱卫上海、苏杭的重要军事要塞。

南汇本上海地，属松江府。明洪武（1368～1398）初，置金山卫，领千户所六，南汇属其一。因此，南汇很长时间属于军事建制，直到雍正三年（1725），始设南汇县，才开始有独自的地方建制。因县治设在原守御所南汇嘴，故县名为"南汇"（又称城厢镇）。此后，辖区、隶属及建制多有变化。2001年，南汇撤县建区。2009年，撤南汇区建制，划入浦东新区。

南汇筑城，始于明洪武十九年（1386）。为抵御倭寇袭扰，由信国公汤和主持在中国东南沿海大规模修筑城池，并设立卫、所，以加强防御。当时，所筑的金山卫守御南汇嘴中后千户所所城，是后来南汇城的雏形。该城周长5里149步、高2.2丈。设城门4座：东曰"望海"，南曰"迎薰"，西曰"听潮"，北曰"拱极"，各门均建有城楼。设水关2座：东曰"静海"，西曰"通济"。城墙外有护城河环绕，河深7尺、宽2.4丈。城墙附属建筑有角楼4座、敌台4座、箭楼40座、垛口1990座（另有"1790"的记载）。永乐十五年（1417），都指挥使谷祥主持大规模增修城池，拓广城墙至6里75步，城墙砖甃加高5尺。弘治（1488～1505）初，指挥使翁熊主持重修。正德十一年（1516），总督张奎、镇抚胡洪下文修浚护城河，加深5尺。嘉靖三十二年（1553）至次年，倭寇进犯南汇城，在守御南汇嘴中后千户所哨官李府的亲自率领下，曾凭借城墙给予倭寇重创。万历十六年（1588），巡抚赵可怀下文修浚南汇城池时，加宽加深护城河，河面宽10丈、底宽6丈、深1.4丈。

入清以后，南汇城多次损毁，也得到及时修缮。雍正三年（1725）立县治前，仅在康熙五十七年（1718）一次，动用库银，委托松江府同知郑山负责督修。此后，在地方官吏重视和主持下，多次大规模修城。如：继雍正五年知县钦琏主持重修城墙后，乾隆三十九年（1774）十月，知县成汝舟、上海知县史尚确经申请后，得库银38776.2两用于两县共同修缮南汇城墙，次年七月竣工。其中北半城由上海县负责，耗银19522.79两；南半城由南汇县负责，耗银19367.45两。共计修缮城墙周长998.75丈，另修葺城门及城楼4座、水关2座、炮台16座。道光二十二年（1842），英军侵犯上海，南汇县刚上任的知县范凤谐主持修缮城墙。咸丰三年（1853），上海小刀会在刘丽川的领导下发动了武装起义，占领上海和南汇城。不久，清军收复南汇城，并于次年在知县富克精阿、董事陶翼等地方官吏主持下，重修南汇城墙。同治十一年（1872），知县罗嘉杰根据董事叶为璋等人的建议，主持并大规模修城并将垛口增添新砖五层。此次修城经费，共计6477880文，由县衙筹措预先支垫，按每年"漕粮随收公费项下，每千提二十四文，计五年筹补足数"（光绪五年《南汇县志》卷三）。光绪二十一年（1895）六月十九日夜，暴风雨中的雷电导致南门城楼和部分垛口损毁，旋即得到妥善修葺。宣统二年（1910），南汇城四城门及城楼均出现程度不一的毁坏，在知县毕培先多方筹措资金后，主持清代最后一次重修（1928年《南汇县续志》卷三）。

1912年以后，南汇古城墙逐渐荒废，甚至1958年冬，为开浚新闸港而将城墙大部拆除。据《南汇水利志》（方志出版社，2013年）载：由于城墙坚固，难度很高，久攻不下。施工队负责人采用增添开山锄、搭建拔桩架的办法，终于拆除了宽4米、高8米的城墙，并将深埋地下的大木桩逐一拔起。1970年，古城西北角尚存的千余米土墙，又不断被蚕食。

△ 南汇古城墙现存南汇城墙遗存所在地——上海市南汇第一中学内 本文照片均由杨庆饶摄

△ 碑后的块石是当年南汇城墙的遗存

20世纪80年代以后，据当地文物部门调查，南汇地面的古城墙尚存约40米一段，位于南汇第一中学内，宽阔的护城河仍然环绕惠南镇。1986年，为防止古城墙泥土塌方，由南汇县中学出资垒石填土，将最后仅存的40余米古城墙进行了修缮。

2002年，南汇古城墙遗址被列为区级文物保护单位。

杨国庆

南汇营城池：在府城东北一百五十里，周围九里百三十步，高二丈二尺。濠周于城，深七尺余，广二十四丈。陆门四，水门四，门楼、角楼各四，敌台四，箭楼四十。明洪武间筑。

——清《考工典》第二十卷，引自《古今图书集成》

嘉定城

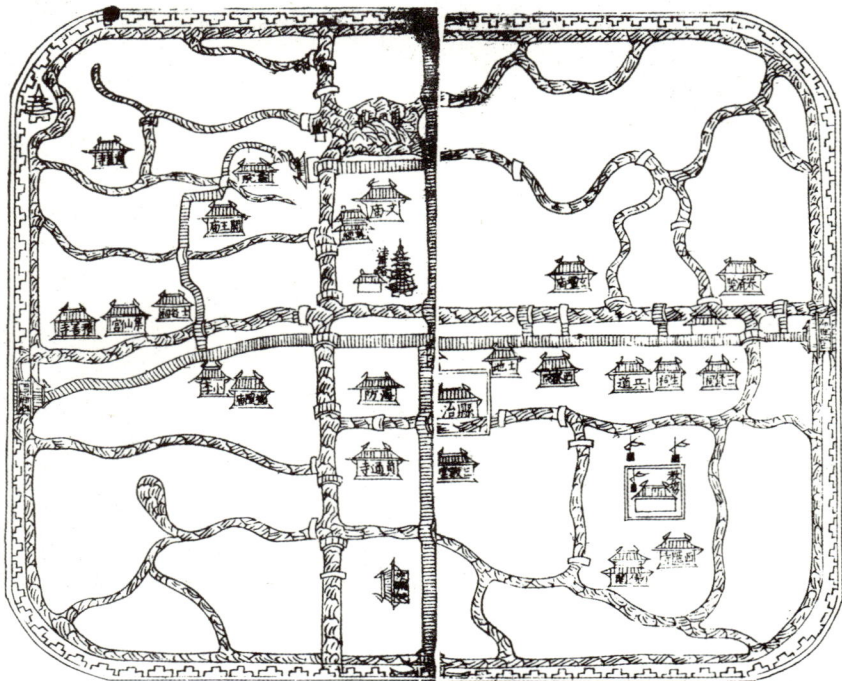

△ 嘉定县城图　引自《嘉定县志》明万历三十三年刊本，载《中国方志丛书·华中地方·江苏省（421）·嘉定县志》

嘉定，位于上海市的西北部，东与宝山、普陀两区接壤；西与江苏省昆山市毗连；南襟吴淞江，与闵行、长宁、青浦三区相望；北依浏河，与江苏省太仓市为邻。

秦代属会稽郡娄县，隋唐时属苏州昆山县，因境内设有疁城乡，故嘉定又别称"疁城"或"疁"。南宋嘉定十年十二月初九（1218年1月7日），始置嘉定县，隶平江府，县治设于练祁市（今嘉定镇）。此后，县境、隶属及建置均有变化，1958年由江苏省划归上海市。1992年，撤县设区。

南宋嘉定十二年（1219），由知县高衍孙主持开始营造嘉定城，城墙为夯土构造，并兴建县学。元至正十八年（1358），嘉定被农民义军首领张士诚部所据，遂遣部将吕珍主持进行城墙大规模改建工程，城墙内为旧城，在其外侧使用砖石砌筑，并加宽护城河。砖石城周1694丈、高1.5丈、基宽4丈、城顶宽3丈。设城门4座：东曰"晏海"，西曰"合浦"，南曰"澄江"，北曰"朝京"（后改名"观潮"）。在城的东、西、南三面各设水关1座。护城河距城5丈、宽13丈、底宽8丈、深1丈；"内堑广二丈，底阔一丈二尺，深五尺许"（乾隆七年《嘉定县志》卷二）。

明正德七年（1512），知县王应鹏鉴于城墙年久失修，而有民刘七占据狼山，局势不稳，遂增筑土墙加强防御。嘉靖十五年（1536），知县李资坤主持增设北水关，在其上建楼三楹。嘉靖十九年，知县马麟再次在城上培筑土墙，以防御海盗。嘉靖三十二年，因有倭寇犯境，知县万思谦担心土质垛口难以防守，遂改用城砖砌筑垛口。当时，城墙长2266.6丈、高2.6丈、基宽5丈、顶宽3.5丈。从城墙周长看，明嘉靖年间的城墙长度超出元至正年间约571丈。因此，光绪七年《嘉定县志》在记述王应鹏筑土墙时，将乾隆七年《嘉定县志》中"筑土墙于城上"改为"增筑土墙"，恐有一定道理（今从光绪县志说）。砖垛改筑等工程未竣，万思谦离任，继任知县杨旦主持大规模修城和疏浚护城河，并于嘉靖三十五年竣工。砖垛共计2369座，加高4尺，另建敌台16座、守铺（窝铺）34座。四门各建有城楼，改城门名："澄江"改曰"宣文"，"合浦"改曰"济漕"，"观潮"改曰"振武"。还重拓修筑了东、北水关2座，修缮了西、南、北三门。对子城"甃石为堤，裹铁为门"，新开了东门。重新疏浚的护城河，周长2339丈（《考工典》记为：周2065丈）、深1

▽ 1938年，侵华日军占领嘉定城 南京城墙保护管理中心藏

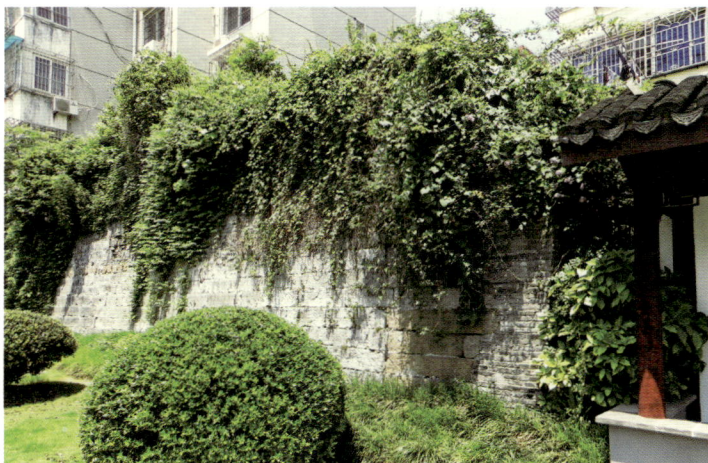

◁ 古城墙紧邻现代民
居楼 本文照片除
署名外，均由杨庆
饶摄

◁ 嘉定南段城墙顶部
现状

▽ 几乎完全被植被包裹的嘉定南段城墙

▽ 嘉定古城墙残段

▷ 修缮后的嘉定古城墙南水关

▷ 位于嘉定南大街的南城墙 公园大门

▽ 嘉定古城墙不同的砌筑材料和工艺

丈（光绪七年《嘉定县志》卷二）。竣工后，徐学谟撰有纪略，详述其事。朱子素（字九初）在《嘉定屠城惨史》也称："嘉定本土城。嘉隆间，倭奴屡攻不能克，自邑令杨旦改筑砖城，最称完固。"

万历十八年（1590），知县熊密移南水关于东，更名为"汇龙关"。此后直到清咸丰三年（1853），这两座水关忽开复塞，反复交替竟达四次。究其原因，其实两座水关与淞江、刘河的水势有关，但无论水关被开或被塞，都被人为附会成了"吉凶"的形家之说。万历二十五年，知县王福征主持疏浚内堑，在北门内堑下挖三尺后，发现了桥梁和街道遗址，"不知何代物也"（光绪七年《嘉定县志》卷二）。万历三十年，知县韩浚主持修城，增砖垛口数为2513座、敌台33座、守铺36座，城的四隅各建房1座。崇祯十年（1637），知县万任、县丞焦应鹤主持大规模修缮城池及附属建筑。

入清以后，在历任地方官吏的重视下，嘉定城池虽时有损毁（包括战火毁坏），但也不断得到修葺，较大规模的修葺有23次之多，城池基本维持了明嘉靖间旧制的规模。修城资金主要来源为：官银、社会各界捐款。维护或修城的费用巨大，如：雍正七年（1729），疏浚护城河耗资"数千两"；

▽ 嘉定古城墙南段护城河

光绪十一年（1885），修城"用钱百七十九千九百七十文"；光绪三十三年，修城经费"二百三十三千九百余文"；宣统二年（1910），修城经费"八十六千三百九十九文"（1930年《嘉定县续志》卷二）。

1912年以后，嘉定城墙逐渐毁圮，甚至因城市建设需要被部分拆除。残余地段城墙被依城而建的民宅所淹没。

1998年3月，在拆迁嘉定复建纸箱厂时，嘉定区离休干部姚旭参（参与过《嘉定县志》编写工作）偶然路过工地，发现一段古城墙遗址。在上海市文管会和上海博物馆的重视和实地勘察后，尤其在现场发现"明嘉靖十六年"的砖文，得以确认为嘉定古城墙遗址，其长度约150米。此后，在当地政府和文物部门重视和指导下，对嘉定古城墙进行了全面调查、勘测和保护。重修了西门、南门两座水关以及西城墙、南城墙等数处残墙和墙基，总长240米左右、宽达3米。

2000年，嘉定南城墙（嘉定南大街南端）、西城墙（嘉定人民街西端）、南水关（嘉定南大街南端东侧100米）、西水关（嘉定人民街西端南侧）、北水关遗址（嘉定北大街271号桃李园中学东侧）等嘉定古城墙遗存，被列为区县级文物保护单位。2001年，建成并开放位于嘉定镇城中路东、环城河北、南大街西的嘉定古城墙公园。

杨国庆

嘉定县城池：宋嘉定十二年，知县高衍孙筑土城。元至正十六年，张士诚重筑，始用砖石。计九里，为门四：东曰晏海，西曰合浦，南曰澄江，北曰朝京。东、西、南水门附焉。明正德间，知县王应鹏筑土墙护城。嘉靖间，知县李资坤创北水门，建楼。三十二年，知县万思谦改筑土墙，甃以甓。周二千二百六十六丈六尺，基广五丈，面三丈。又知县杨旦增筑，城加四尺，门各建楼。易澄江曰宣文，合浦曰济漕，朝京曰振武。重浚外濠，周二千六十五丈，深一丈。顺治十七年，知县吕奇龄开汇龙关。

——清《考工典》第二十卷，引自《古今图书集成》

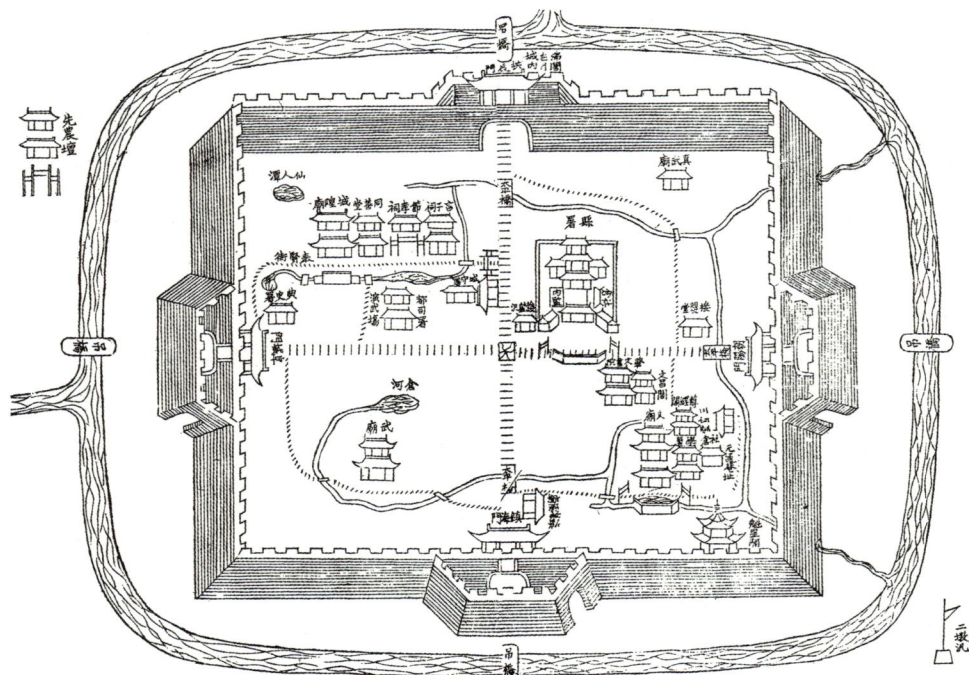

△ 奉贤县城图　引自《奉贤县志》清光绪四年刊本，载《中国方志丛书·
华中地方·江苏省（15）·奉贤县志》

奉贤，位于长江三角洲东南端，地处上海市南部，南临杭州湾，西北枕
黄浦江。相传孔子弟子言偃曾来境讲学而得"奉贤"之名，即"敬奉贤人"
之意。

明代以前，其境均为其他建置的属地。清雍正二年（1724），两江总督
查弼纳以苏松大县难治奏请分县，析华亭县东南境白沙乡和云间乡置奉贤县。
次年，核准。雍正四年，正式分治，隶属苏松道松江府。治初设南桥，雍正
九年迁青村所城（今奉城）。1912年，县治西迁南桥。1958年，划归上海市管
辖。2001年，撤销奉贤县，设立奉贤区，仍属上海市。

奉贤古城，经历了由盐场渔村到海防要塞（奉贤守御青村千户所的所在
地），进而发展成县域行政、经济中心的一个历史过程。据单庆修、徐硕编
纂的《至元嘉禾记》等记载：该地原名"青墩"，又名"墩明"。因海寇来

犯时，墩上举火为号而得名。北宋元丰元年（1078），设青墩盐场，后因绿树成荫，遂改名"青林"。南宋乾道八年（1172），筑里护塘后，盐民、渔民群居，渐成村落，改名为"青村"。

奉贤筑城，始于明洪武十九年（1386），由信国公汤和根据方鸣谦（方国珍之子）的建议，在沿海大规模修筑卫所城池59座，形成抗倭的海防线，奉贤城是其一。该城周长6里、高2.5丈。设城门4座：东曰"朝阳"，南曰"镇海"，西曰"阜成"，北曰"拱辰"。各城门除建有城楼，还建有外瓮城。全城设垛口1766座、窝铺130座。护城河宽24丈、深7尺。由于"入城皆陆地，故无水门"（光绪四年《重修奉贤县志》卷二）。永乐十五年（1417），都指挥使谷祥主持修缮城池。万历二十六年（1598），巡抚赵可怀行文委署海防同知李暹主持修浚城池，拓宽护城河面宽10丈、底宽6丈、深1.6丈（嘉庆二十三年《松江府志》卷十三）。

入清以后，奉贤城开始仍为军事城垒的性质，日常维修也多由邻县出资出力。自雍正四年（1726）奉贤正式设县后，城墙的维修力度有所加强，经费也有更多的保障。如：康熙十三年（1674），维修奉贤城墙。康熙二十二年，由华亭知县南梦班主持修葺。雍正九年（1731），署知县舒慕芬上任后，深感护城河对周边水利和城防的重要作用，遂"按图均役，计亩均夫"，并采用奖勤罚懒的办法，主持大规模疏浚长达10里的护城河。竣工后，黄之隽撰有《浚青村城濠记》，详述其事。乾隆元年（1736），署知县劳启铿主持修缮西城门，动用库银700余两。乾隆三年，知县许逢元再对护城河进行疏浚。乾隆六

▽ 建造在奉贤城址上的万佛楼　本文照片均由杨庆饶摄

△ 紧邻万佛楼新建的城门

年，原任松江水利通判徐良主持大规模承修奉贤城池，动用库银4000余两。乾隆十一年，知县刘昉泽主持修缮城池。咸丰十一年（1861）后，清军收复被太平军占据的奉贤城时，整座城池及附属建筑损毁严重。同治六年（1867），知县葛兆堂主持大规模维修城池，并修复了四座城门的城楼。

▽ 新建的奉贤城拱辰门

1912年以后，奉贤城墙逐渐损毁，尤其1937年11月，奉贤古城遭到侵华日军的炮击，导致城墙及附属建筑多处毁圮。此后，由于城市建设需要，大规模拆除了奉贤城墙。北城门（拱辰门）及其附近的一小段残墙，因邻近万佛阁而幸免拆除。

20世纪80年代以后，据当地文物部门调查显示，奉贤古城墙尚存拱辰门（北门）城墙一段，墙宽10余米、高近4米。另在古城西北角高土墩下，尚有一段40米长的古城遗迹。2000年，为配合万佛楼的建设，拱辰门及其古城墙向北平移了40多米，在楼台上复建了城楼，释新量法师重题了"拱辰门"门额。

1997年，奉城古城墙被列为县级文物保护单位。

杨国庆

青村营城池：在城府东。明洪武间筑，周围五里八十步，高一丈五尺。池深七尺余，广二十四丈。月城四座，楼城四座，旱门四座，箭楼二十八座，吊桥四座，窝铺一百三十座。濠深一丈六尺，阔十丈。

——清《考工典》第二十卷，引自《古今图书集成》

▽ 奉贤古城墙保护标识碑

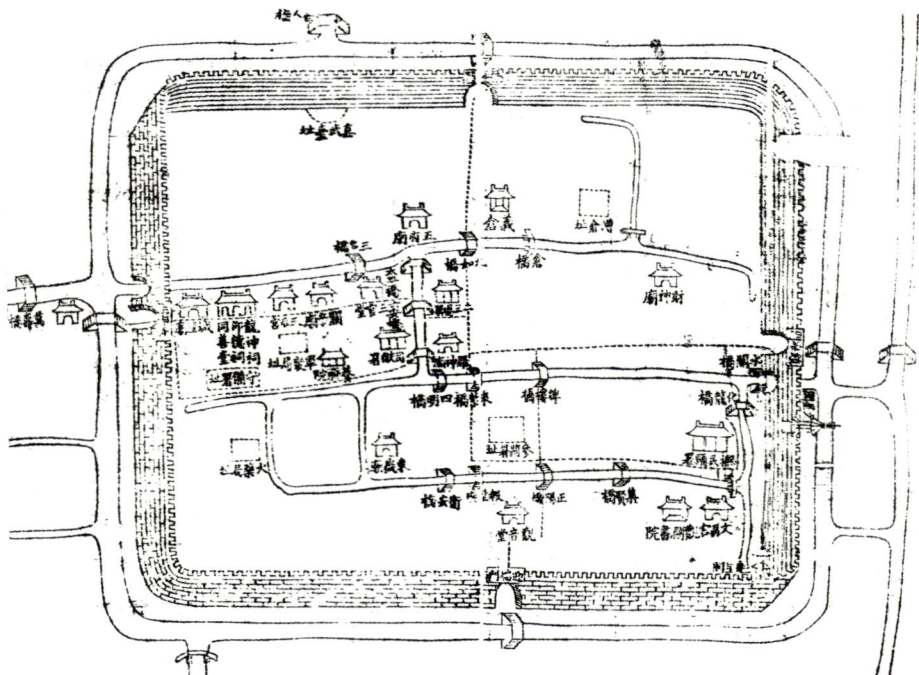

△ 川沙县城图 引自《松江府志》清嘉庆二十二年刊本，载《中国方志丛书·华中地方·江苏省（10）·松江府志》

　　川沙，位于上海东郊、长江入海口南侧，由吴淞口呈弧形向东南蜿蜒展开，枕黄浦，滨东海，南与南汇、上海两县接壤。川沙是长江黄金水道的重要门户，也是上海的东部屏障。

　　唐天宝十年（751），其境属华亭县。元至元二十九年（1292），归属上海县。清雍正三年（1725）后，分隶南汇、上海二县。嘉庆十五年（1810），始由上海、南汇二县划出，设川沙抚民厅，辖长人、高昌两乡三保及八、九两团地。1912年，改厅为县，直隶江苏省。1993年1月，川沙县的建制撤销，成立并隶属于上海浦东新区。

　　川沙筑城，始于明嘉靖三十六年（1557），由本地监生乔镗、王潭提出筑城建议，被巡抚赵忻、巡按尚维持、兵备熊桴采纳后兴建。同时，在城内设守堡千户、公署百户所、军器库、把总司等常设机构，以防御倭寇之害。海防

314

同知罗拱辰负责其役，上海知县牛镜协助，筑城前后仅用了三个月（道光十七年《川沙抚民厅志》卷七称："明嘉靖三十五年，筑川沙堡城。"今从张鹗翼《筑川沙城记》）。该城周4里30步、高2.8丈、基宽3余丈。设城门4座：东曰"镇海"，西曰"太平"，南曰"迎瑞"，北曰"拱极"，各门均建城楼和外瓮城。另建水门2座、垛口372座、炮台12座。护城河宽12丈、深1.5丈，在四城门外的护城河上还各建有吊桥1座。竣工后，乡人张鹗翼撰有《筑川沙城记》，文征明书写并题写碑额。文征明还撰写并书丹了《新建五城记》，对川沙筑城起因、过程、效果等均有详述。明万历年间（1573～1620），川沙曾因久雨，城墙多处也遭损毁，城门也有损坏。在歙王潭孙、中书舍人王乾昌等捐资后，得以修缮。"东水关内石梁上，刻万历二十一年王宅捨捐修葺"（道光十七年《川沙抚民厅志》卷二）。

入清以后，随着上海城市的发展、川沙滩涂的延伸，驻防重点逐渐北移吴淞口。对于川沙城池的日常修缮，明显有逐渐松弛的迹象。如：康熙十三年（1674），重修城池后过了九年，上海知县史彩再次主持修葺城垣。康熙五十七年，松江府同知郑山督修川沙城。乾隆三十七年（1772）三月至八月，南汇县知县成汝舟经多方筹资，主持大规模修缮川沙城，当时城周为810.2丈，对合计损毁的393尺地段进行修补，为此还设立了砖窑烧制城砖，共耗资2390余两工料银。由于修筑城墙所取的当地黄沙内含盐分过重，"只能坚立数年，未得一劳永逸"。因此，乾隆三十九年成汝舟在《修川沙城记》中称："惟在平时随损随修"，并将其记立碑，以警示后人。嘉庆十五年（1810），设立"川沙抚民厅"，改海防清军同知为川沙抚民同知。同知周垣主持修整城

▽ 川沙古城墙修缮前后不同的砌筑墙体 本文照片均由杨庆饶摄

▽ 川沙古城墙内侧及整治后的环境

◁ 在城墙上设立
的"岳碑亭"

▷ 修缮后的川沙古城墙顶部

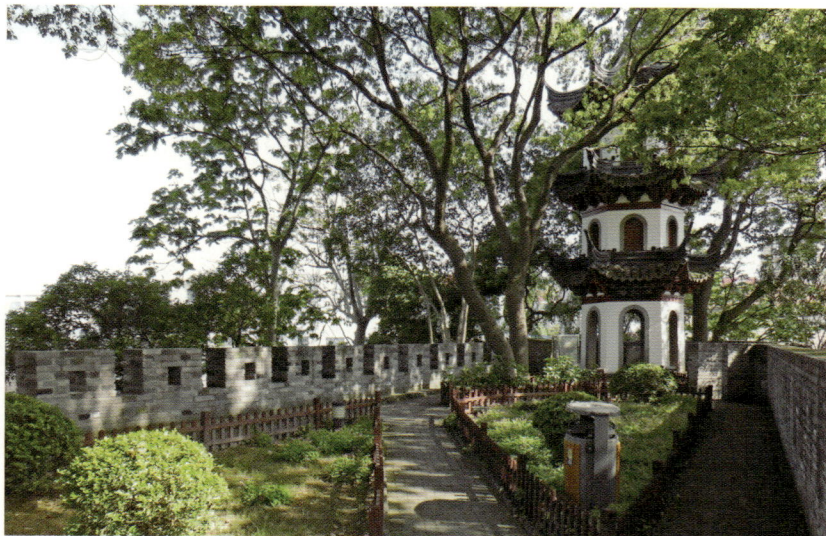

◁ 城顶一角

墙（道光十七年《川沙抚民厅志》卷二称"嘉庆十五年，抚民同知高伯扬详修"，有误。查该志卷七"官司文职"，高伯扬已离任），并在东南城墙建造文昌宫。从文献记载来看，自清中叶后，就没再修过城墙（或疏于记载，待考）。城墙及附属建筑逐渐毁损，甚至坍塌。

1912年以后，尤其自1922年，江苏督军齐燮元命令各县除军事需要和保留古迹外，其余城墙尽皆拆除，所得砖石、基地等尽数充实各县教育经费。川沙于1925年召集各公团协议，会上一致赞成拆城：由教育局行文呈准县署，仅保留北门真武台约50米和东南城角约200米两段，保存魁星阁古迹，并为县城小学设置园林，其余城垣，立即动工开拆，拆下的城砖用于铺设道路。"文革"期间，城墙又被拆去100多米，仅剩旧城东南60多米，城墙上的魁星阁与岳碑亭也被拆毁。

1987年，香港爱国同胞陶伯育（川沙籍）捐港币20万元，重修古城墙，重建魁星阁与岳碑亭，1988年9月竣工。2010年，地方政府对古城墙进行全面修整，对完整保留的护城河进行疏浚，并把新修好的城墙作为"川沙古城公园"免费对社会各界开放。

2002年，川沙古城墙被列为区级文物保护单位。

杨国庆

▽ 川沙古城墙文物保护标志碑

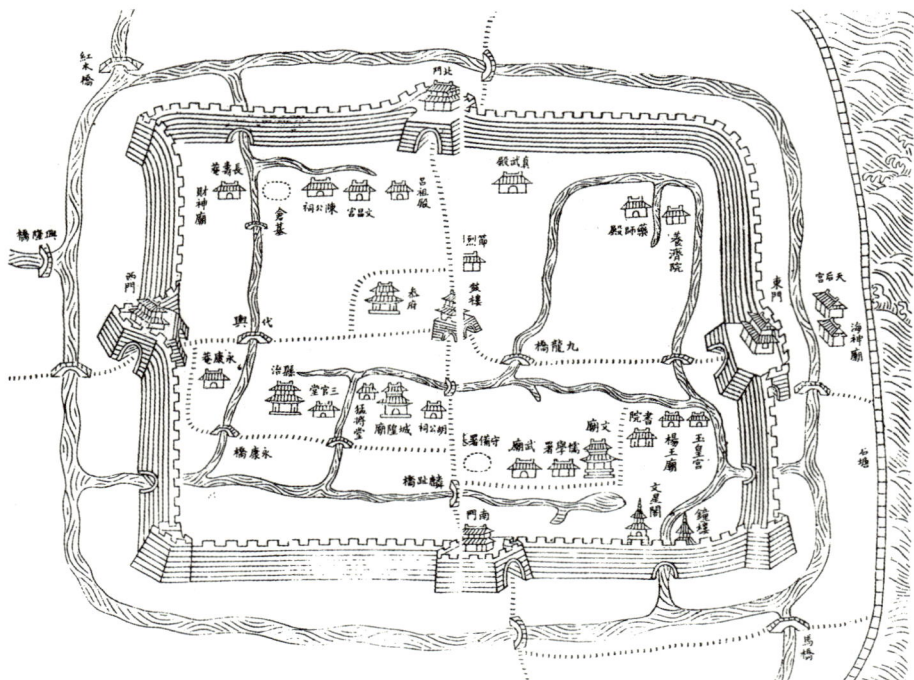

△ 宝山县城图 引自《宝山县志》清光绪八年刊本，载《中国方志丛书·华中地方·江苏省（407）·宝山县志》

宝山，位于上海的北郊，东北濒长江，与崇明隔江相望，西与嘉定接壤，南与上海主城区毗邻，素有"南为上海门户，西为苏常藩篱，乃东南第一险要"之称。

唐宋时，境域属昆山县。宋嘉定十年（1217），始属嘉定县。清雍正二年（1724）自嘉定县析出东境建为新县，与老县嘉定同城而治。次年，宝山县治迁至于吴淞所城（即1980年以前的城厢镇）。此后，辖区、隶属及建置均有变化。1988年，宝山县、吴淞区合并为宝山区。

宝山境内，昔日被称为"宝山"的城墙有两座：其一为宝山县城；其二为宝山堡城。这两座性质不同的城池，由于城址濒江临海、地质不固等因，城址分别先后移筑过2～3次。

宝山县城，原为吴淞所城，始筑于明洪武十九年（1386）。早期的城墙为土城，位于距离海边三里的依仁乡，由荥阳侯郑遇春、镇海卫指挥朱永主持营造，城周1260丈（计6里16步）、高1.7丈，俗称"荥阳垒"。建文元年（1399），千户施镇开始用砖加固东北面城墙，计长381丈。永乐十六年（1418），都指挥郭祥、张翯，监察御史韩瑜、董文主持增筑，时城高2.7丈，护城河宽14丈、深1丈。嘉靖十四年（1535），因江海水涨导致城墙逐渐坍塌，难以修复，兵备副使王仪主持迁移城址于旧城西南一里，另筑新城。嘉靖三十三年，巡抚尚维持要求宝山县知县杨旦用砖石修筑新城，疏浚护城河。时城周730丈、高2.4丈，护城河宽2.4丈、深1丈。设城门4座、西北水关1座、垛口1194座、敌台9座、窝铺40座。该城被称为"塞沙浦港，以防冲决；开支河以通舟楫"（乾隆十一年《宝山县志》卷二）。万历四年（1576），副总兵黄应甲主持营建城门楼4座，又移水门于东南。万历二十八年，巡江御史朱吾弼复移建水门于西南。次年，知县韩浚主持修城，并于城的四隅增建角楼4座。不久，旧城基址全部坍塌入海。天启六年（1626），知县谢三宾主持疏浚护城河，并修筑河岸上土墙，"塞海口，军民称便"。

清顺治年间（1644～1661），短短10余年间，在地方官吏主持下，先后五次对护城河进行大规模疏浚，并移水城门于东南，修筑河岸土墙。康熙元年（1662），知县潘师质主持修城，并按当时修城的要求，改并垛口（一般为"合二为一"），重建敌台4座、窝铺28座。康熙五十六年，开西南、西北水门2座（不久，又塞西南水门）。雍正三年（1725），宝山城墙为县城所在

▽ 老宝山城遗址　本文照片均由朱立摄

△ 宝山城遗址

后，虽时因风雨、大水屡有损毁，但在地方官吏重视和组织下，日常修缮的资金有了一定保障，维修力度有所增强，同时也有一定的增筑改建工程。如：乾隆四年（1739），为城墙修缮，知县胡仁济一次就领库银2768两，不仅全面修葺了城墙及附属建筑，还在串心街建造了当时城内最高建筑——鼓楼。咸丰（1851～1861）、同治（1862～1874）以后，宝山地处吴淞口岸，出于"守险在于江海，而不在城垣"（1912年版《宝山县续志》卷三）的认识，宝山城池修缮日渐疏缓。光绪元年（1875），宝山县城进行了最后一次简单的修缮。

1912年以后，宝山县城墙防御功能逐渐丧失，经历了从拆城门到拆城的过程。1921年，宝山县交通事务局局长钱淦"以城市接近吴淞商埠，交通日繁，旧日城门过形陜隘，车马出入妨碍殊多"（1931年《宝山县再》卷三）为由，申请拆除城墙的四门、外瓮城和垛口。拆城门后留下的豁口，改为铁栅门，并改城门名：南曰"交泰"，西曰"通运"，北曰"望江"，东曰"镜海"。1956年，因城市建设需要，城墙基本拆除，仅在城东南尚存一小段城墙内夯土墙及水关遗址，位于今宝山中学的西围墙和校舍西北角老城墙基础尚存，当年砌筑城墙的城砖随处可被挖到。

2002年，位于友谊路街道友谊路1号的"宝山城墙遗址"，被列为区县级文物纪念地。2011年，有关部门对南城门及部分城墙进行保护修缮，作为临江公园一部分的古城遗址公园对外开放。

附：

宝山堡城 又称"江东宝山所城"，始筑于明洪武三十年（1397），太仓卫指挥刘源出于海防需要，请筑土城于清浦旱寨，城周180步、高1.6丈、宽2.5丈，只开城门1座（参考王世贞《宝山堡记》）。其规模和性质均属于城堡。永乐九年（1411），平江伯陈瑄上奏朝廷：嘉定濒海，地处江流冲会，没有高山，海船停泊时难以为其导航指引。建议重筑清浦土山。此议得到朝廷获准，次年全部工程由军人"相地之宜，筑土山焉"，高达30余丈。竣工后的同年五月，明成祖朱棣"因民之言"，命名为"宝山"，并亲自撰文《宝山碑记》，令刻石立为御碑，"宝山"之名由此始。正统九年（1444），都指挥翁绍宗主持改建砖城于塞左，历时四年竣工。万历四年（1576），兵备右参政王叔杲提请改筑城址，其理由是：宝山堡城距离宝山10余里，不便瞭望，且旧城狭小"不足资控御"（乾隆十一年《宝山县志》卷二），提出在宝山之麓营造新城，相距川沙、吴淞"二镇皆五十里"。获准后，历时两年竣工。城周495丈、高2.62丈。建四门，均建城楼。还建有敌台12座、窝铺16座、吊桥3座。护城河全长689.4丈。遗憾的是，仅仅过了四年（万历十年七月），"宝山"被大海潮冲毁，宝山堡城冲塌数处。

清康熙八年（1669），城"尽冲没"。宝山御碑因树立在离海较远的清浦镇东石桥堍，得以保存，后迁于今川沙县高桥中学校园内（1992年《宝山县志》卷一）。康熙三十三年（1694），苏州府海防同知李继勋于旧城西北两里处，督建新城（位于浦东高桥镇的东北两公里处，即今外高桥保税区），城池占地64亩，城墙、城门、城楼及垛口俱备。此城后为宝山所城，又称"宝山营城"。此后，城池多有损毁，也屡有修葺。

1912年以后，宝山营城逐渐毁圮，甚至被大部分拆除。

杨国庆

吴淞营城池：明洪武年间，筑。周围五里有奇，高二丈七尺，城门四。后甃砖石。

——清《考工典》第二十卷，引自《古今图书集成》

宝山营城池：上海东北与嘉定接壤，旧有旱寨，后废。万历七年，筑新城，周围三里，高一丈八尺。

——清《考工典》第二十卷，引自《古今图书集成》

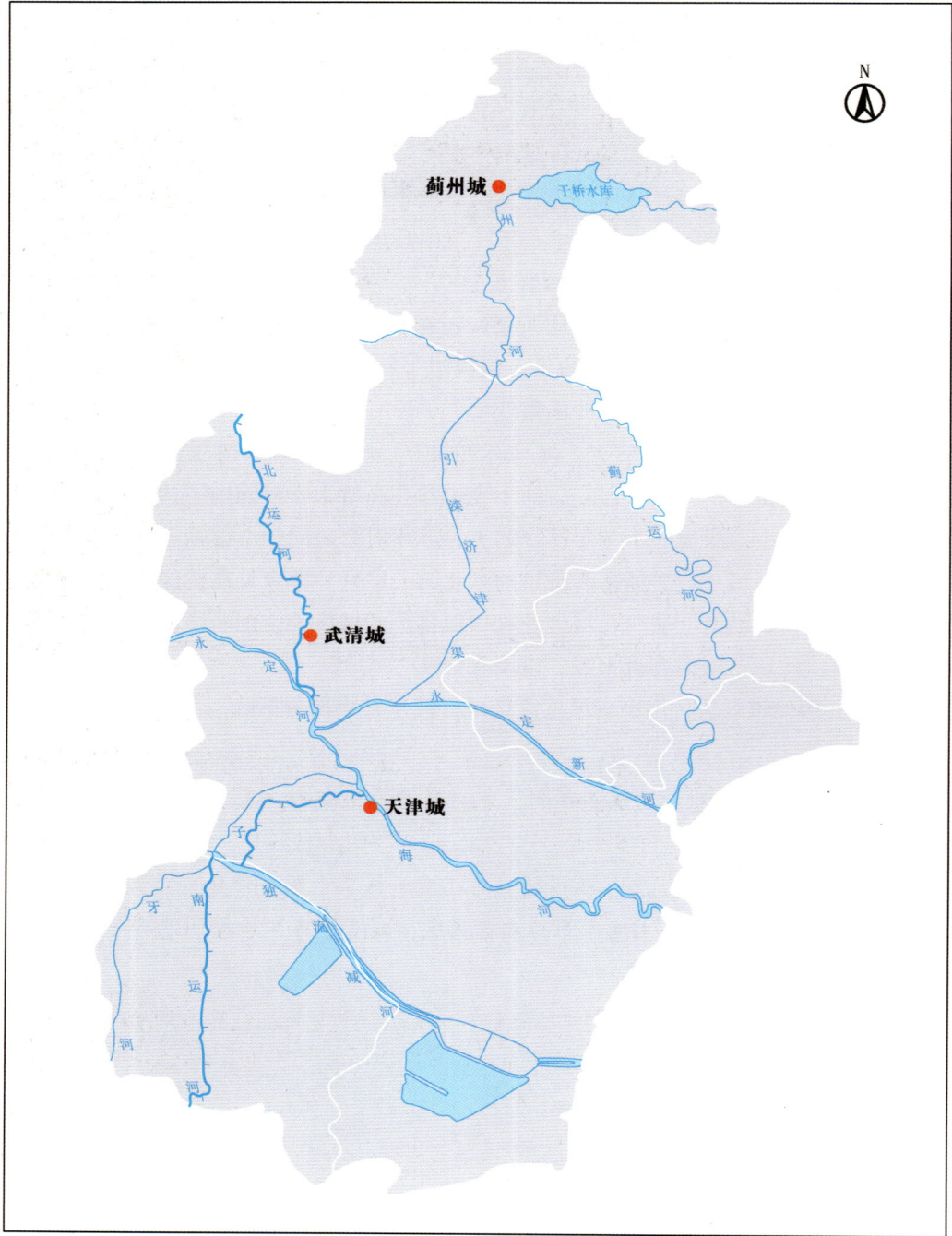

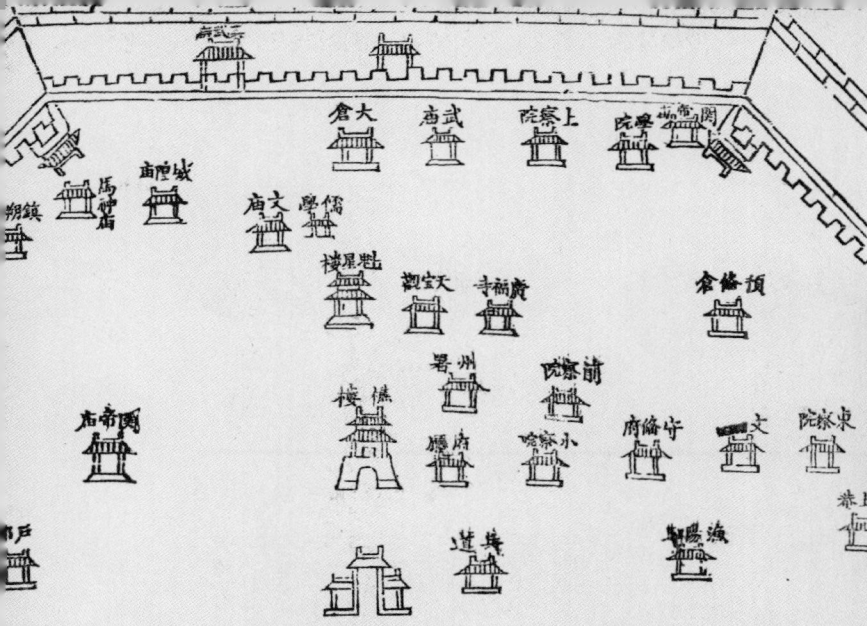

天津

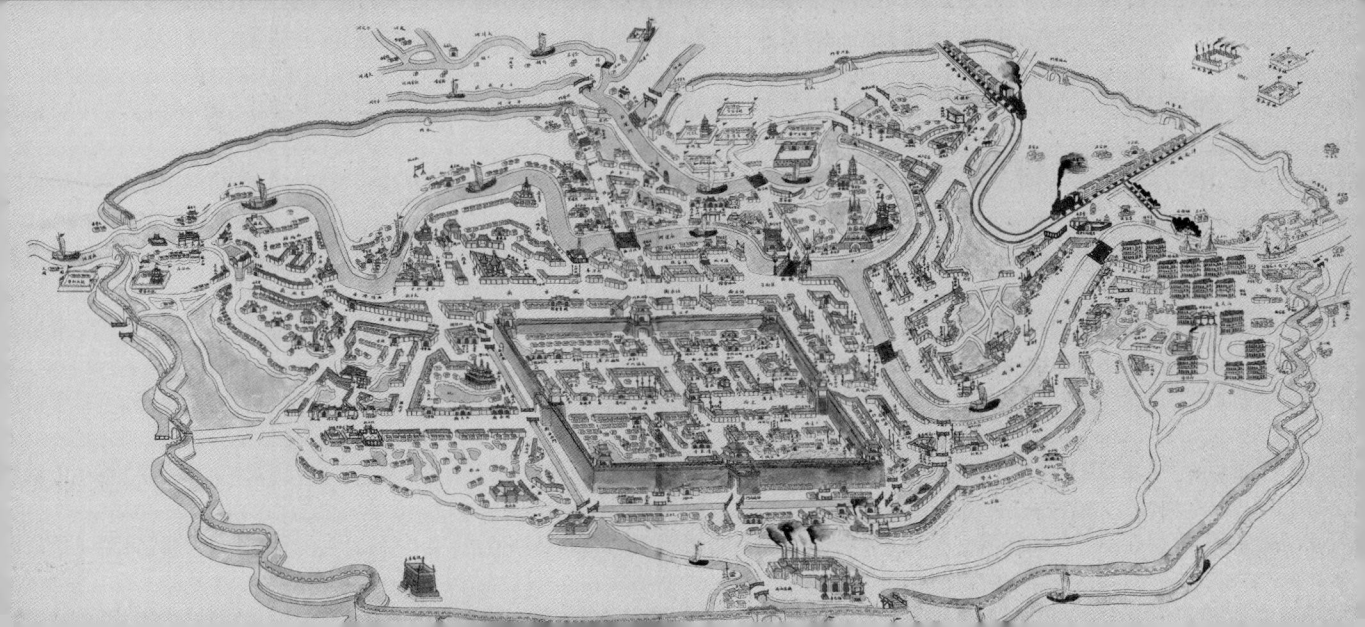

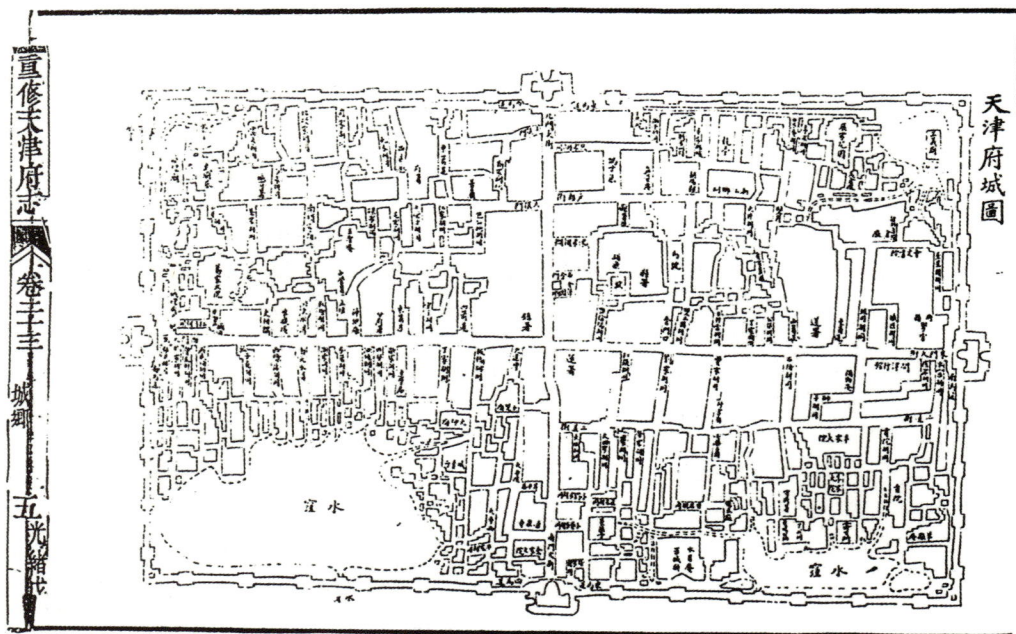

△ 天津府城图　引自《光绪重修天津府志》清光绪二十一年修,二十五年
刻本，载《中国地方志集成·天津府县志辑（1）·光绪重修天津府志》

　　天津，简称"津"，也称"津沽"、"津门"，位于中国华北平原北部，
天津卫城则位于天津市南开区东北部。1986年，被列为国家历史文化名城。

　　天津地区在商周时期即有人类居住，作为城市则形成较晚。隋朝大运河
开通后，天津因为兼有河海运输之便，在南北交通货运中的地位日益重要。
金贞祐二年（1214）设直沽寨，这是史料记载中"天津"的最早名称。元延祐
三年（1316），改直沽寨为海津镇，成为军事重镇和漕粮转运中心。据明嘉靖
二十九年（1550）《重修天津三宫庙记》载："我朝成祖文皇帝入靖内难，圣
驾尝由此济渡沧州，因赐名天津。筑城凿池，而三卫所由立焉。""天津"意
思是天子经过的渡口。永乐（1403～1424）初年，先后设天津卫、天津左卫、
天津右卫，并建筑城池。清顺治九年（1652），三卫合一，归并于天津卫。
雍正三年（1725），改卫为州。雍正九年，升州为府，辖六县一州。咸丰十

年（1860），天津开辟为通商口岸。光绪二十八年（1902），直隶总督衙门迁津。1928年，天津改为特别市，此后，建置、辖区及隶属均有变化。1949年，天津被定为直辖市。

明永乐二年（1404），明成祖在直沽设立卫所，并命工部尚书黄福、平江伯陈瑄、都指挥佥事凌云、指挥同知黄纲筑城。城为夯筑土垣，东距海河220步，北距卫河（南运河）200步。城池平面呈长方形，东西长、南北短，很像一把算盘，所以人们称其为"算盘城"。城垣周长9里13步、高3.5丈、广2.5丈，共有垛口1454座。开四门，门上建有城楼，门外有护城河。弘治六至七年（1493~1494），重修时，将土城用砖石包砌，增高增厚，对四门重建城楼，并分别题名"镇东"、"定南"、"安西"、"拱北"，其中北门楼最为壮观。万历十四年（1586），也有修缮。

清顺治十年（1653），大水淹塌了两面城墙，天津镇总兵甘应祥、副使梁应元重修。康熙十一年（1672），知县李居一"补葺楼堞，修浚城壕"。康熙十三年，总兵赵良栋将靠近城墙的民居尽行拆毁，离城三丈不许民间起盖房屋。同时重修城垣，四角新建了角楼，重题四门匾额分别为"东运沧海"、"西引太行"、"南达江淮"、"北拱神京"，疏浚了护城河，在城东南角设石闸1座，辟水门，上引海河潮水入四周城壕，由南城水门入城，水门上题"引汲受福"四字。雍正三年（1725），天津城大水，淹城砖13级，城壕皆坏。长芦盐运使莽鹄立请盐商安尚义、安岐父子捐巨款重修。重建后的天津城墙周长9.3里，共有1454座城垛，城东西长504丈、南北长324丈。在确保城墙防卫作用的同时，根据明朝以来大水淹城砖的记载，将原来城高由3.5丈降为2.4丈，基广2.5丈改为3.2丈，上广1.9丈，降低城高，加宽城基，使城墙横截面呈梯形，增强了防涝、抗洪能力。四门名更改：东为"镇海"，西

▽ 20世纪初，天津城门
及城楼 马轩提供

▽ 1937年8月24日，侵华日军赤迡部队进入今天津市辖县静海县城（津浦线）南京城墙保护管理中心藏

为"卫安",南为"归极",北为"带河"。这次重修的规模最大。其中，西门匾额奉旨赐名为"卫安"，就是为了表彰安氏父子捐资建城的功劳。东门石匾"镇海"，现尚存于文物部门。乾隆时期八次重修，工程均不大。嘉庆六年（1801），大水，"城东、西、北三面坍塌十余丈至数十丈不等，西南、西北两角亦倾圮坼裂"。直隶总督请奏朝廷后，加以补修重筑。咸丰十年（1860），为防御英法联军，在城外开工挑挖壕沟，以挑挖的土来作墙围，围长共36里，设营门11座。近城河道及城外居民店铺密集地带，均圈入土墙之内。还设大炮台2座、小炮台10座。

光绪二十六年（1900），八国联军攻破天津城，为消除天津的对外防御能力，都统衙门决定拆除天津城墙，不得重修。次年城墙被拆除，改筑环形马

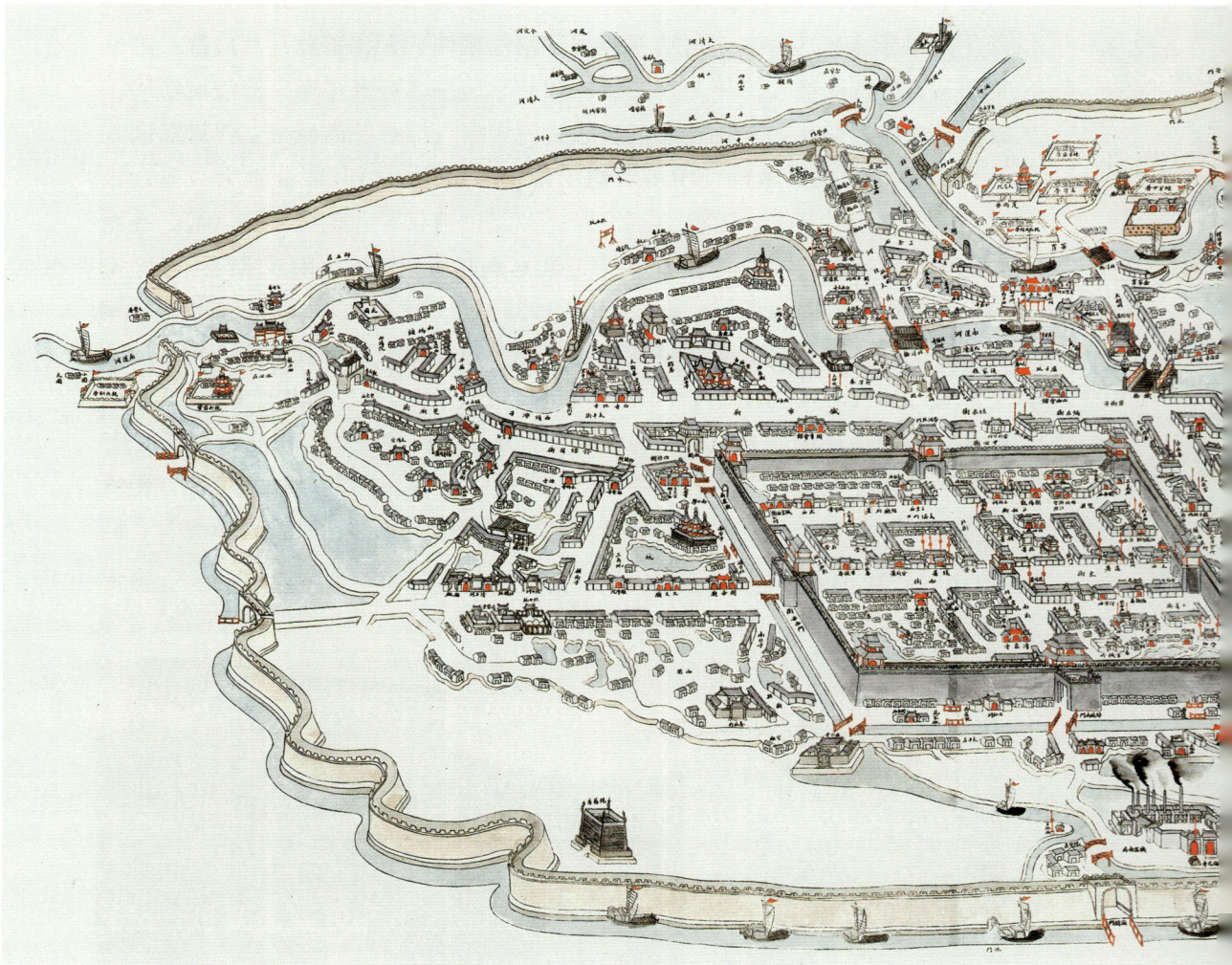

△ 天津城厢保宁全图 美国国会图书馆藏，王腾提供，张君改绘

路，拆下的城砖多数运到山东威海修筑威海卫码头。有趣的是，天津的四座城门北曰"带河"、西曰"卫安"、南曰"归极"、东曰"镇海"，各取一字合成"带卫归海"，和拆除城墙后城砖运到威海的事实巧合，后来就形成了非常流行的一个掌故"拆了天津城，建了威海城"。

　　1997年，在天津东门地下管道工程施工过程中发现土筑城垣遗迹。墙体用黄土逐层夯筑，在每层夯土间铺垫了砖、瓦、瓷碎片。城门用青砖包砌加固，砖长32厘米、宽16厘米、厚6厘米。1994年，北马路地下工程清理出明弘治年间包砖情况。城楼台基宽度由16米扩展至19米。墙基为条石，土墙内外均包两块竖砖，白灰勾缝，厚84厘米。城砖尺寸长40厘米、宽20厘米、厚10厘米。有的城砖上有铭文"建城官窑新样城砖"。1970年，地铁施工中发现西南角楼木桩加固地基做法，木桩长2米，间距0.65米，共17行，排列规整。此外，东门外施工中还发现了瓮城遗迹。经文物部门初步考古调查：瓮城平面半圆形，为清初重建，墙厚3.8米。城内地面平铺条石。正门朝东，侧门作45度斜出，面对南斜街。门道宽3.96米。正门内尚存顶门石、门轴、门栓石和包着铁皮的木门残迹。

尚珩　郭豹

天津卫城池：明永乐二年，工部尚书黄福平、江伯、陈瑄筑。弘治间，甃以砖石。周围九里，高三丈五尺，广二丈五尺。临河无池。

　　——清《考工典》第十八卷，引自《古今图书集成》

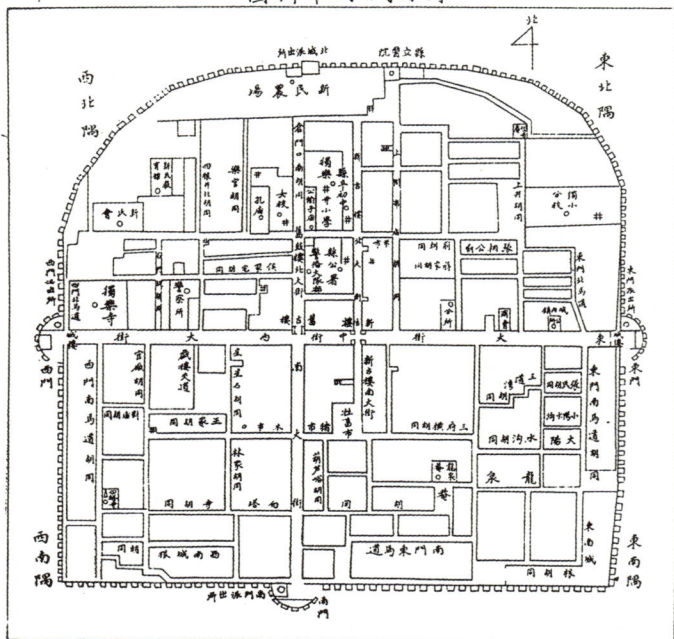

△ 蓟县城内市街图　引自《民国蓟县志》民国三十三年铅印本，载《中国地方志集成·天津府县志辑（4）·民国蓟县志》

蓟州区（原蓟县），位于天津市最北部，东临唐山，西襟北京，南联天津，北靠承德，地处四市之腹心，扼关东之咽喉，历来是兵家必争之地。

蓟州历史悠久，春秋时期称"无终子国"并建都于此。秦代，置无终县。北魏太平真君七年（446），属渔阳郡。隋大业三年（607），为渔阳郡治。大业末年，无终县改为渔阳县。唐武德元年年底，河北农民起义军领袖高开道攻取渔阳郡，称燕王，建都渔阳。唐开元十八年（730），设立蓟州，渔阳为州治。明洪武（1368～1398）初年，撤渔阳县入蓟州，属顺天府。清朝沿用。1913年，蓟州改为蓟县。1928年，蓟县隶属河北省。1973年，划归天津市。2016年，蓟县改为蓟州区。

据文献记载，蓟州城旧为土城。明洪武四年（1371），始包砖，周围9里13步、高（连女墙）3.5丈、广3丈，修建垛口2040座。城墙四角各有角楼

1座、敌楼2座。全城开城门3座：东曰"威远"，西曰"拱极"，南曰"平津"。城门上建造有楼，东、西、南分别名为"望远"、"朝都"、"平津"；正北无门，但上面建有北极楼。护城河深阔不一，最深处6丈，浅处1丈，最宽10丈，最窄5丈。崇祯十五年（1642），清军拆毁城墙上各楼。

清康熙十八年（1679），地震，西门瓮城倒塌。康熙三十三年，知州张朝琮修葺城墙，并修东、南二门。又在城下开挖两条水沟，一条在东门之南，另一条在南门之东，用来收集城内的雨水，不久被淤积。康熙三十四年，再次疏浚。康熙四十一年，朝廷赐帑币重建了北极楼、角楼4座、城门楼3座（东、西、南分别名为"威远"、"拱极"、"平津"）。各门上悬挂匾额：东门外书"永固"，内书"东来紫气"；西门外书"永宁"，内书"西拱神京"；南门外书"永康"，内书"达津"。城墙上垛口共计2170座。嘉庆十五年（1810），知州赵锡蒲捐资重浚护城河。

清末、民国初年，角楼、城楼均废，仅存东南角楼。1914年，县长黄国瑄在北极楼旧址上建观澜阁。1938年，东南角楼也被拆除。

1949年后，蓟县县城城墙先后被拆除，只剩下一小段残垣。此后，部分护城河也因城市建设被填平。

尚珩

▽ 蓟州城图　据康熙四十三年刻本《蓟州志》，张君重绘

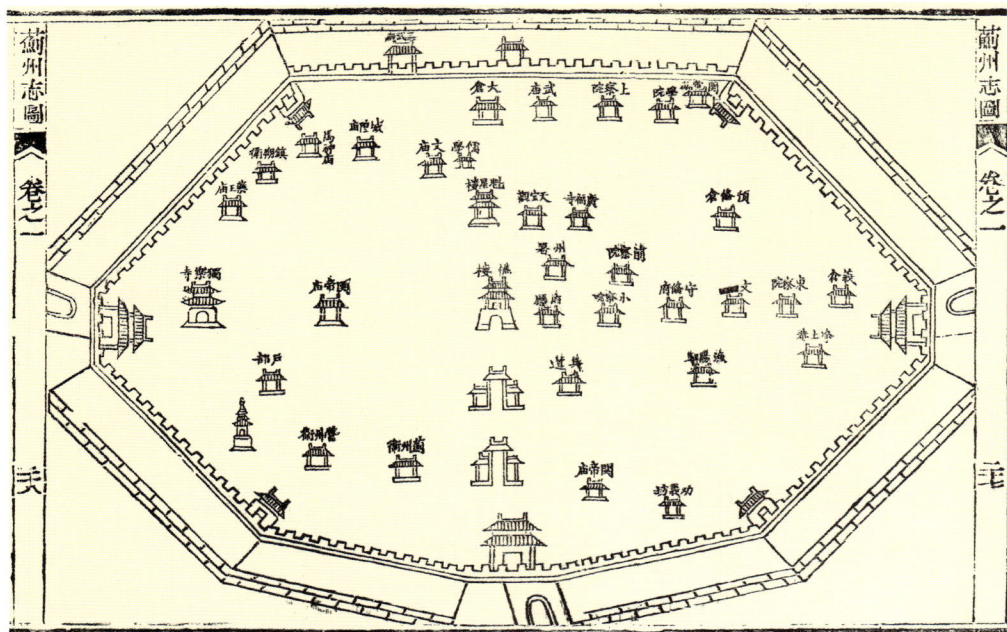

△ 蓟州鼓楼　尚珩摄

　　蓟州城池：旧土城。明洪武四年，甃以砖石。设蓟州卫以守之。周围九里三十步，高三丈五尺，广三丈。池深六丈，阔五丈。门三：东曰望远；南曰平津；西曰拱极。

——清《考工典》第十八卷，引自《古今图书集成》

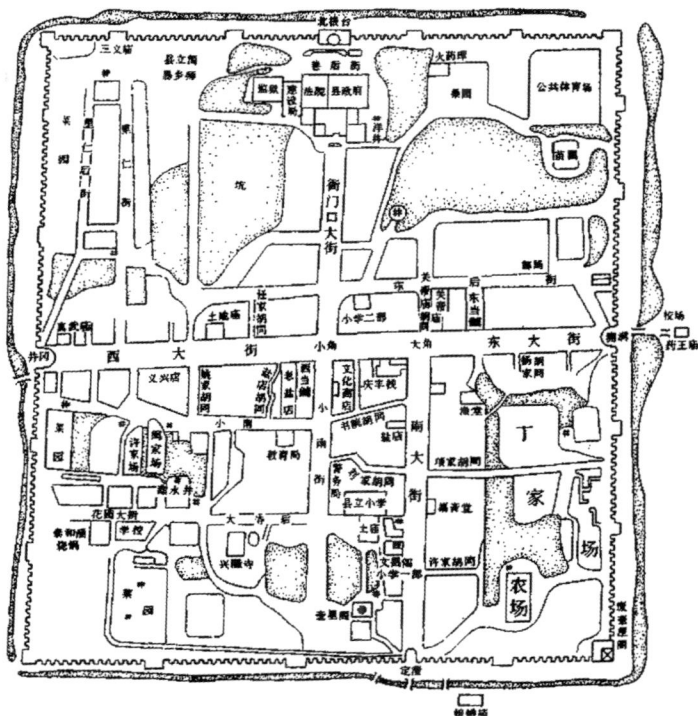

△ 武清县城图 引自《武清县志》民国元年版

　　武清，位于天津市西部，京杭大运河自北而南贯穿全区。据史书记载："潞水绕其左，浑河衍其西，北拱神京而层峦叠障，南窥潭海而万物朝宗。当水路之冲衢，洵畿辅之咽喉。"自古以来即为交通要道，素有"京津走廊"之称。

　　秦末汉初，武清地区分属泉州、雍奴二县，均因水而得名，泉州来自境内泉州渠，雍奴指水泽。泉州，是史书记载天津地区最早的建置县，县城遗址在今黄庄街道城上村北，平面正方形，边长500米，是天津市文物保护单位。雍奴县治则在崔黄口镇大宫城村。北魏太平真君七年（446），泉州并入雍奴，县治迁至今泗村店镇旧县村。唐朝天宝元年（742），雍奴县改为武清县，取"武功廓清"之意。此后隶属、辖区多有变化。1950年，县治迁至杨村镇。1973年，武清划属天津市。2000年，武清撤县建区。

武清县旧城，位于今泗村店镇旧县村，自北魏开始，历隋、唐、宋、元，直到明初，时间长达920年。城址为高出附近地面三米多的高地，呈长方形，南北长900米、东西宽200多米。城垣破坏严重，仅存东南角200多米一段夯土墙，残高3.5米，墙厚不明，夯层厚0.05～0.11米不等。

明洪武元年（1368），大水，旧城受损严重。县治遂西迁八里至元卫帅府镇府衙（今城关镇），初未筑城。正德六年（1511），知县陈希文筑土垣，周1919丈、高2.2丈、下厚2.5丈、上厚1.5丈。嘉靖二十二年（1543），霸州兵备副使杨大章因城内多旷地，不利防御，于是截去东北两面，重筑土城，建女墙，县城初具规模。此时城墙周1570丈、高2.7丈、下厚2.15丈、上厚1.05丈。东、西、南三面设门建城楼，额名分别为"翠环沧海"、"秀拥太行"、"路近瀛州"，北面无门，上建镇雍楼，额曰"封联蓟阙"。隆庆三年（1569），巡抚都御使刘应节，总督军务兵部侍郎谭纶、委参将姚龙、知县段云鸿、张鹏等相继将土城包砖，于隆庆五年八月竣工。城周1470丈、高3丈、宽1丈。护城河深1.2丈、宽3丈。楼额更名，东曰"辽海扬威"，西曰"太行献秀"，南曰"控引畿服"，北曰"拱翼神京"。

清康熙七年（1668），大水冲毁城墙，楼垛皆坍圮。乾隆三十年（1765），地方官吏发动民众重修，次年竣工。仍开城门3座：东曰"溯涧"，西曰"景冈"，南曰"定澄"，北面不设门，上建北极台。嘉庆六年（1801）后，屡遭水患。道光七年（1827）、光绪七年（1881）、1916年，先后进行过较大规模的维修。史书记载："诸县俱城，独武清称壮"，故武清被誉为"铁城"。此后，因年久失修，城墙多有损毁。

1958年，城墙被拆除。现仅存北墙部分土垣，以及东、北、西三面护城河遗迹。

尚珩

武清县城池：明正德六年，知县陈希文始筑。周围八里二百六十步，高二丈七尺，广二丈。池深一丈二尺，阔三丈。嘉靖、隆庆中，甃以砖石。

——清《考工典》第十八卷，引自《古今图书集成》

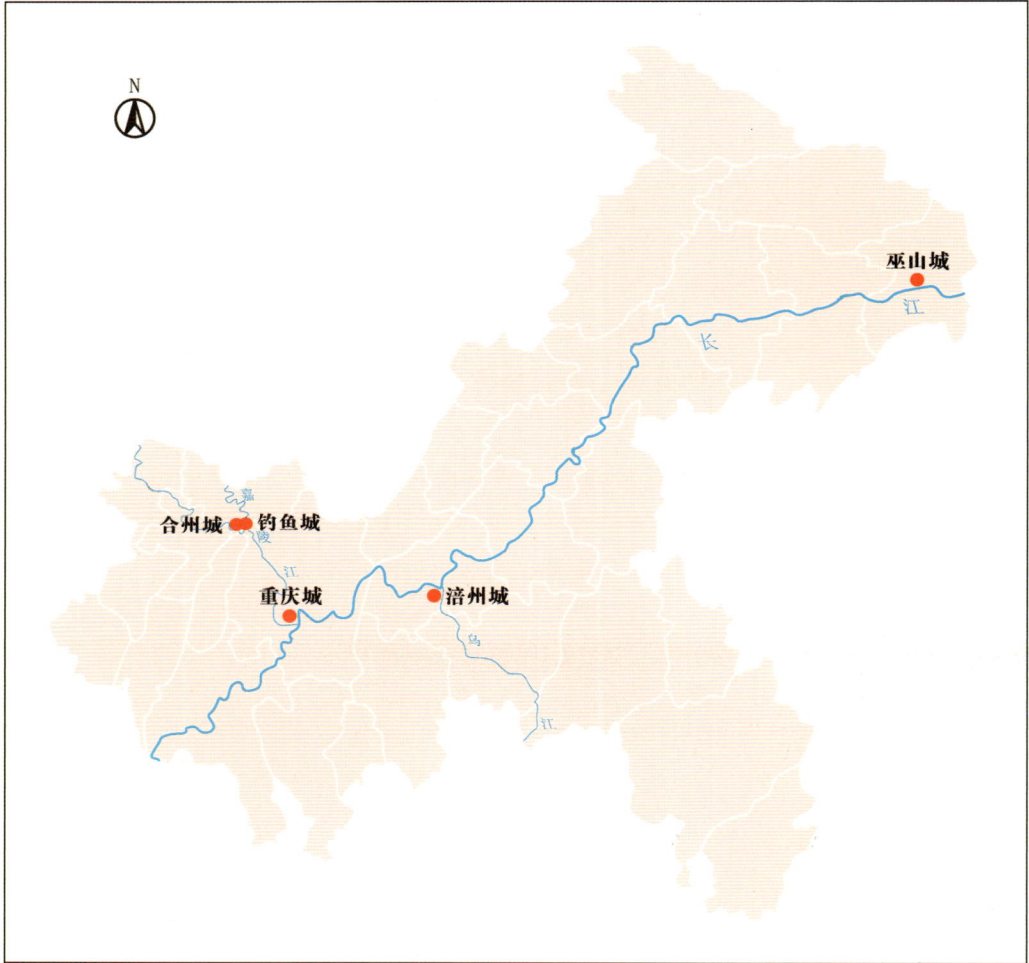

巫山城

长江

嘉陵江

合州城 钓鱼城

重庆城

涪州城

乌江

N

重庆

△ 重庆城图　引自《巴县志》清同治六年版

　　重庆，简称"巴"、"渝"，位于中国西南部，地处长江上游地区。因地处丘陵河谷地区，坡地较多，故有"山城"之称。1986年，被列为国家历史文化名城。

　　先秦时期，巴国先后在枳（今重庆涪陵区）、江州（今重庆渝中区）、垫江（今重庆合川区）建都。此后，建置、隶属多有变化。隋文帝开皇元年（581），以渝水（嘉陵江）绕城，遂改楚州为渝州，"渝"作为重庆简称即缘于此。唐代，沿称渝州，为剑南道辖地。宋代，属夔州路管辖，崇宁元年（1102），因赵谂谋反，宋徽宗以"渝"有"变"之意，改渝州为恭州。宋孝宗淳熙十六年（1189），升恭州为重庆府。元、明、清沿用重庆府置。1939年，南京国民政府因"陪都"故，将重庆升格为甲等中央院辖市（即直辖市）。1954年，西南大区、北碚市并入重庆，重庆直辖市被撤销，降为省辖市，并入四川。1997年，复为中国四个中央直辖市（北京、天津、上海、重庆）之一。

重庆筑城，始于周慎靓王五年（前316）。晋《华阳国志·巴志》和清同治六年《巴县志》均载，秦惠文王遣张仪带兵灭巴，改巴国为巴郡，屯兵江州，筑巴郡城（江州城），城址在今渝中区长江、嘉陵江汇合处朝天门附近，但其城域范围和营造方式已不可考。

蜀汉建兴四年（226），都护李严从永安移镇江州，修筑大城，"周回十六里，欲穿城后山，自汶江通水入巴江，使城为州"（据晋《华阳国志·巴志》卷一）。此城为加强防务、保护仓库之用，文献中称仅造苍龙、白虎座门（1943年《巴县志》引《水经江水注》）。

南宋末年，蒙古军攻破四川成都，宋军退守重庆。时彭大雅任重庆知府，为防御之需，拓修重庆城。筑城时间据《宋季三朝政要》中载："（彭大雅）淳祐三年守重庆。时蜀地残破，大雅披荆棘，冒矢石，筑重庆城……"〔其年疑有讹误，张政烺先生在《宋四川安抚制置副使知重庆府彭大雅事辑》中考证为嘉熙四年（1240）初〕。此次筑城，改土城为砖城，城墙向北扩至嘉陵江边，西线由李严旧城的大、小梁子以及较场口一线移至今通远门、临江门一线，原城西制高点（今自来水厂水池区）已筑入城内，范围较李严旧城扩大近两倍。2010年，重庆文物局在危房改造期间发现两块带有"淳祐乙巳西窑城砖"、"淳祐乙巳东窑城砖"铭文的城砖。经考古发掘，发现8米余高夯土

▽ 东水门城外旧影　左右两图引自唐冶泽、冯庆豪《老重庆影像志——老城门》（重庆出版社，2013年）

▽ 南纪门老城墙

△ 重庆城墙通远门外及现代雕塑景观

△ 重庆通远门城楼 本页两图由王莹摄

台，重庆市文物考古所副所长袁东山推断为抗元帅府，从而确定南宋城墙的中心位置。这两块淳祐五年（1245）的铭文砖现存重庆中国三峡博物馆，应为南宋重庆筑城时的城砖。

　　重庆城最后一次大规模修筑在明洪武初，据清道光二十三年《重庆府志》载："指挥戴鼎因旧址修砌石城，高十丈，周十二里六分，计二千六百六十六丈七尺（近8890米），环江为池，门十七，九开八闭，俗以为九宫八卦之象"（2013年7月出版的《重庆历史地图集》第一卷中，按照重庆市勘测院的计算，准确的城墙长度应该是7722米）。此次筑城全为石构，面积较南宋城有所扩大。设城门17座：朝天、通远、南纪、金紫（字）、太平、储（出）奇、临江、千厮（斯）、东水，九门常开；翠微、金汤、定远、凤凰、仁（人）和、大（太）安、洪崖、福兴（1943年《巴县志》）八门常闭（常时不开，为紧急时刻备用）。17座门各有用途，有口碑谚语流传：

朝天门，大码头，迎官接圣，开。

翠微门，挂彩缎，五色鲜明，闭。

千厮门，花包子，白雪如银，开。

洪崖门，广开船，杀鸡敬神，闭。

临江门，粪码头，肥田有本，开。

太安门，太平仓，积谷利民，闭。

通远门，锣鼓响，看埋死人，开。

金汤门，木棺材，大小齐整，闭。

南纪门，菜篮子，涌出涌进，开。

凤凰门，川道拐，牛羊成群，闭。

储奇门，药材行，医治百病，开。

金紫门，恰对着，镇台衙门，开。

太平门，老鼓楼，时辰极准，开。

人和门，火炮响，总府出巡，闭。

定远门，较场坝，舞刀弄棍，闭。

福兴门，溜跑马，快如腾云，闭。

东水门，正对着，鲤跳龙门，开。

平时常开的城门规模均大于常闭的城门，除金紫、太平二门外均附有瓮城，其中朝天门有三重瓮城。

清代沿用明城旧制。康熙三年（1664），四川总督李国英"补筑久复坍缺"，本想再度估修，"格于不近边塞，议列缓工"。乾隆二十五年（1760）冬，奉吴方伯檄："巴县地方，东连荆楚，南接牂牁，人烟稠密……实为川东巨镇……固以资保障，改列急工"（据清同治六年《巴县志》卷一）。咸丰二年（1852），知府鄂惠重修。咸丰九年，川东道王廷植重修。同治九年（1870），因大水，川东道锡佩、知府瑞亨、知县田秀栗补修，规模未有大变（据1943年《巴县志》卷二）。

1911年后，城墙城门逐渐被拆。据1943年《巴县志》载：1921年，重庆商埠督办主持拆临江门，发展城市。1931年，当地慈善团体捐资于洪崖、千厮二门间辟新门，名"新城门"，功用与闭门同。民间当时有"重庆城，开九门，闭九门"之说。1936年，建筑马路、扩建码头时，朝天、太平、南纪、通远等门悉行拆废。

1949年后，重庆城墙仅存部分遗存。1990年，凤凰门遗存也在房屋基建时被拆毁。现仅存通远门、东水门、洪崖门三段城墙，总长度约300米。2004年底，重庆市投入资金8600万元开展通远门城墙公园修复工程，2005年，公园正式免费开放。

1992年，仅存的重庆城墙被列为市级文物保护单位。2000年，重庆城墙再次被列为市级文物保护单位。2013年，重庆城墙被列为全国重点文物保护单位。

王腾

重庆府城池：石城，明洪武初指挥戴鼎重修，门十七，朝天、翠微、通远、金汤、定远、南纪、凤凰、金字、仁和、太平、出奇、大安，临江、洪崖、千厮、福兴、东水，巴县附郭。

——清《考工典》第二十二卷，引自《古今图书集成》

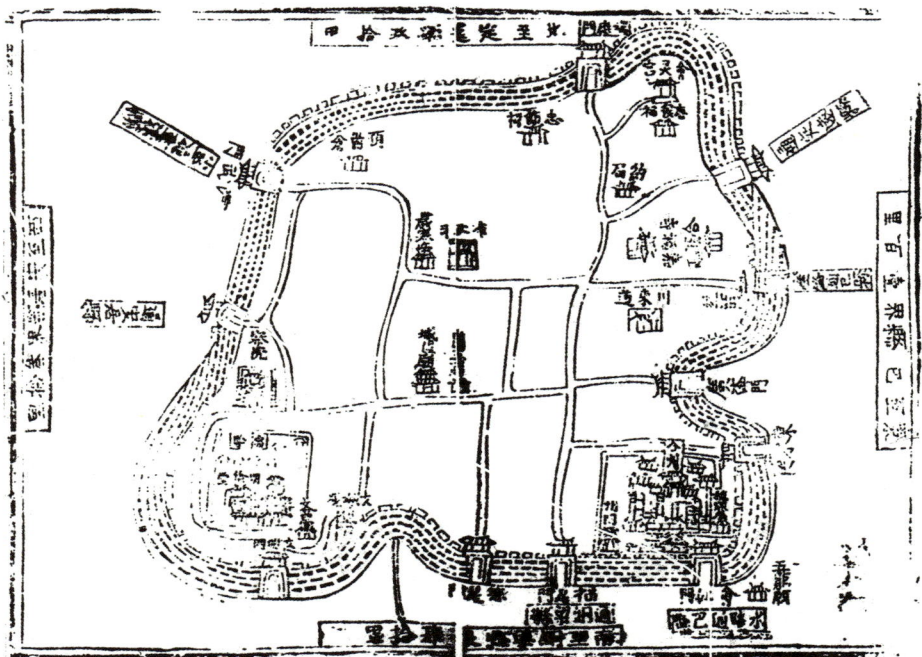

△ 合州州城图　引自《明万历合州志》1992年版，载《日本藏中国罕见
　地方志业刊》

　　合州，位于重庆西北部，三江汇流之地，是重庆通往陕西、甘肃等地的
交通要道和川东北、渝西北的交通枢纽。

　　合州，在巴人入川前是濮族人主要居住地，后为巴国别都。春秋战国时
期，为巴地。秦惠文王更元十一年（前314），置垫江县（原名"褒江"，
取嘉陵江、涪江在城北鸭咀的汇合之水如衣重叠之意《汉书·地理志》误
记为"垫江"并沿袭至今）。此后，建置、名称多有变化。隋开皇十八年
（598），合州更名涪州。唐武德元年（618），复名合州。1913年，改名合川
县。1992年，撤销合川县，设立合川市。2006年，撤销合川市，设立重庆市合
川区。

　　《华阳国志·巴志》载："巴子时虽都江州，或治垫江（合州），或治
平都，后治四川阆中。"合州一度是巴国别都。最早筑城始于周，称"巴子故

城"。位置在涪江南铜梁山下，地名水南，俗称"故城"，相传周武王封支庶于此。《史记·张仪列传》正义引《括地志》中有"……巴子城，在合州石镜县南五里，故垫江县也……"一说，应为此地。其建置规模已不可考。

唐时，修有子城。天宝三载（744），筑造。大历八年（773），圮于水（据嘉庆版《合州志》卷四）。

宋时，亦修子城，为西京作坊史知州事瞿美筑。开宝三年（970），圮于水，太守李大中重修。但以上二城俱无地址可考。淳祐三年（1243），四川制置使余玠任重庆知府，徙城钓鱼山，以抗元军（详见《钓鱼城》）。

元时，复旧址，始建今治。但城的建置已不可考，岁久惟北面稍存，东西南悉夷为民居。

现存城墙遗迹多为明朝所建。天顺七年（1463），知州唐珣新筑石城，城高1.7丈、下宽1.5丈、上宽1.3丈、周长16.2里，共计2916丈（1978年《合州志》记为：周2924.3丈；《考工典》记为：周2922丈）。城壕三面临江与溪，东南濒江，西抵濮溪，北据瑞应、纯阳二山。门12座，皆为石券。东面三门名"望江"、"迎晖"、"广济"；南面四门名"会江"、"安远"、"阜民"、"修文"；西面三门名"观德"、"洛阳"（明万历七年《合州志·旧修城记》中记为"落阳"）、"演武"；北面二门名"瑞应"、"迎恩"；后又增"小南"、"通济"二门，安远门塞而不用。各门建鼓角楼2座，楼各为三檐，高3丈。弘治十四年（1501），因民居火灾，火势延及会江门等三门城楼，知州宋

▽ 合州清代城墙 刘智摄

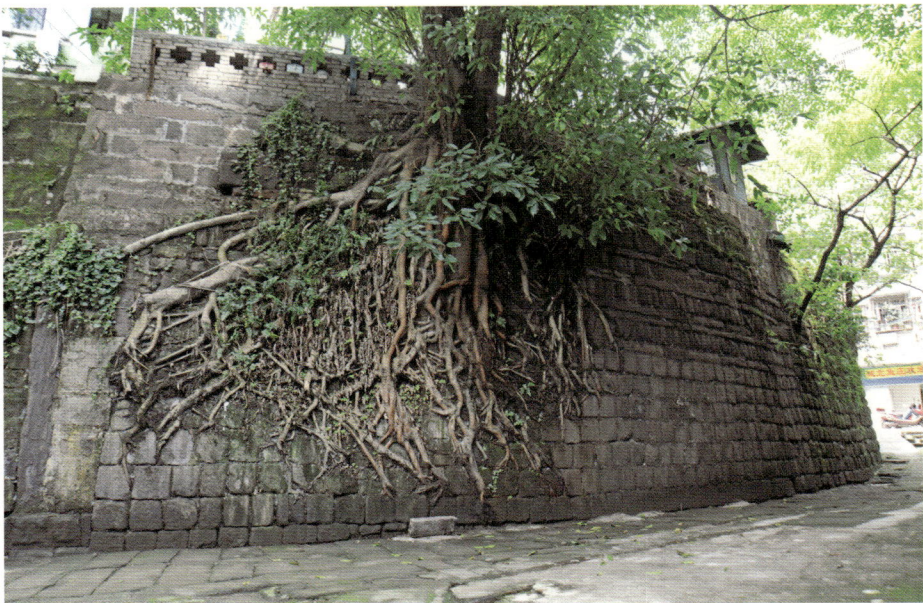

琢重修。嘉靖十六年（1537），同知黎一夔以"学旁气宜完聚，不宜置门泄气"之故，闭塞观德并新开二门。嘉靖四十一年（1562），善堪舆者称"瑞应门，州学来脉，不宜泄气"，知州唐宗元遂塞之，只存九门。嘉靖四十五年（1566），因遭大足县蔡伯贯兵乱，知州沈本泗奉命修葺，增高1/6，加宽3/4，城上建哨楼30座。此后，年久倾圮。万历三年（1575），知州史修重塞观德门，后复开小南、瑞应二门。另修炮台4座，分别名为"新蕙"、"集乌"、"转阁"、"抱仙"。

清时，沿用旧城。乾隆二十八年（1763），知州王尔监倡议捐修，绅士多以名应，故未能捐足修城资金。次年，知州冀宣明复议兴工，未果。乾隆三十二年，知州段琪（1921年《新修合川县志》为"段琪"）始修，筑1/3后离任。乾隆三十三年，知州黄叔显完成，几复旧观。望江门改名"管驿门"，迎晖门改名"朝阳门"，广济门改名"东水门"，阜民门改名"大南门"，修文门改名"文明门"，演武门改名"塔耳门"，迎恩门改名"北门"。乾隆四十七年，大水淹城，倒塌21段，知州左修绪谋修，未果。乾隆五十三年，知州周澄补修，并修补各门城楼。嘉庆八年（1803），知州吴士淳增修，加高7尺。嘉庆二十四年，知州纪大圭又补修，加高2尺余。同治九年（1870），大水浸城数昼夜，城倾倒过半。州人呈请迁城于钓鱼山，不许。知州陈琠、李忠清请修，仅许派5000两，未敢动工。同治十年，绅民筹资共修，仅修朝阳门。同治十一年，知州费兆钺请准派银20000两，岁余修补完固。

1916年，护国军攻城。知县田庆芬据守，加城堞数十处，未克。1920年，因大雨，小南门与会江门间城墙倾圮数丈，民众议请补修，未果。后为推行新政，大搞城市建设，各道城门及城墙逐年毁弃。

1949年后，合州城墙仅存一座瑞映门（应为"瑞应门"之讹）及少段城墙。瑞映门遗迹现处于合川城北合川妇幼保健医院门前，名为"瑞映巷"的老巷尽头。另外合川城北嘉滨路临江高楼背后，有条名为"草花街"的老街，长约500米，街道西面为残留合州城墙。目前合州古城墙的残存长度未有统计。

1990年，合州城墙及城门被列为市（县）级文物保护单位。

王腾

合州城池：石城，明成化中，知州唐珣重修，高一丈七尺，周二千九百二十二丈，门十二，迎晖、广济、安远、望江、洛阳、演武、修文、观德、阜民、瑞应、会江、迎恩，万历三年，知州史修移治瑞应山麓。

——清《考工典》第二十二卷，引自《古今图书集成》

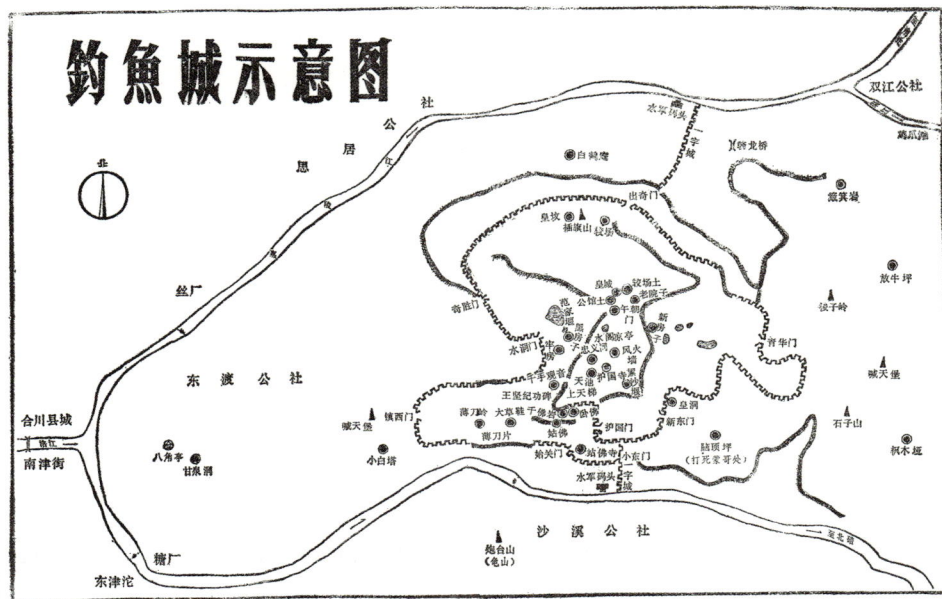

△ 钓鱼城示意图　引自唐唯目编《钓鱼城志》（重庆出版社，1983年）

　　钓鱼城，为宋时合州州城。各种版本《合州志》均不将其列入城池沿革，皆在"古迹"卷列入（唯清嘉庆版《四川通志》中录入"合州城"）。

　　钓鱼城，位于重庆市合川区东城半岛的钓鱼山上，"西通嘉定，东引夔府；上临剑阁，下负重庆"，其地雄关高峙，控扼三江（即嘉陵江、涪江、渠江），仅东侧与陆地相连，自古为"巴蜀要冲"。在13世纪的抗蒙（元）战争中，合川钓鱼城作为川渝地区山城防御体系的重要组成部分，"婴城固守"达36年之久，元宪宗蒙哥被飞石击中，崩于钓鱼山。正因如此，钓鱼城在元史中具有较大影响。

　　嘉熙四年（1240），南宋四川制置副使彭大雅筑重庆城，派大尉甘闰于合州钓鱼山筑寨，为军民避蒙军之所，此为钓鱼城筑城之始。淳祐三年（1243），四川制置使兼重庆知府余玠，采播州人冉琎、冉璞兄弟之谋，于钓鱼山筑城，迁合州治所于其上，以抗蒙古军。宝祐二年（1254）七月，王坚知合州，调17万民大修钓鱼城。景定四年（1263），知州张珏复修之。经四次修筑，钓鱼城修毕。城墙高约2～3丈、长约13华里，并绕嘉陵江筑"一字城墙"，长约16华里，总面积约2.5平方公里。建城门8座，皆为双砌石拱门，门上建楼，曰"护国"、"始关"、"小东"、"新东"、"青华"、"出奇"、"奇胜"、"镇西"。奇胜门左，修有水门，作山城排水之用，门外为悬崖，无路可通。山南与山北横向筑城墙，直入嘉陵江，俗称"横城墙"。横城墙边修有码头，名"皇陟"。宋朝钓鱼城的建设，从长期抗战的需要出发，采取了"江防要塞与山城结合、内城与外城结合、垦田积粟与长期战守结合、补给通道与藏兵运兵暗道结合"的营造方式，成为攻守兼备的军事重镇。因攻防设施完善，生产、生活与军事区域分布井然有序，给养、排水设施自成体系，可称古代城塞筑城体系的重要例证之一。

元至元十六年（1279），合州安抚王立以钓鱼城降元，元兵尽毁城垣。大德二年（1298），山遭火灾，所存寺庙、房舍等被焚毁。至此，宋钓鱼城多已被毁。

明弘治七年（1494），合州知州金祺于钓鱼城故址重修祠庙，复修钓鱼城。后直至清朝，为防御民众起义，地方官员与地方武装多次在被毁的城垣上进行修复加固。

1912年后，城垣损毁严重，原八门仅余六门，门楼与雉堞均不存。

自1996年至今，重庆市文物考古所对钓鱼城进行多次考古发掘。现存的遗迹有：环山城墙沿钓鱼山顶部山崖分布，连接镇西门、始关门、小东门、新东门、菁华门、出奇门、奇胜门一周，城墙中散布小型马面及排水孔多处，全长约5810米；南一字城墙，起筑于山南飞檐洞以东40余米的峭壁之下，缘山脊而下，止于嘉陵江边，全长约400米；南水军码头城墙，西距南一字城墙400余米，起筑于山南始关门西侧90余米的峭壁之下，缘山脊而下，向南与嘉陵江边

◁ 清乾隆庚子孟秋会稽沈怀瑗书题在钓鱼山护国门外岩壁上的"钓鱼城"石刻 引自唐唯目编《钓鱼城志》（重庆出版社，1983年）

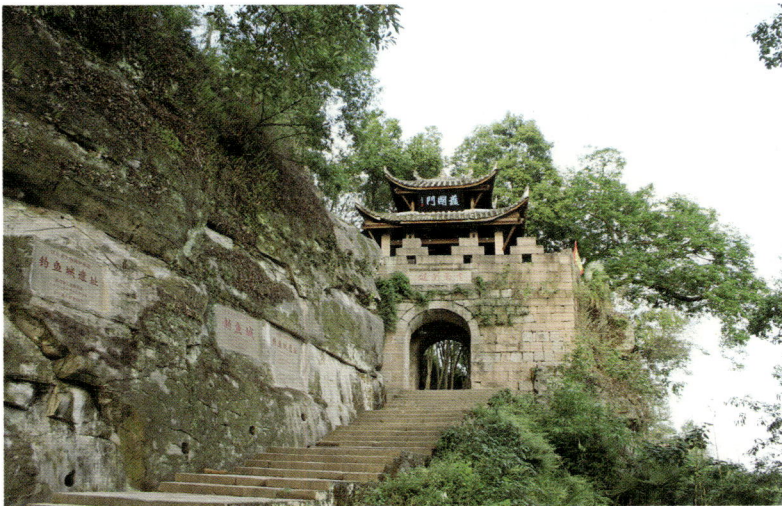

▷ 钓鱼城护国门
池开智摄

的南水军码头相接，全长约260米；北一字城墙，起筑于山北出奇门下，顺山势北下，绕经大龙潭，穿越小龙潭溪沟后止于嘉陵江边，与北水军码头相接，全长约850米。通过调查、考古，澄清了现存城墙的年代问题。南、北一字城墙及南水军码头城墙为宋代修筑，钓鱼山南部、西部及北部中段悬崖高耸之处，主要依天然山岩等自然屏障为城墙。其余险要地段及东部山势相对平缓处，主要为清代及现代复修城墙，其下多存在宋代墙基，当为宋城废弃后在原基础上修筑而成。各时期城墙在选材大小、砌筑方法、墙体坡度方面均有较大差别，互相的叠压打破关系也较为明显。另外，钓鱼城遗址现存城门形制也较为一致，均为双重券顶门洞，长条石铺筑的间隔平顶门道，当为清代以后复建。

现今，重庆市对钓鱼城遗址的保护和开发十分重视。草街航电枢纽工程蓄水后，遗址附近的嘉陵江水位将上涨20米左右，南水军码头全部范围及南一字城墙部分（约55米）将淹没于水下。重庆市文物考古所特制定了《合川钓鱼城遗址水军码头及一字城墙文物保护方案》予以保护。20世纪80年代，重庆政府组织修复了从新东门到护国门段城墙和城楼。2010年，又修复了从奇胜门到镇西门1400多米长的古城墙、跑马道，以及奇胜门、镇西门城楼等，并计划全面修复5300多米的古城墙。

1983年，唐唯目编撰的《钓鱼城志》（重庆出版社，1983年）一书，对钓鱼城进行了较完整的梳理。

1982年，钓鱼城和邻近的北碚缙云山一起，被列为国家重点风景名胜区，并于1996年被列为全国重点文物保护单位。

王腾

△ 涪陵县城图　引自《涪陵县续修涪陵志》民国十七年版

　　涪州，位于长江、乌江交汇处，素有"川东南门户"之称。因古有"风土煦暖，五月半早稻已熟"之说，有"乐温"之号（据《舆地纪胜》卷一七四引《龟陵志》）。

　　春秋时期，涪州地区属巴国。战国中后期，属楚国。秦昭襄王三十年（前277），在此处置枳县，属巴郡。汉代，设巴郡辖涪陵县。东汉末年，刘璋以丹兴、汉发二县为郡，开始定为巴东属国，后为涪陵郡（据《宋书·州郡志·三》）。此后，建置多有变化。明代仍称涪州，隶重庆府。清代沿袭旧制，康熙元年（1662），并武隆县入。1913年，改涪州为涪陵县。1968年，改为涪陵地区。1983年，设县级涪陵市。1995年，设地级涪陵市。1996年，划归重庆市代管。1997年，撤销地级市，改为重庆市涪陵区。

　　涪州最早筑城时间不明。清同治九年《重修涪州志》引《华阳国志》

载：东晋"咸和六年（331）冬，城涪陵"（但《华阳国志》和其他版本《涪州志》均无此句，疑为误抄）。

明宣德年间（1426～1435），州牧邵贤始筑新城，为土城。成化（1465～1487）初年，"乃砌石作城，高一丈八尺，周四里，围五百四十丈"（据清道光二十五年《涪州志》卷二），城门及其他详情已不可考。

清康熙二十四年（1685），修葺旧城，并置城门5座：东曰"迎恩"（又称"大东门"），南曰"怀德"，西曰"镇武"，北曰"永安"，东北为"朝宗"（清道光二十五年《涪州志》为"潮宗门"，又称"小东门"）。城东北角形如鼓，名曰"鼓儿城"。乾隆二十九年（1764），州牧陈于上奉旨重修。修葺后城墙全长720丈，每丈建垛口1座。修城门门楼5座。因北临长江，东临涪陵江，西南近民居，故不修城壕。咸丰九年（1859），州牧姚宝铭因"粤匪肇乱"，奉旨重修。沿用旧基，稍扩1/10，下方基石为长方，长5尺，向上渐小，最小3尺。修毕，规模稍扩大，城高2.5丈、周长5605尺，上可并马驱驰。垒厚2尺，高可隐肩。垛口934座。门未增多，沿用旧门5处。炮台5座。重修城楼5座（据清同治九年《重修涪州志》卷三）。同治元年（1862），石达开围城，州人徐邦道为"通援兵、便樵汲"，协众创修水城。分东、西二道，东接城根，由黔清街抵涪陵江。城西接城根，由龙舌街抵长江。城厚6尺、高8尺，内置炮位。另增修外城，由接脉桥绕南门、西门而下，转抵水城，长160余丈、高丈4尺，内置炮位。水城、外城对城防作用颇大，当时州城得以保全。

▽ 涪州古城大东门北侧城墙 本文照片均由黄德建2002年摄

△ 涪州古城二炮台处城墙

　　1928年之前，涪陵城墙的水城和外城已拆毁，只有遗址留存（据1928年《涪陵县续修涪陵志》卷二），但涪陵城墙保存还较为完整。

　　涪州城墙，原本是重庆乃至西南地区保存最为完整的古城墙之一。1994年后，随着三峡工程的建设和涪陵旧城改造，古城墙现已所剩无几。据2002年7月3日《重庆晚报》载：20世纪90年代修建涪陵关庙市场时，有近500米的精华墙被毁，虽经制止，仍无济于事。2002年时，又因施工被拆，涪陵区博物馆工作人员赶赴现场，勒令施工单位停工，但是约近300米的城墙仍被擅自拆除，包括城门。2006年三峡工程完工，此前残留的近1000米城墙中，近800米位于三峡水库177米淹没线下，没有得到保留。

　　2013年，涪陵在滨江路片区建设中，将原枣子岩街附近残存的100多米长的明清城墙遗址保留了下来，位置在今滨江路锦绣（原两江）广场西侧和至南门山步行街北段西侧边缘挡墙段附近。同时对城墙的上部进行了修复，以仿古城墙隐肩小墙作为护栏；在墙脚外砌低矮挡墙护坡，并配以植被围护。

　　2004年，残存的城墙被列为市级（相当于省级）文物保护单位。

王腾

涪州城池：明成化初，砌石城，高一丈八尺，周围四里。

——清《考工典》第二十二卷，引自《古今图书集成》

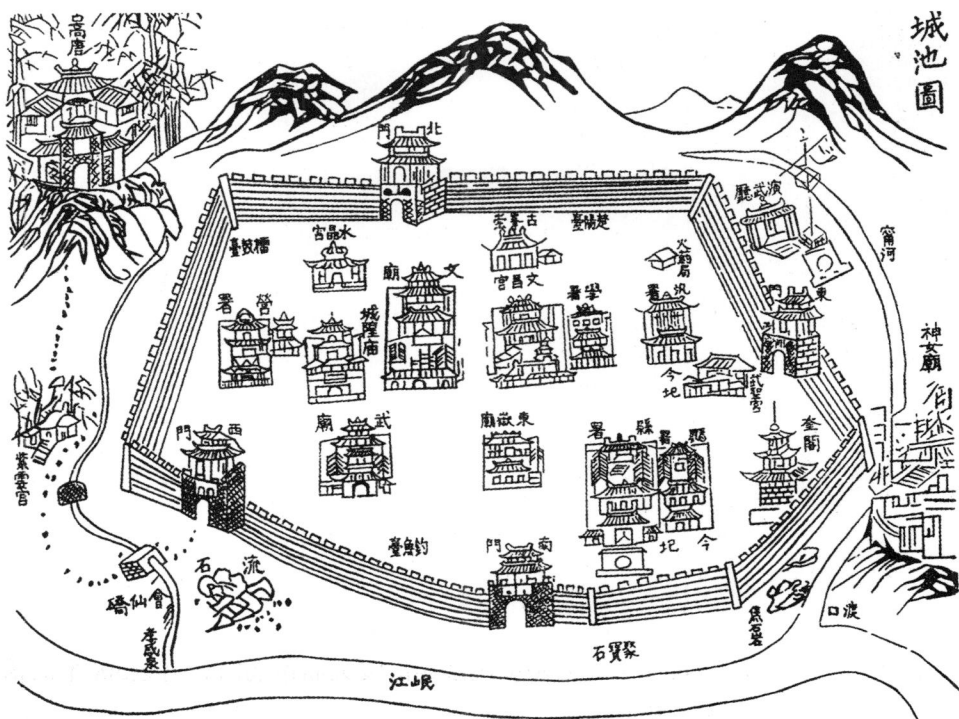

△ 巫山县城池图　引自《巫山县志》清光绪十九年版

巫山，位于重庆市最东端，地跨长江巫峡两岸，县城位于大宁河与长江交汇处，素有"渝东门户"之称。

巫山，周朝为庸国地。春秋时期属夔子国，后为楚灭，并入楚国。战国时期，为楚国巫郡。秦昭襄王三十年（前277），取楚巫郡，改置巫县，属南郡。此后，建置多有变化。隋朝开皇三年（583），改巫山县，属巴东郡。清康熙九年（1670），大昌县并入巫山县。1997年，巫山县划归重庆直辖市。

巫山筑城最早的记载为春秋战国时期。郦道元《水经注·江水》载："江水经巫县故城南，现故楚之巫郡也"，可见当时已有城存在。

三国时期，东吴孙休分宜都郡置建平郡，在原土城治巫城沿山筑墙，周长12里110步。东、西、北三面皆带旁溪深谷，南面岷江环之。

明正德二年（1507），因土城年久圮坏，在知县唐书的主持下正其方

◁ 武汉市文物考古研究所发现的巫山古城西汉夯土城墙，是三峡库区发现的时代最早、保存最完整的古城墙遗址 裴建2006年摄

位，"东带宁河，南瞰大江，西倚高唐观，北包阳台山"，修筑石城（据清光绪十九年《巫山县志》卷四）。修门4座：东曰"丛秀"，南曰"巫山"，西曰"会仙"，北曰"阳台"。嘉靖二十九年（1550），长江大水，城垣多处塌圮。万历元年（1573），知县赵时凤重修，周长757丈、高1.8丈。共修垛口360座，高5尺。后因火灾频发，知县张维任改四门名以镇之：东曰"永清"，南曰"临江"，西曰"广济"，北曰"镇源"。明末，李自成、张献忠义军与清军于此激战，城墙多有损毁。

清乾隆三十二年（1767），知县朱斐然奉命派银12500余两重修。石砌砖封，修后共计716丈。更四城门名：东曰"太清"，南曰"平江"，西曰"盛源"，北曰"世润"。咸丰十年（1860），大水淹城，墙体膨裂，随后募捐修葺。同治九年（1870），河水泛涨，淹塌城身20余处、女墙126丈。知县李永上报，未修。光绪十四年（1888），知县和闾就地劝捐，修复完竣。

抗战时期，巫山县城遭侵华日军多次轰炸，城坍屋垮，毁损惨重。在此

◁ 巫山老城南门城门洞
本文照片除署名外，均由宋开平1998年摄

前后又因城市建设，很多段城墙被拆。1935年，拆南墙一处，建30步石阶（原县医院门诊部外）。1946年，修城区街道，拆毁东城门。1948年，修筑北门碉堡，因拆城墙，北门毁。1952年，拆西城门。1953年，大雨浸城，南城墙一段坍塌2丈，钓鱼台处城墙凸出丈余。1959年，拆翠屏街城墙，铺设石阶。1960年，拆集仙街中段城墙，筑石阶，通城外石牌楼。

20世纪80年代后，对巫山县古城墙稍有修复。1980年，圣泉街下梯子城墙倒塌，政府拨款1.5万元加固墙身。1985年，政府投资7000元，整修西门城墙27米。至此，巫山县古城墙只剩原电影院至煤建公司一段和南城门。

2003年，随着三峡工程二期水位蓄水，巫山县城整体搬迁。2006年，武汉市考古研究所在北门坡发掘点找到了汉代时期的夯土城墙，证实了汉代修筑土城的说法。考古队推测，巫山县古城墙的轮廓大致以东井沟和头道沟为东西界线，南部以清代石头墙的南城墙为界线，北面以巫山师范大学操场北面的土堆为界。是一个不规则、暗合周围地势的异形城址。由于城市建设的需要，现仅保存一段10多米的遗址，位置在新城博物馆旁。

1990年，残存的巫山县城墙被列为县级文物保护单位。

王腾

巫山县城池： 明正德中，知县唐书筑，门四，丛秀、巫山、会仙、阳台。

——清《考工典》第二十二卷，引自《古今图书集成》

▽ 拆迁中的巫山老城东门（火神庙段）遗址